播音主持

实践篇

闻闸 著

专业学习教材　教师教学参考

在岗业务提升　公关话语指导

业余爱好自学　入门艺考法宝

中国广播影视出版社

图书在版编目（CIP）数据

播音主持．实践篇 / 闻闸著 . -- 北京：中国广播影视出版社，2022.5
ISBN 978-7-5043-8742-4

Ⅰ. ①播… Ⅱ. ①闻… Ⅲ. ①播音—语言艺术—教材 ②主持人—语言艺术—教材 Ⅳ. ① G222.2

中国版本图书馆CIP数据核字（2021）第272448号

播音主持·实践篇

闻　闸　著

责任编辑　黄月蛟
封面设计　智达设计
责任校对　张　哲

出版发行　中国广播影视出版社
电　　话　010-86093580　010-86093583
社　　址　北京市西城区真武庙二条9号
邮　　编　100045
网　　址　www. crtp. com. cn
电子信箱　crtp8@sina.com

经　　销　全国各地新华书店
印　　刷　北京凯德印刷有限责任公司

开　　本　787毫米 ×1092毫米　1/16
字　　数　383（千）字
印　　张　18.25
版　　次　2022年5月第1版　2022年5月第1次印刷

书　　号　ISBN 978-7-5043-8742-4
定　　价　58.00元

前　　言

——兼再版说明

1999年《播音主持训练280法》出版了。当初撰写《播音主持训练280法》是想把播音主持的一些具体技法写得简单明白，转化成为对学习者的具体指导，把理念转化成更直接的操作讲述，同时也力求涉及得更全面一些。

由于自己的写作能力有限，对看不见摸不着的话语逻辑与情感说明，对感受与声音之间的规律描述，对人的思想情感运动方式的引导，以及对各种各样的播音主持的表达之呈现，都没有表述得更细致。

即便如此，《播音主持训练280法》还是受到了学习者的欢迎，得到了充分的肯定。有人说，那本书像一本播音主持的小辞典，在播音主持过程中遇到不熟悉的知识可以在其中查到。有人说，虽然文字简单，但该说的还是说到了。

令我十分感动的是，一对在省级广播电视台从事播音主持工作多年的夫妻将他们手中的一册《播音主持训练280法》拿给我看。我看到那本书上几乎每一页都画了红线、蓝线，许多页都折了角，以示重视，再三重读。那本书的纸张已经被翻得软了，全书从头到尾都显示出主人对其中的章节阅读思考过许多遍。当时，手捧着那本书，从我心中升起一种复杂的感觉。一方面是这本书能够对人们有所帮助，自己内心有一种欣慰；另一方面又为这本书过于简浅而感到不安。

当这本小书在市场上已经销售尽了的时候，有朋友热情地问还能不能重印。

《播音主持训练280法》到现在已经出版22年了。这22年里，中国的广播电视事业全面发展，形成多种媒体融合之势，让我们感到这个世界的迅速变化和腾飞。然而正如世界再变，人们的一日三餐不会改变，视听传播的方式再变，基础的播音主持方式不会改变。不变的一日三餐的餐具和烹饪方式已经悄然改变，播音主持风格和样式也在与时俱进，更加丰富多彩。

过去，感觉你说得比他说得好听，容易理解，并且能够感动人、鼓舞人，就是成功。后来，人们不断总结这其中可循的规律，形成理论，在教学过程中实施，培养出了一代一代播音员、主持人。

今天，网红大量出现在大小屏幕上，各单位在各类活动中涌现出各有特色的主持人，人们通过互联网可以很轻松地展现自我。然而，正如当今汽车普及，想成为驾驶员很容易，但仍然需要专业的大型运输车司机、救火车司机、救护车司机等专职司机；表演才艺很容易，但大型活动、高质量影视剧等仍然离不开优秀、专业的演员。播音主持行业也同样需要大量的专业人才。专业人才的成长与非专业者的提高，都需要理论指导和支持。

人工智能时代已经到来，用机器设备模仿任何一个人的声音，包括他的音色风格，让人们信以为真，都已经成为现实。数字播音员已经出现在屏幕上，数字主持人也正在推出。这既是对播音员、主持人的挑战，也是对播音主持研究领域的督促。伴随着数字主持人的“成长”，有一个岗位被称为“饲养员”，他们要不断对数字主持人进行“教育”，即调整它们的程序代码，增添它们的“智慧”，让它们能够有更多的认知和能力，所依据的应该是这一学科的基础知识和实践总结，以及众多成功播音员、主持人丰富多彩的话语材料。

时代在前进，实践在发展，播音主持的理论要不断提升、充实。

《播音主持训练280法》的基本内容今天还有其价值和作用，但我深知那本书已经落后于时代，如果只是简单地重印，将被市场抛弃，有负于给予这本书肯定的朋友们。应该重新构思，推出新的模样。这是出版社老师的郑重建议，也是我自己的愿望。

这本书仍保留原来的实用风格，以理论阐述为支柱，以练习、操作指导为核心，以讲解、辅导为重点。力求学习者能够看得懂，学得到，练得成，做得好。

今天，播音主持的技法已经远远不止是原来总结的280法了，实际上也很难准确地统计究竟有多少法。当初想，有多少算多少吧，就停止在280法，现在再那样罗列就不合适了。于是，更名为《播音主持》，不失原书的本意，更为实际。

如果说《播音主持训练280法》是一排排平房宿舍，这次的《播音主持》期望能够成为一幢幢精装修的楼宇。基本的意图未改变，但却比原来丰富，有新的时代气息。是不是实现了这样的目标，还要看学习者的评说。

本书分为两册。

一册是基础篇，是播音主持的基本问题，是基础训练讲解。另一册是实践篇，是播音主持在不同岗位上需要具有的更专门、更具体、更深入的表达及训练讲解。

吃水不忘挖井人。

我要再次感谢我们的导师张颂先生为本学科奠定的基础，在学期间对我们的教诲。

我要再次感谢当年赵忠祥老师为《播音主持训练280法》作序。

借本书出版之机，感谢多年来阅读《播音主持训练280法》热情的朋友们，感谢出版社所有对这本书的“前世”与“今生”给予支持的热情的朋友。

闻闸

2021年10月

《播音主持训练280法》原书序（1999年）

闻闸同志的著作《播音主持训练280法》即将付印，嘱我为序，于是欣然命笔，一则闻闸同志是我同一领域的同事，二则也借此说几句我的想法。

我认为，20世纪人类最伟大的发明是电视，读者请勿见怪，因为我是在电视台长大的。每当我能尽情观看精彩的电视节目时，我就会同时想到，要是从现在起没有了电视大家怎么办？也不由得可怜起我们的祖宗，在昏暗的烛光油灯下，漫漫长夜如何熬过的呀。

不必替古人担忧，倒是想想看今天该怎样努力。如今我们大量的青年朋友进入电视领域，一展身手，更有一批聪明可爱的少男少女在屏幕上出现，为广大的电视观众服务。这一大批青年人是电视播音和电视主持的新秀，他（她）们赶上了好时代、好机会。他（她）们愿一展才华，愿意赢得更多观众的喜爱，他（她）们急于成长为德艺双馨的人才，对得起祖宗，对得起自己，对得起观众，对得起我们今天的好时光。

据我所知，每年从各地来京学习与寻找机会的年轻播音员与主持人逾千人之众，他们代表了各地正在从业的更多的年轻人。我们一方面为广播电视事业的兴旺而高兴。同时也不揣浅陋，愿以自己在党和人民多年培养下取得的一点成绩与实践经验和多年琢磨的一些带有理论性的规律传给他们。根据他们的理解需求，编写出更多更好的教材提供给年青一代，这是我们义不容辞的责任。

人们常说，播音和主持节目是口耳之学，也就是一种能力的传授与获得。对新参加工作的新同志，我们的教学不仅应该有理论的指导，还应该有实际操作的能力训练。回想我自己当年的学习过程，再看看今天许多年轻人所遇到的问题，多数都是工作实际中的具体问题，这些问题需要有及时的指点。当这些具体问题不断地解决，理论上也就有所理解了。还有的时候，理论可能明白了，但在具体的技能上不经过训练就不能掌握，为能将理论尽快化为自身的能力，也需要一些训练的指导和训练的方法。

很高兴看到闻闸同志编著的这本《播音主持训练280法》。阅读这本书，感到作者的目的很明确，就是想手把手地教给初学者怎样播音，怎样主持节目。这本书将播音主持工作的一个个具体环节中的技能训练加以讲解，告诉初学者学习的动作要领，可能出现的差错，需要注意之处。这本书训练问题提炼得全面，概括了播音和主持节目工作的主要内容，大都是初学者面临的亟待解决的问题。我认为，对应用学科来说，理论终将转化为能力，与能力互为推动，而每个播音员和主持人学习的起始点都应该是点点滴滴的训练。所以我认为闻闸同志的这本《播音主持训练280法》对初学者来说，很有实际意义。我感到，闻闸同志在理论上已有较深厚的修养，同时又善于总结实践中的经验，善于思考，所以能把训练项目分别概括得这样细致具体，繁简适当，深入浅出地讲得这样清楚明白。闻闸同志不仅从事播音、节目主持、教学的工作，他还曾担任中国教育电视台的新闻部主任，做过大型节目和栏目的策划、撰稿、编导、制片人和主持人，从本书中也能看出他自身播音和主持节目实践经验的总结和从编导的视角对播音和节目主持的一些深入思考。

本书的遗憾之处就是缺少练习材料及相关的讲解，也许是考虑到本书的篇幅不宜因练习材料而大幅度增加，播音员或主持人可以从每日工作中找到大量的练习稿件。我想，如果能在每一训练讲解之后有针对性地选择一些练习材料，再提供给初学者一些提示，更能强化训练的效果。希望将来本书再版时，能够补上这一方面；同时，我还希望训练项目不断补充，使之更加满足播音员和节目主持人的需要。

事业的蓬勃发展，人员的急剧扩充，既给人们带来了机遇，也给事业带来了一些新的需要冷静思考的问题。电视日益深入民众之中，电视节目也日趋贴近群众，贴近生活。

那么电视播音员与主持人要贴近大众，贴近生活时，是不是就应该抛弃声情并茂的表现手法，而以我行我素的本来的声音与表情直面大众呢？这是一个亟待解决的认识问题。同时也有一批学识基础比其他从业人员高出一些的年轻人，更愿让人们明白自己比传统意义上的播音员与主持人更有才华，而故作与专业要求不一致的播讲形态。

我看这些只是一时的、不甚正确的理解。非专业化的倾向断不能涌现专业化的高手。正如只靠全民健身的水平不可能出现优秀运动员。那些鄙薄技术，以为无足轻重的观念，正是妨碍出现杰出人才的绊脚石。我相信，在这样一个兴旺发达的群体中，一切暂时的不甚规范的观念都会被实践所纠正。

我由衷希望播音员、主持人队伍，学者、专家们能在新时期提出新的课题与新的观念。我们已经有的优秀传统应该更好地发扬。有觉悟、有文化、有广博知识的又能声情并茂播讲的播音员与主持人必将日益增多。

再次祝贺闻闸同志的《播音主持训练280法》为我们共同的事业所做的奉献。

赵忠祥

1999年6月16日

目　　录

第一章　新闻播报

新闻节目是一家电台、电视台的龙头节目，一般来说是收听和收视率最高的节目。会播新闻，播好新闻，是一名播音员的基本功。

这一章对新闻播音的基本问题，新闻播音总体把握，新闻播音具体的处理方法，以及常见的问题，都做了讲解。其中也对新闻播音表达方式新的趋向进行了探讨。

1. 新闻播报的追求

新闻是电台、电视台的节目之首，因此新闻播音处在重要地位。一名合格的播音员，播好新闻应该是基本功。

广播新闻和电视新闻的播音从总体上说是一致的，具体处理有所不同。

电视新闻包括两个方面：一是电视新闻片播音，一是播音员直接面对电视观众的新闻播音。这两方面有许多共同的要求，也有各自独到的地方。

无论是哪一方面的新闻播音，都有一个共同的追求：把新闻说明白，讲清楚，让听众、观众准确透彻地了解一条条新闻的内容。这是新闻播音第一目标。只有在这个基础上播音员的相貌、音色、服装、发饰等才有价值。如果没有能让人真正听懂每一条新闻，那么其他一切几乎都没有意义。这是新闻播音员必须时刻牢记的工作目标。

在实际工作中，有的人在播新闻时头脑中想到的是自己的声音、相貌，或者其他事物，这都是在舍本逐末，必须要克服。所有缺点都要在平时经过练习改正，播音时不能想着改缺点，只能全心全意地播新闻，传播才是根本任务。没有练好的缺点，也只好留待今后再解决。

一、说清事实

新闻是讲述事实的，所以新闻播音追求的基本目标就应该是说清事实。

为此，播音员要知道每一条新闻中采写的是什么样的事实，努力将事实说得清楚明白。不能只是见句念句，也不能只是有段无篇。心中有数是在总体上有数，而不是只了解某一局部。特别要防止打着手电看书的现象——看到哪里亮到哪里。

全篇在胸，还要有序地将新闻事实说出来，要特别注意说清楚新闻各部分的关系。

当前，很多电视台的新闻导语和主体是分开播的，播同一条消息的这两部分的两位播音员甚至不见面，这就更需要有遥相呼应说清事实的意识。

说清事实，还包括相对的客观色彩。新闻播音时，播音员的主观评价不要过多地表露，而要包含在所说的事实当中，要给听众和观众留有思考的余地。播音员的内在语可能是：“请看这样的事实”“这是您所希望了解的事实”“事实胜于雄辩”。而不应该是：“我已经被感动了”“您一定要懂得”。

二、说明目的

无论说什么话，都有目的，都是为了向他人施加影响。报告新闻，仅仅让人们知道有一个新闻事件是不够的，还要通过新闻事件使广大群众得到更多的收益，受到相应的影响，这就是新闻的播出目的。比如，向人讲述一个拾金不昧的事件，不仅仅是让他知道有这样一件事，目的是为了让大家向他学习，也要拾金不昧。

怎样让自己明白播出目的呢？要理解这一条新闻所讲述的这一类事物理想的情况是什么样，现实中有哪些不尽如人意的地方。从理想和现实这两个方面的矛盾中认识到今天播出的每一条新闻的目的。

每一条新闻事件发生时自身可能没有目的，然而到了大众传播领域，就有了传播者的态度和立场，就有了传播的目的。

目的，也就是社会导向。媒体播出的新闻不论有没有意识到，都会引导人们的行为、社会的潮流、发展的趋势，播报者要肩负起这个导向的职责。

目的和导向体现在播报新闻时的细微声音变化中，体现在播音员眉宇之间细微表情中。新闻节目中播报各条消息并不一定都能使人听明白目的和导向，但是人们能听出来播报者带出来的深刻之感。没有目的的新闻播音很可能显得十分浮浅。

三、分寸得当

分寸，指适当的限度或程度。

新闻的内容非常丰富，有硬新闻，国内外重大的政治、经济、军事事件；也有软新闻，科技、体育、卫生的新成果，自然界奇异现象。有动态非常强的消息，也有综合性、经验性的报道，有重大题材有分量的长篇报道，也有短到三两句话甚至一句话的简讯。还有人物报道、文件发布等。播音员对每一条新闻的具体理解、感受都会各不相同，准确地表现出来，就是分寸的把握。

分寸的把握包括区别每一条新闻的色彩。比如市场检测结果令人满意与瞄准高科技开发新的电子产品的色彩就有明显的不同。再如现场办公和一般工作会议也有很大的不同。

分寸的把握包括对每一条新闻在社会生活中的地位和价值的认识，也就是播音员对它的态度和关注程度。

分寸的把握还包括对每一条新闻的审美情趣的体验。严肃庄重的和喜庆欢快的新闻不同，趣味性很强的新闻也各有千秋。

新闻播音中的分寸把握是与播音员的知识结构、生活经历、政策水平密不可分的，这也不是朝夕之功。从一定意义上来说，新闻播音的最难之处在于对分寸的把握。

2. 新闻播报的准备

一、心理准备

新闻播报的工作有一定的工作强度。看似一次半小时或者更长一些时间的工作，不就念念几千字的稿子吗，其实没有那么简单，新闻播报需要注意力高度集中，要深刻理解二三十条不同新闻稿的内容、层次结构、主题、目的、导向，要根据内容把握好语气力度、情感态度，要口齿清楚、字正腔圆，在直播或者准直播的状态下一气呵成，中间不能出差错或者把差错减少到最少。

这些都需要新闻播音员有很好的心理素质，饱满的精神状态，良好的身体状况，清醒的头脑思维，灵活快速的反应能力。

这就要求新闻播音员在上岗之前有充分的心理准备。休息好，把一天当中最好的精神面貌留到新闻播报之时。

有人在新闻播报之前，忙忙碌碌，找人谈事，出门办事，查资料写文章，头脑已经疲惫了才来到演播室准备播音，匆匆浏览新闻稿，这样很容易出差错，录音录像断断续续，新闻播报的质量就会大打折扣。

二、内容准备

新闻稿拿到手里时，要做相应的内容准备。要看这一次新闻节目有多少条消息，有几条评论，有几篇夹叙夹议。要把消息分组，弄明白哪几条消息是一组，当天的新闻一共几组。哪组是时政的，哪组是经济的，哪组是民生的，哪组是教育的。不但要看明白当天新闻节目的整体结构，还要理解各组内几条消息的排列顺序。

要仔细阅读每一条新闻稿的内容，看出其中的结构、层次、主旨、背景、目的，感受其中的情感色彩。当然，如果工作经验丰富的话，可能阅读一遍就都能把握。新手们还是要多读几次，下些功夫才行。

要在录像或者直播之前看一遍提词器，提词器的屏幕上的字与文稿上的转行位置不同，特别要防止因上一行末尾一个字与下一行第一个字是一个词而产生断开的错误理解。

这一屏字幕，第二行最后一个字与第三行的第一个字应该为“长隆”，稍不注意就可能说成“广州市长”。（见下页的图）

这是一条新闻中的语句：“××省长假成绩单亮眼。”是什么意思？细细看下来，才知道不是省长个人的假成绩单如何，而是这个省长假中的旅游、交通的数据非常喜人。

> 12 月 18 日，广州海关隶属番禺海关为广州市长隆集团有限公司颁发“海关高级认证企业”证书。广州海关副关长胡冬梅在会上表示，广

要弄明白名词概念。在新闻中有许多关于当代经济、科技行业的报道，为了播音准确无误、文理通顺，要及时弄清不明白的概念、名词、原理，以及生字读音等。要勤查字典，要积极向有关人士请教，更应该在平时提高语文水平，积累百科知识。

遇到不认识的字，查过字典后最好在注明拼音的同时，再写上一个同音字。在快速语句中也许来不及拼读拼音，可以直接读那个同音字。

人名，要名从主人；地名，要依俗称。对人的姓名中不常见的字，要小心核对读音。当然，该规范的姓氏读音也要读正确，不能迁就。如：姓区（ōu）、姓仇（qíu）。名字的读法，除特殊情况，要按照两字词的“中重”格式和三字词的“中中重”的格式读，四字以上的词要按“中中中……重”的格式读。

少数民族和外国的人名、地名，有时按翻译的内容读起来很陌生，不容易读流畅。要事先由慢到快、由小声到大声地读若干遍，加强语感，以保证在正式快速的播音过程中不出差错。

三、声音准备

在新闻播报之前还要把声音活动开，让呼吸顺畅，声带活跃，即清嗓子。要一开口就有圆润响亮的声音。不能刚一张口声音就出现问题，或者有“上痰”的感觉，影响新闻播报的专注和自信。

对于难读的字、绕口的词组要练习，防止新闻播报时出现吃字、含糊、字音脱落的现象。比如：“俄罗斯”三个字，有的人在快速新闻播报时常常会弱化中间的“罗”字，甚至严重含糊脱落。类似情况还有“自治区”中的“治”字，“副委员长”中的“委”字，需要练一练再开播。

几乎每天的新闻播报中都会出现有难度的长句，或者是复杂单句，或者是多重复句。怎样处理能够将这些语句表达得更为清楚明白，怎样处理好这些语句的或长或短的停顿，都需要大声地练习，调整好呼吸换气的位置。

四、文页准备

一般情况下，播音员至少在新闻播报之前 10 分钟就坐在新闻播音的座椅上面对镜头了，播前的这短时间里，常常会翻阅手中的新闻稿件，不知不觉就有可能把文稿的页码顺序翻乱了。最好是在开播之前 20 秒左右理清文稿的页码顺序，直到开始，就不再随意翻阅了。

3. 新闻播报心理

一、新闻播报的新鲜感

在播报新闻的时候，心中必须准确理解和把握每条新闻消息的灵魂——新闻的新鲜点。

不论是消息动态，还是人物报道，或者是综合报道、系列报道都有自身的新鲜之处。我们不仅要能看清新闻稿所说明的各个新闻要素，不仅要看到新闻事实在新闻背景材料中显现的新闻价值，还要看到这条新闻“新”在什么地方。是时间新、内容新，还是有新的思想、新的角度。理解准确，才能表达贴切。要能够明确感知新鲜点，才算真正理解了每条新闻。

新闻稿一般都比较短，几乎可以一目了然，新闻稿的层次结构和主题都比较容易掌握。这一方面的准备并不复杂。

怎样捕捉新闻消息的新鲜点呢？

要从时间的纵向比较来寻找，既要从新闻事物的昨天、前天的前后情况来考虑，还要从与此事物相关的其他事物、其他行业系统的横向比较来考虑。从纵横两个方面就能看到这条新闻的新鲜点。

比如，同是有关家用电器售后服务好的两篇报道。经过分析，能够发现一篇的新鲜点是经过消费者批评之后的改变；另一篇的新鲜点在于连续几年之后又上一个新台阶。

再比如，一条高速公路通车，一项体育赛事举办，一次重要会议召开，都在昨天今天，这地区那地区，同类事物左邻右舍的结点上等有与众不同之处。

观察每一天的新闻，比较不同媒体的报道，认真思考这些播音的新鲜点在哪里？想想如果自己播报，应该怎样获得新鲜点。

理解一条新闻，弄清事实，抓住新鲜点，应该在新闻播报准备的很短的时间里完成。初学时可能要花费稍长一点时间，实际工作中要做到迅速无误地完成。这也是制作新闻节目的需要。

有些新闻节目是男女两位播音员播报，你一个新鲜点，我一个新鲜点，有互相竞争、攀比的感觉，形成一次新闻节目的整体新鲜感。

二、新闻播报的责任感

新闻节目是全世界媒体最重要的节目。早期，社会公共管理规定占用公共频率的广播电台要回报社会，回报的方式不仅仅是纳税，还要分出一部分节目时间来无偿地播报新闻，为社会服务。最初是硬性规定，后来人们发现新闻节目收听收视率非常高，是全社会最为关注的节目，也给经营者带来巨大的利润，于是广播电视中新闻节目就有了深度、宽度、广度的巨大发展，甚至出现了以新闻为全部内容的频率频道。

对今天的社会来说，人们受被激发的新闻欲望驱使，更加被新闻节目吸引，新闻人的责任重大，引导社会思考，带领社会走向，感染人们的情绪，潜移默化影响人们的行为，不管自己是不是明确地意识到，这种责任确实是存在着的。

新闻报道的时效性是非常强的，在新闻采访报道的过程中，新闻播报是赛跑接力棒传递的最后一棒。整个新闻部门劳动的成果最后由播报来完成，新闻播报代表了整个团队的辛勤工作。在这个意义上说，新闻播报者肩负的社会责任和集体责任就很明显了。

三、平心静气

新闻播音的内容纷繁，有的鼓舞人心，有的使人关注，有的令人焦虑，有的让人欣慰。在这样的情况下，播音员需要平心静气。新闻是在播报者平静心境的总背景下播出的。

平心静气不是指播音没有态度，没有感情。平心静气是态度感情的出发点，是基本情感状态。与平心静气相反，有的初学者播新闻或者播重要新闻时就强迫自己的心情处于过度热情的躁动状态，播音充满了急切感。这样会引得听众、观众也不平静，有一种“闹”和“噪”的感觉。这样播音的结果是自己很累，听的人却很茫然。

平心静气不是消极、松懈的状态。而是头脑清醒、思维敏捷、神采焕发下的平心静气。

四、新闻播音的人格

来到新闻播报的岗位上，要有相应的素养和信念，要有自我提升的标准，形成新闻播音员的人格。

✧ 严肃的社会责任感和历史使命感。

✧ 对人民群众的创造给予热情的赞颂和对社会生活负面现象的忧虑。

✧ 冷静客观的洞察体验和活跃深入的理性思考。

✧ 宽阔而又博大的胸怀。

✧ 对新闻播音社会影响的追求。

作为与时俱进的新闻人，可能有各种各样的优秀品质和能力作为自己的人格魅力，但这五项应该是新闻播音的人格不可或缺的部分。

4. 新闻播报的语言特点

新闻播报的语言与生活语言有一定的差异。新闻播报的语句中有大量长句，有大量生活中不常用的词，人们期盼在一次新闻播报中获得更多信息，这就决定了新闻播报的语言特点。尽管如此，其仍然是以生活语言表达为基础的。

一、快速

新闻播音要求较快的速度。广播新闻一般每分钟在200个字至220个字左右。电视新闻语言的速度要更快，一般每分钟220个字到240个字，甚至更快一些。

电视画面新闻由于有可观看画面作为接收信息的渠道之一，观众对新闻事件中的地方、人、事、物都有了一定的视觉理解，并因语句的上下文能够产生更多的“预知联想”；对口播新闻，由于眼神、表情、口形、动作都能帮助观众更快地理解，观众看电视新闻的时候注意力相对集中，所以能够接受较快的播音语速。随着整个社会文化水平普遍提高，自然对语句的理解就快一些，读慢了反而显得有些拖沓。

当然，快是有限度的，要以观众能够听懂、听清楚为限。个别时候，需要画面对位，也要放慢语速，放大停顿的空当。

广播的新闻播报，由于是单纯以听觉接收信息，相对电视来说要稍稍放慢一些。最近这20年比早些年快了一些。慢在哪里呢？慢在消息中首次出现的人名、地名，慢在关键的名词、动词之处，慢在新闻要强调的新鲜点。

加快新闻播音的语速是时代要求，但并不等于所有的句子等速加快，快速一定是相对而言的。为了表达语义的需要，有些地方一定要稍放慢一些，有些地方要更加快一些。无论多快，快速之中仍有快慢、松紧、疾徐之分。

二、流畅

电视新闻不但速度较快，还要在快中流畅。流畅，表现在重音精，停顿少。

重音精，就是在一条不长的新闻中，重音只是关键的词，只需把它们突出出来，加以强调，其他大部分句子都是顺其自然略有起伏稳当平实地读出的。要善于在一个句群中确认最重要的重音。重音多用缓高法来表达。

停顿少，不等于没有停顿，而是指意思接近的前后几个句子的表达要连贯，一气呵成，把内容说完整。当一组句子、相对完整的句群意思表达完之后，再有较为充分的停顿。

在一气呵成的连贯长句里会有一些微小的停顿，即在句子里面有不易被人察觉的似有似无的停顿，播音员在这十分短暂的瞬间里需要以微小的力度调整自身气息，以利于驾驭好长句的后一部分。这一类极短暂的停顿，应该说是只停不顿，不让观众感到有明显休止的痕迹。若把似有似无的停顿播成了真的停顿，便破坏了连贯之气，势必影响语句的流畅。

三、朴实

新闻播音的播音状态是播讲和播读。靠近讲话状态的称为“播讲”，靠近朗读状态的称为“播读”。较长的句式和并非生活化的词语使得新闻播音难以去“说”。

新闻播报不是大音量远距离地“喊”，而是在较近的距离和观众、听众面对面地报告。特别是播读比较接近“念”，更要防止出现无根据甩腔甩调“唱”的现象。

新闻一般篇幅较短，语句多是概述性质的，少渲染，少描绘，少抒情，偶有细节描写也多是夹在概述语句当中，以叙述方式表达。因此，新闻播报的语气也应该是概述性语气，不去致力于用语气刻画渲染细部，只是把新闻具有的要素交代清楚，语气是朴实的。

朴实表现在语调起伏幅度小，华丽的色彩少，没有大起大落的表达方式，没有浓墨重彩的情感变换。

但也应注意到朴实并不等于没有语句的抑扬，只是控制在一定幅度范围内的抑扬。

四、扎实的呼吸基本功

新闻播音要气息平稳、持久，适应长句的需要，适应语句起伏的需要。

吸气一般只吸到六七成，不能太满，气息用到差不多时，换气、补气也只到六七成或者更少一些，始终保持“留有余地”的境界。

面对超长的句子，呼吸要深一点，换气的位置要特别设计好。这就要求播音员有比较好的呼吸控制的基本功。在长句子之间，往往都是及时轻巧地补充一点气，实在不行“偷”一点气，而不是大换气。在“似停非停”的地方补气偷气的技巧用得多。有时，甚至不一定补气偷气，只是稍稍调整一下控制气息的横膈的状态就行。一个大长句说完，才较为从容地换一口气。这样腰腹控制呼吸的能力就显得十分重要，没有这样的能力，新闻播报就会比较吃力，心有余而气不足。

五、轻巧自如地发声吐字

无论在电台还是在电视台，新闻播音对发声吐字都有很高的要求，特别要求轻巧自如地发声吐字。

新闻播报要响亮有力，很少有虚声表达。在快速的语句中口腔动作要轻巧，吐字共鸣位置统一，前后连接自然，力求每个字都要清晰，同时又不失主次强弱之分。这样就必然要求唇舌动作准确利索。对播音员发声吐字的基本功要求很高。

新闻播报不能是语句中每个字音都圆润明亮，圆润明亮的声音要用在关键的重音词和主要词组部分。切忌盲目地显示自己好听的声音。不能将最悦耳明亮的声音用在次要处，更不能用在最不重要的某些连词和虚词上。

发声吐字的控制能力是每个播音员较长时间实践练习的结果，要能够根据稿件随心所欲，举重若轻，恰到好处地实现上述要求。

六、快捷的充满动感的节奏

新闻的性质是传播速度快。新闻播报不是缓缓地抒情，不能细细地品味，也不宜反复精雕细刻，一条接一条的消息连续不断地报出来，这一播报性质就决定了新闻播报的节奏是快捷的、充满动感的。除了灾难和不幸，新闻多数是明亮的。当然，每条新闻的节奏也不尽相同。

一篇新闻稿件有自身的节奏，一次新闻节目也应该有整体的节奏。新闻节目的节奏是由这一次节目若干条新闻的不同内容形成的。一次新闻节目的编排是有规律的，重要的内容排在前面，相近主题的排在一起，节奏就产生了。

拿到新闻稿，要看看本次节目的新闻总共分为几个方面，各有什么特点，这一组新闻怎样转到下一组，只要心中有数就不难把节奏的对比表现出来。

两名播音员播同一次新闻节目，除了由新闻内容形成的节奏，男女声音和形象之间也会形成节奏。如果两人有一种竞相向听众、观众报告新闻的意识，就会对每一条新闻有新的赋予，形成不同感受的对比节奏。

节奏的变化会使新闻节目更生动，更受欢迎。

七、看好播报的新闻稿

新闻播报是边看边说的，不需要记忆背诵。

在广播电台，新闻文稿在播音员手上，眼睛看着文稿播报新闻。手中的稿件要轻拿轻放，避免出现杂音。

要学会眼睛提前向后看三个字，嘴里说的是这个词，眼睛已经看到了后面的第三个字。这样可以让自己对后面要说的话有准备，避免出现误解误读。这是一种能力，开始的时候可能不太习惯，还会出现眼忙嘴乱的情况，熟练了以后会受益无穷。若是遇到来不及准备的急稿，跑着进入演播室，坐下就开始播报，有这样向后看三个字的能力，便不慌不忙，就不会出问题。

电视新闻演播室里都有提词器，是基于光学原理设计的。一个电脑屏幕平放在下面，上面有与电脑屏幕相对45°角的透明玻璃，电脑上的黑底白字映到玻璃上，玻璃反光到播音员的眼睛。玻璃的后面就是摄像机，摄像机透过透明的玻璃拍摄播音员。播音员看字幕说话的时候，也就是正在看玻璃后面的摄像机镜头说话。

电视播音员在看提词器的时候，要注意眼睛摆动的幅度不能太宽，只需微微有一点动作。眼睛不能紧盯着字幕而失去与观众的交流。因此，提词器上的字体大小与摄像机和提词器的距离及播音员的视力要调整到最佳状态。

电视播音员看提词器上的字幕，也要努力提前向后看三个字，以这样的能力让自己的播报更为自如。

在提词器下面再挂上一个电视屏幕，播音员还可以随时看到录像播出的结果，对自己的状态有微小调整，但是要注意不能被其干扰。

5. 新闻播报的语句

一、新闻播报的开场白、结束语

每次新闻节目都有开场白："各位听（观）众，早上（中午/晚上）好！现在报告新闻。"接下来就是内容提要，然后正式报告每条新闻。

新闻节目的结束语一般说："这次新闻节目报告（播送）完了，谢谢收看。如果您要了解新闻的详细内容，请登录我们的网站和微博微信公众号。"

开场白和结束语要说得真诚。问好和致谢的话，年年月月天天都说，很容易说得冷漠了，"疲沓"了。一定要带着与听众、观众目光相遇的感觉说话，不能是生硬的、例行公事的、不冷不热的样子，一定要带有当天的最新感受来说，不能有"赶快说完了吧"这样不耐烦的"内在语"。当然，不能无动于衷，也不必热情到甜甜蜜蜜的地步。

有时开场白和结束语由男女两人分别用上下句说出，这种情况下，两人之间是逗号的感觉，要把话说得语气一致，衔接得像一个长句似的。一人说话的时候，另一人只需注意听即可。播电视新闻时，另一人在听的同时轻轻地注视镜头，不必伴随着点头致意。

二、说好每一条新闻消息的导语

导语是一条新闻消息最重要的部分，是用简要的语句概括新闻的精华，揭示新闻的主题。导语凝炼、醒目、明快、生动，一般开门见山，突出最重要的事实、最新鲜的事实、最生动的事实，或者提出问题，努力争取给人们强烈的印象。

播导语要根据导语的特点播得醒目、生动、夺人，有强烈的新鲜感。要力求在导语中播出每一条新闻的特点。要有引出后面内容的"提示"之感。

新闻导语中一般只有一处主要重音需要特别强调，其他地方不能再出现重音干扰主要重音。对那些次要一些的重音，初学者只是顺其自然带出来即可，不用再强调。导语中最主要的重音是在最主要的语句中的，它前后的句子都相对次要。播音时要以比较大胆、非常鲜明的语气来强调主要的重音。

导语虽然是屈指可数的几句话，但是其中的主次关系是很明确的，不容忽视。

三、说好新闻的主体部分

导语说过之后，就到了新闻的主体部分。播这部分，要有“待我从头说起”详细告知的感觉。播音员心里的内在语就是“欲知详情，请听我接下来继续从头说起”。

例如，邻居大妈买菜回来到家就急切切地说：“我在菜市场门口看见有人晕倒了。”然后转身放下菜篮子，脱去外衣，搬个板凳坐下，一边择菜一边慢慢地说：“刚才在菜市场呀，我买好了菜刚要往家走，发现大门口围了好多人，我赶紧挤过去一看……”这位大妈的第一句话就好似新闻的导语。歇口气后面的详细叙述就好像是新闻的主体。前后说话的语气、神态都有区别。

电视新闻节目中，消息的导语和主体是分开播音的，各自分别完成。导语是新闻主播完成的，主体部分是提前由另一播音员为编辑好的新闻片配音的，配音在导语之前进行。虽然有时间、空间的间隔，但是新闻片的配音要有与导语衔接的感觉，即接续导语从头说起。

电视新闻片配音时，要注意语句的心理位置应该在旁边，让位于电视屏幕上的画面，不是像在画面中那样以我为主的表达，声音是“旁白”，不要抢“镜头”。其实，电视机的喇叭也是设计在边上的。作为一条新闻主体部分的旁白配音，语气要稍稍淡一点，重音要稍稍弱一点，节奏要稍稍轻一点，与屏幕画面贴合在一起送给观众。这与广播的新闻播报有所区别。

四、时间要素的表达

时间是新闻的要素之一，新闻稿中关于时间的表达几乎篇篇可见，不可忽视。关于时间的词语分别有点和段。

时间点，就是某一具体时刻。如“截止到昨天”“到 7 月底”“今天早晨 5 点钟的时候”……

时间段，就是从什么时间到什么时间。如“48 分钟”“5 个小时”“三天”“七年”“从早晨 9 点比赛开始到中午 12 点”……

在新闻播报时，一般要赋予这样的时间点和时间段特别的色彩，给人一种醒目的感觉。同时，一定要表达出是好是坏、是喜是忧的意味。

另一方面，还要将那一时间点与播音此刻之间的关系，即新闻的时效性，体味到，并且表达出来。

五、新闻中数字的表达

数字在新闻中是说明事实的重要方面，要给予足够的重视。每一个数字都不能无意义地说出，都要有表示多或者表示少的判断和态度含在其中。数字的多少还常常伴有好坏喜忧的理解。无论什么数字，一定要定位在下面这个方阵中的某一个格里。

多/好	少/好
多/坏	少/坏

如果新闻稿中有很多数字，在不慌不忙地表达时，要注意区分主次，抓主要的一两个数字突出表现，其余的数字可以顺势表达，不要见到数字就都同样使劲。

有的时候，稿件中的数字是互相关联的，比如超产多少，利润多少，比去年增长百分之多少，播音时要注意它们之间的呼应关系。

6. 新闻播报中的长句

新闻中的长句很多。生活中人们说话极少说复杂长句，而新闻播音中常常出现各种各样的长句，表达有一定难度，需要学习。处理好长句是播音员的重要基本功。

一、掌握好多样的停顿——找准重音的位置

停顿和重音的问题在《播音主持·基础篇》中已经讲述。这里就新闻稿的长句再进一步分析。新闻稿的停顿和重音往往相互关联。

比如，这个语段有两个长句：

中国青少年研究中心孙宏艳团队调研发现，青年压力的主要来源是经济压力、职业迷茫、学业压力。其中，中学生主要压力来源是学业压力、人际关系、知识危机；高等学校在读青年的主要压力来源是学业压力、经济压力、职业迷茫；在职青年的主要压力来源是经济压力、职业迷茫、住房问题。

第一句中，主语比较长，“调研发现”是谓语动词，是句子的重音。这个位置需要有个停顿，后面的顿号处的停顿就很短，有三个重音。

广播的新闻播报，在两句之间的句号处有明显的停顿，以示前后总分关系。而一部分电视播音员很可能抢半拍，在这个位置紧接着就说出“其中”进入下一句。这是可以接受的。

第二句中，有三个分句。三个分句前都要有明显的小停顿。很明显，三个分句的主语应该是重音。而句中的顿号处，就可以没有停顿，或者是似有似无的停顿，不可完全顿开。

再看这一句：

据介绍，环重庆医科大学创新生态圈∧将进一步聚集创新资源，∧推动创新要素之间的良性互动，∧构建具备国际竞争力的医疗健康产业创新生态，∧助力重庆医疗健康产业结构转型升级，∧通过 2 至 3 年的时间，建设成为西部地区具有活力的医疗创新区、高端的医疗服务区，∧完善的医疗产业聚集地和风险投资聚集地。

这一句播报时只能有两处较为从容的停顿。句的主语是“生态圈”，如果是短句这里不必停顿，但是在这个长句里的这个位置一定要停顿。句中 6 个宾语并列：聚集、

推动、构建、助力、建成、完善。6个宾语动词或词组是重音，分句之间只能是小的停顿。前组4个宾语与后组2个宾语是递进关系，中间要有一个稍充分的停顿。

再看这个160字的长句：

本次专项执法行动∧突出房产租售、小贷金融、教育培训、保险经纪、美容健身、装饰装修、旅游住宿、快递、电话营销、网站或App运营等此类违法行为多发高发的重点行业和领域，∧聚焦广大消费者反映强烈的侵害个人信息违法行为，∧重点查处未经消费者同意，收集使用消费者个人信息、泄露出售或者非法向他人提供所收集的消费者个人信息，以及未经同意发送商业性信息等违法行为。

这个长句说了三组内容，长短不一。主要的停顿位置只有三处，其他停顿要少要短，能少停就少停。这一句的重音也只有三个："突出""聚焦""查处"，三个重音的表达方式也要有区别。其他都是三组内容内部并列性质的次重音，顺其自然表达。

二、动词要管住宾语

新闻稿中的长句很多都是宾语很长的语句结构。对这样的结构，要让动词管住宾语，直到宾语的最后一个词，而这个词很可能是重要的。

还看上面的例句中的语句。这里的动词"突出"要管住一个长长的宾语，直到"行业和领域"。

突出房产租售、小贷金融、教育培训、保险经纪、美容健身、装饰装修、旅游住宿、快递、电话营销、网站或App运营等此类违法行为多发高发的重点行业和领域。

对这个句子的把握是：突出……重点行业和领域。

重点查处未经消费者同意，收集使用消费者个人信息、泄露出售或者非法向他人提供所收集的消费者个人信息，以及未经同意发送商业性信息等违法行为。

对这个句子的把握是：重点查处……违法行为。动词"查处"要管住一个长长的宾语，直到"违法行为"。

再看一个动词管多个宾语的情况。

比如：

委员长会议建议，十三届全国人大常委会第十次会议审议法官法修订草案、检察官法修订草案、证券法修订草案、民法典物权编草案、民法典人格权编草案、药品管理法修订草案、疫苗管理法草案；审议国务院关于提请审议建筑法等9部法律的修正案草案的议案。

一个动词"审议"，后面要管住并列的7个宾语（草案）。

再如：

训练主要针对空间站载人飞行任务飞船应急返回溅落海上展开，设置理论培训、单项操作训练和综合训练3个部分，全体航天员先后完成了海上自主出舱、海上生存、海上搜救船救援及海上直升机悬吊营救等科目。

三个分句中的动词带着三组较长的宾语组。第一句：针对……展开。第二句：设置……3 个部分。第三句：完成了……等科目。

三、放大短句的语气

播长句，要根据对语句内容的理解来划分好停顿的位置，包括稍长的停顿、短暂的停顿和别人不易觉察的停顿，做到心中有数，不慌不乱。这当中要保持语义的完整，就需要语气放大，前后一致。

长句，长在定语、状语、宾语部分。长句的核心部分的语气是明确的。

要让核心部分的语气覆盖整个长句，以求长句的语义明确。就是要学会将短句的语气放大，以适应长句的需要，让长句说出短句的语气。不能让一个长句有多句的语气。

练习时可以逐渐增加句子成分，体会放大语气的方法。

比如，这 51 个字的语句：

复旦大学高分子科学系、聚合物分子工程国家重点实验室研究员魏大程课题组在场效应晶体管传感器领域取得重要进展。

从短到长逐渐放大：

魏大程课题组取得重要进展。

国家重点实验室研究员魏大程课题组取得进展。

复旦大学研究员魏大程课题组在场效应晶体管传感器领域取得重要进展。

复旦大学国家重点实验室研究员魏大程课题组在场效应晶体管传感器领域取得重要进展。

复旦大学高分子科学系、聚合物分子工程国家重点实验室研究员魏大程课题组在场效应晶体管传感器领域取得重要进展。

请看这句画线的 36 个字：

在今年 4 月至 9 月期间，在全国范围内部署开展“守护消费”暨打击侵害消费者个人信息违法行为专项执法行动，重点打击侵害消费者个人信息违法行为，营造安全放心消费环境。

从短句的语气开始，逐渐放大：

部署开展专项执法行动。

在全国范围内部署开展专项执法行动。

在全国范围内部署开展“守护消费”专项执法行动。

在全国范围内部署开展“守护消费”暨打击侵害消费者专项执法行动。

在全国范围内部署开展“守护消费”暨打击侵害消费者个人信息违法行为专项执法行动。

在今年4月至9月期间，在全国范围内部署开展“守护消费”暨打击侵害消费者个人信息违法行为专项执法行动。

从8个字到46个字，这是一个句子的完整语气，不能把这句的语气播破碎了。

这类四五十个字的语句在新闻播报中时常出现。

语气放大是新闻播报的重要技巧。我们常说，播报新闻时把握的单位要大，语气放大是重要的一个方面。

四、结构平衡

新闻稿中的并列结构，有时比较工整，字数差不多，更多的时候，并列结构的内容字数不一样，差别很大。那就需要播音员控制声音的速度、强度变化来调整得较为平衡。

比如，这一句：

“减轻科研人员负担七项行动”，是四部门深入推进科技体制改革政策落地见效的一项重要举措，包括减表、解决报销繁、精简牌子、清理“唯论文、唯职称、唯学历、唯奖项”问题、检查瘦身、信息共享、众筹科改7项具体行动。

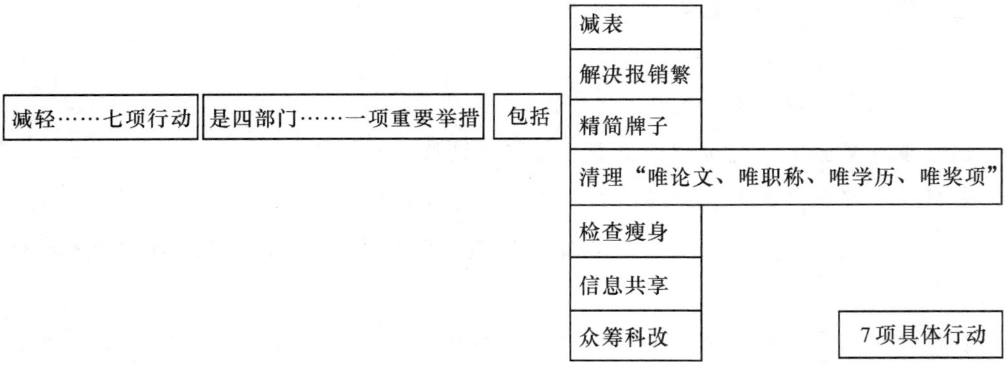

我们看到，这里有七项并列，第四项文字内容多。播报的时候心中要有与其他六项平衡并列的感觉，并且有所体现。

新闻中，常常有“正方”与“反方”。这时，应该明确是与非、正确与错误、勇者与困难、正义与邪恶、真善美与假恶丑，哪一方应该气势更强些，以求构成主题需要的平衡。有时“正方”“反方”的内容在文字数量上不大平衡，也要靠播音员用语气调整，不能有“正不压邪”的态势。

五、逻辑结构与阶梯感

新闻播音的结构特点突出，逻辑关系多样复杂。根据新闻稿的内容，要播出不同层次结构，以及结构之间高高低低的“阶梯”。

新闻稿中，并列结构比较多，一般并列结构是递减关系。

比如这句：谓语动词是“证明”，后面的4个并列宾语结构比较简单，第四个宾语稍显次要一点。

采取处置等值财产时必须有证据能证明财产无法找到、被他人善意取得、价值灭失或者与其他合法财产混合且不可分割。

比如这句，明显的四层并列结构，心中要有 1，2，3，4 台阶等平的意识。

要结合湖南有色金属企业多和农业大省的实际，加强水资源保护地方立法；优先保护饮用水水源，做好饮用水安全状况信息公开工作；加快排污管网建设，严防企业违规排放，有效防治农业、养殖业面源污染；严厉惩处违法行为，巩固下塞湖矮围整改、非法码头和非法采砂整治成效；积极做好长江保护和修复工作，为建设美丽中国作出新贡献。

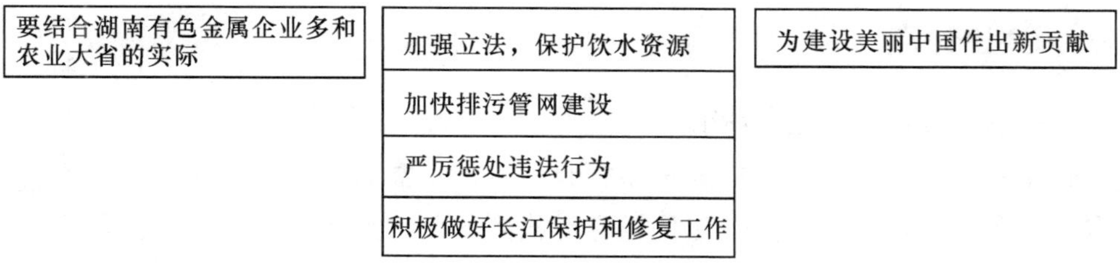

新闻稿中，最复杂的是多重复句关系。要在理解内容的基础上，看清结构关系，明确语句的阶梯。

再如这一复句：核心重音在“10 项”和“两大”，明确了内容的相互关系，理清了语句的阶梯结构，播报才能准确。

今年，公安部在认真总结改革实践经验的基础上，进一步梳理当前交管服务症结问题，倾听社会各界意见和建议，提炼基层探索创新经验，又推出 10 项改革新举措，重点突出两大方面改革，包括 5 类业务可以“异地通办”、5 项服务可以“便捷快办”，进一步提升交管服务水平，进一步提升人民群众的满意度和幸福感。

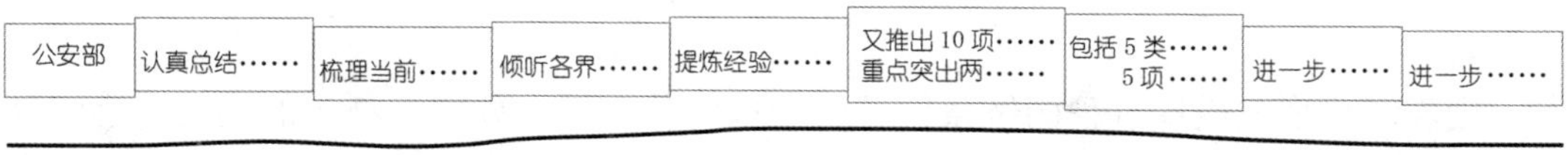

要特别注意的是，阶梯之间的高高低低不是生硬的切割碰撞，应该是柔和的曲线衔接，要在不经意间体现得很准确。

文无定式，新闻稿的写作也是千变万化，每一条新闻消息写作也都各不相同。学会应对长句的方法，能够以不变应万变，驾驭好长句，把复杂的文稿说得清楚明白，让人的听觉易于“消化”理解。

7. 评论播音

评论播音曾经在人民广播的播音史上有过辉煌。目前，广播电视中的评论篇幅不是很大，短篇评论的数量较多，有些还是夹叙夹议的评论。如果能够熟练驾驭短评的播音，长篇评论掌握起来也就有基础了。评论往往是节目中重要的部分，播好评论是新闻节目的点睛之笔。

一、突出论点

评论播音首要的就是论点清晰。

新闻节目中的短篇评论一般和一条稍长一点的消息长度相似，少则十几句，多则几十句。在不长的篇幅中，论点句是很容易找到的。论点句是短篇评论里最重要的句子，要找到它，把它适当突出说好，努力让论点给人以深刻的印象，其他的语句要弱于论点句。稍长一点的评论中，还会有分论点，分论点也要给人明确的印象。

突出论点和分论点的具体方法是运用重音和停顿的手段来加以强调。当然，中心论点和分论点要注意主次之分、轻重之分。

二、逻辑严密

评论播音中的逻辑要严密。文章本身有论证的思路，上一句到下一句的逻辑关系的连接都是很清楚的。播音员要做到的是把文章的说理方法弄明白，是演绎推理，还是归纳推理，或是类比推理；是假设，还是对比，或是证明，肯定不是互不相干没有关联的。

要在心中形成说理过程的链条，哪句是哪句的前提，哪句是哪句的续接，哪句是哪句的递进，哪句是哪句的补充。在短篇评论中，这应当是非常简洁明白的。

这样，评论播音时就必然是思考着说理，也就是循着那逻辑的链条说，语速可能会稍慢一点。播音时，说到说理过程的哪一步，心中要明确。主要思路轨迹在心中，全文逻辑就不会乱。没有这样的逻辑思路，即使播得一个字都不差，也没有评论的力量。

三、分量得当

评论播音中会明显表露主观色彩。播音员对评论的赞同和支持要明确地传递给听众、观众。凡事都含一份情，和评论的道理相伴的、应有的情感也要表露出来。

这里有一个分寸把握的问题。面对不同类型的问题、不同的事物、不同性质的社会影响、不同的人物，评论的语气是有区别的。有肯定，有赞扬，有支持，有推动，有批评，有规劝，有提醒，有痛斥，篇篇各有不同。

好的评论播音应该是能够准确把握每一篇评论不同的分量、力度。评论需要更高的政策水平，更贴切的个性表达。

评论播音千万不能满口“官腔”，一张板起来的脸，一味拔高调门。

四、事与理呼应

人常说：“摆事实，讲道理。”评论播音中少不了要提到或者叙述相关的事实，有些事实的讲述可能还会占较大的篇幅；在电视评论中，可能还有画面形象来帮助说明事实。

评论播音说到这些事实与形象，不能过于投入，精于刻画，忘了讲道理。要牢记事实与形象是讲道理的一个要素，不是专门针对某事某物的报道，要认识到事实是怎样证明评论的中心论点，为讲清道理服务的。

讲述的事实中，哪一方面与所播的评论中的道理有逻辑呼应，句中的重音和语句段落的分量就要有所强调。

五、自信

评论是说给大家听的，要让大家信，要让大家被说服。要让别人信，自己得先相信，要对自己有信心。

自信来自评论者的生活实践，每个人都时刻感知着社会现实，有对现实的理解，有对现实的赞美和批评，有立场，有态度。所播评论和自己意见一致是自信的基础。

自信来自评论者的责任，有人心里有想法，没有表达出来，不善于表达出来。而媒体是负有社会责任的，应该引导社会舆论，引导社会行为。相信我播评论有一定的引导力量，我要尽力把评论说到你的心里，让我们大家一起为社会的良性发展努力。

六、逻辑感受

重要评论的播音，切不可以过分追求流畅，追求行云流水，因为字字千钧，理解消化都需要思考过程，所以不能急，一急就会成为受众的耳旁风，过耳不入心。反之，也不能太拖，拖腔甩调，会显得华而不实，高高在上，脱离群众，也有悖新闻节目整体明快新鲜的主节奏，因此，在评论思维的过程中，不可也不能失去语言的感受。

论证以交流讨论的说理方式表达，在展示深入理解后的步步思维过程中，在表达信息和结论的同时，要表现出相应的逻辑感受。要让人们听到播音员自己的认知、辨别、判断、理解、思考、思辨、分析、论证；人们听出了各种思维推理的逻辑关系，就会有因果关系的演进感，有条件关系的信服感，有递进关系的力量感，有总分关系的完整感，有并列关系的宽阔感，有过去、现在、未来跨度的沧桑感和光明感……

七、胸怀宽阔

评论播音要做到以宽阔的胸怀说理。要学会克制情感，这一方面是要留给他人思考的余地，一方面也是为了把话说清楚。

评论播音中，肯定、否定要明确，是非曲直不能含糊。然而，批评、规劝类的评论态度应该诚恳，重大的是非问题也要在声音控制上留有余地，不能声嘶力竭，更不能失态。

评论的目的在于说服别人，在于让众人接受，在某种意义上说，是“进攻型”的。但是决不能拔高了声调“教训人”。

即使是怒斥敌人的评论，也要有所控制，有时对敌人轻蔑比断喝更显得有力量。

8. 播读文件文告

新闻播报节目中常常有各种文件文告的播读，这是播音员的一项重要工作。

重要会议上的文件文告宣读也是广播电视播音员义不容辞的责任。[①]

政府工作报告摘要、有关部门的工作通知、各种场合的文告宣读的基本要求是要让人们听懂、听明白，包括文件表面语言中没有说出，却已经包含在其中的赞扬、肯定、希望、信心、号召、制止、批评、责任等，都要让人们能够领会感悟到。这是第一标准。有人在这一点上认识模糊，觉得似乎高亢的气势最重要，那是不正确的。

一、视野开阔为背景

文件文告的内容覆盖最广泛人群，几乎与社会全体成员有关，涉及社会重要事物和重大事件，受到人们的广泛重视。文件文告形成的过程是公共管理深入发展的过程，是对社会某一方面有重大推进和改变的阐述，是某一重要事件的宣布，是某一关键时刻的历史见证。

文件文告的写作，要经过艰深的探索思考，写作态度严肃认真，要经过反复审稿修改。每一个听来平常的词句，后面都有丰富的实践过程和深刻的思考，还有写作中的推敲斟酌，炼词炼句。

有时宣读时的会场气氛也会使人产生一种胸怀开阔的敞亮感。

在这样的广阔的视野中理解文件文告的内容，上有高屋建瓴的眺望，下有纵横相通的容量，内心的感受自然会升华，会在播读、宣读文件文告时产生一种内心体验，境界崇高和精神博大。

二、逻辑结构为基础

文件文告有非常明确的结构。并列关系、递进关系比较多，有时还有两层甚至三层的结构。有的明确标出了章节，有的没有标出。

要分别使用语气的轻重和停顿的长短让人们明白无误地感到内容之间的层次和

---

① 中国共产党全国代表大会、全国人民代表大会、全国政治协商会议等重大会议上，向大会宣读的各种文案，都是由中央人民广播电台的播音员宣读的。各地的重要会议也如是。

关系。

对第一层次的一、二、三、四……和所属的主题句，要慢、要凝重一些；对下一级的1、2、3、4……及语句，要短促、力度减轻一些。

大的结构与结构之间的停顿要充分，结构内部小的层次之间的停顿要收紧一点。

并列关系的表达，可以在每一并列处采用同样音高，同样语气，以显示并列；也可以在并列的语气里略带一定的递进感，让人感到步步提升的力度。

若是文件文告中的层次关系不大平衡，逻辑表达不够严密，都要由播音员在准确理解的基础上，通过播读、宣读的声音，即赋予语句的强弱力度进行调整。

三、稳重踏实为格调

文件文告的播读、宣读，语气要相对平稳，呼吸要稳定，神态要端庄，把写作者的胸怀、韬略、远见、追求稳稳当当不急不躁地揭示出来。人们更愿意接受踏实稳健的表达，在凝神静气中理解。力量是在准确的体验中显现的，不要一宣读文件就庄严激动。稳重意味着语速要慢一点，但也不能过于拖沓，不利索。

凡做大事者，都是稳重的；凡张扬者，都是轻浮的。

文件内容一般不是生活中具体人和事的描述刻画，是从大量社会生活中提炼出来的规律与对策的表达，所以文件文告播读、宣读不渲染，不抒情，语句没有大的波形起伏。

不同的文件文告出自不同级别的机关，有关不同的事项，会有不同的分量，不同的分寸。播读、宣读时要求能够适当区分，特别要防止“小事”说成“大话”。

文件文告有不同的种类，不同的风格，有些庄重，有些平和，有些更有力量，有些带有批判。播读、宣读时要各有体现。

四、端庄大方为面貌

广播电视中播读文件，听众和观众都是在听文件文告的内容，这时视觉让位于听觉。重大会议的会场上，播音员的工作台并不在突出的位置，但是宣读文件的声音却是冲击着现场人们的听觉。

基于此，发声吐字的功夫和能力就凸显出来，人们愿意也期望听到优秀的吐字发声，所以端庄大方的声音面貌就显得非常重要。

首先是呼吸要深，气息沉到丹田。气沉下去，声音洪亮，二者相辅相成，控纵自如。浅呼吸很难表达出心胸的开阔。

播读、宣读文件文告，句中有缓缓的较长的起伏抑扬，句尾有朗朗的扬起、平出，落收，都要求很强的控制气息的能力，丹田的控制能力强才能使气息托得稳。

播读、宣读文件文告，语速稍慢，语句较长，就会出现停顿多的现象，不仅考验把握各类停顿的能力，还是对气息控制的考验。

播读、宣读文件文告，吐字要清晰，共鸣要响亮，当语句速度稍慢的时候，部分字音中的元音——字腹——要稍长，要使字音明亮圆润。不论是宽音大嗓者，还是细声小嗓者，只要功夫到家，利用好话筒，都能有很好的效果。

1954 年，全国人大一届一次会议召开，会上需要播音员现场宣读新中国成立后的第一部《宪法》，中央人民广播电台派出夏青。在中南海怀仁堂，年仅 27 岁的夏青身穿中山装，站在主席台前方，逐句逐段地宣读。《宪法》草案一万多字，宣读近两个小时，中间没有停顿，一气呵成，一字不错。会上的郭沫若由衷地感叹：“真是三分文章七分读耳！”周总理更是亲自对夏青表示赞赏，表示以后这样的文章都交由夏青来播。

五、特殊文告——讣告/悼词

讣告/悼词是一种特殊的文告，是对大家都敬重的人离去的痛惜遗憾的沉痛表达。

播读讣告/悼词内心要肃静、宁静，彻底静下来。躯体的筋骨要松弛下来，想想，人们在生活中遇到亲人去世痛心时全身都是无力的，只有一股悲情向上冲。播读讣告/悼词与之相仿，但不相同，只是类似的体验。

不必故意“沉痛”，只需进入沉静状态。凡内心不沉痛，故作沉痛，必然听来是假的，甚至产生反效果。

声音下沉，使用中低音区，只是偶有高音。虽然满怀悲情，但声音还是要饱满响亮。女声如果力度不够，声音容易塌下来。

要以很慢的速度进行，慢在词组之间，慢在句子之间。停顿多，更要注意音断意连。气息控制的能力如果不强，可能就觉得困难了。

语调多为下行，一个一个台阶向下，句尾在低音处甚至还有点往后吞咽的感觉。不过，千万注意不要压喉，不要捏挤声音。有时，语句中间有上扬，一般到句尾还是要落下去，或者平出。

悲中还要有一定的力量。一是播读者的自我控制力，二是对亲人朋友的助力，三是对众人、对社会表达面向未来的信念之力。力量是包含在悲情里面的，能感觉得到，但不打破悲情的总体基调。

不同的讣告/悼词，表现悲痛的力度、速度的把控也不一样，因人而异，因情而异。

9. “说/讲/聊”新闻

目前，全国范围内乃至世界范围内大多数电台电视台都是以播报新闻的形式面对听众、观众。

一部分广播电台电视台的“说新闻”取得了相当的成功。将播音员坐着播报新闻的形式，改成主持人站在一个讲台后面讲新闻的样子。这种像讲学、讲课、讲演那样的讲解、讲评新闻的方式有大方、端庄的气度；语言风格灵活自然，赢得了观众，得到了各界的肯定。

有的广播电台电视台，主持人坐着像聊天那样说着一条又一条新闻，就像在茶坊面对听众、观众品茶说闲话。似乎更容易使人接受。

还有的台设有读报节目，读报的主持人向大家介绍不同报刊的各条新闻，他讲的并不是报刊上的原文，而是基于原文以自己的理解告诉大家消息内容，并且还伴随顺口加入的一两句评论，可谓夹叙夹议。

其实，这种形式早在20世纪50年代就曾经在地方广播中有过尝试。那时整个社会的文化水平不高，特别是在农村文盲还很多。在面对农村的广播节目中，就有过说新闻的节目，把一部分新闻内容改写，用通俗的词语，用短句，以接近口语的方式说出来，让文化水平有限的人能够听懂。

多年来，广播电台电视台尝试过多种方式的“说/讲/聊”新闻，但是一直没能有大的突破。原因有二。

原因一，在于新闻的源头。由于新闻事件的内容所限，记者发的稿件不是口语，书面词语多，句式长又复杂，与口语的差距较大，改写起来要费一番工夫，况且改成口语的稿不易与原稿的意思吻合。只是简单机械地在原稿的句中加上“呢”“呀”“哪”“嘛”，其实并不能算是真正的说新闻。有些国内外发生的重大事件这样说起来，也显得很牵强，两头都不像。

新闻采写的事件往往是社会生活中的大事件，广播电视的新闻稿中不可避免地会大量地出现书面语词汇句式，并且长句多，复句多，不适合“说/讲/聊”新闻，改写的难度大。而且一次新闻节目在于在一个短时段内要给人们提供相对较多的信息，这么说着聊着的慢节奏有时不能满足社会的广泛需要。

原因二，在于说新闻的表达方式。要夹入主持人自己的态度、立场、评论，有个人的角度、个人的主观色彩。

早些年，率先尝试在电视中说新闻的主持人陈鲁豫①在凤凰台节目中自己介绍，她每天很早就起床阅读各地来的新闻稿，力争深入了解和理解每条新闻。经过一番认真紧张的准备工作，胸有成竹之后，全凭在节目中的即兴表达。她自己在讲新闻的时候，没有事先写好的稿件，只有腹稿，她的语言是真正鲜活的。这样讲的新闻有一种特别的新闻感觉。她说出来的已经不是记者站在媒体立场所发的新闻原稿，而是在说自己个人加工过的话。

读报节目中的讲新闻，读报人是在心中有所准备的基础上，即兴讲解新闻。实际上读报人不仅讲这一条新闻，还比较各媒体针对同一事件的不同报道，并且解读新闻的背景，评论新闻事件，分析新闻事件可能的走向。这有更强烈的个人主观色彩。有人曾戏称之为“有色眼镜”读报。

由此看来，“说/讲/聊”新闻的真正魅力不是能不能在镜头前把播讲新闻的方式改为说的样子，而是在于能够有独到风格地驾驭新闻，并且在一定程度上从个人的角度为大家解读新闻。

问题在于，大多数新闻播报人没有被赋予这样的权力，那些新闻稿是经过媒体的“把关人”② 确定的，新闻播报时不能对编辑部确定的新闻稿再进行更改，况且工作时间有限，来不及。

问题还在于，听众、观众更愿意接受从客观角度表达的信息和表达的方式。虽然不论哪条新闻都是有倾向和立场态度的，但都藏在客观角度后面。

可能很多人偏爱某主持人对新闻的解读方式，不过大多数人还是愿意接受带有客观色彩的新闻内容，愿意自己来思考、解读和分析。

不能否认，“说/讲/聊”新闻有一定的价值，但不能成为新闻消息播报的主流。

这么多年过去了，新闻播报一直在进步。几十年来，从原来比较高亢地机械地念稿，到比较自如地播报，从原来简陋的演播室，到当今现代化风格的大演播厅，从不断低头看纸质文稿，到现在高水平的提词器，但是都没有改变新闻播报最基本的样式。

纵观全世界各国，不论哪个地区，哪种语言，哪类新闻，播报的样式都是差不多的。因为新闻的传播过程，新闻的客观姿态，新闻的语言特点，人们接受新闻的心理，决定了新闻播报的样式必然是今天这样的。

---

① 1998 年 4 月后，陈鲁豫担任新创资讯节目《凤凰早班车》主持人，开创电视说新闻的主持风格。

② 传播学中的概念。把关人是大众传播媒介内部的工作人员。大众传播的一切信息都要经过这些工作人员的过滤或筛选才能同公众见面。“把关人”（gatekeeper）最早是由美国社会心理学家、传播学四大奠基人之一库尔特·卢因（1947）在《群体生活的渠道》一文中提出的。卢因认为，信息的流动是在一些含有“门区”的渠道里进行的，在这些渠道中，存在着一些把关人，只有符合群体规范或把关人价值标准的信息才能进入传播渠道。

10. 新闻播报的形象

新闻播报的重点是新闻的内容，播音员个人的形象在某种意义上被淡化了。

只是时间长了，经年累月，人们对播音员的声音和相貌逐渐熟悉，产生了认同和兴趣，进而才出现了追星的心理。

新闻播报的形象，实际上是抽象的形象——抽象的新闻人的形象，抽象的广播电视台的形象。这是新闻播报的性质决定的。全世界的新闻播报都给人只有“一男一女”的总体印象。特别在中国，快速新闻播报所需要的字正腔圆的训练，更使得所有播音员的声音趋向一致，强化了这一点。

尽管如此，“一男一女”形象的基础上，还是可以有所区别，以适应不同的电台电视台不同新闻节目的定位。男声可能有人刚健一些，有人沉稳一些，有人昂扬一些，有人睿智一些……女声可能有人自然流畅，有人亲切认真，有人柔中有刚，有人冷美锐利……常在同一个新闻播报节目出现的几个播音员，也要在本色的基础上有所调整，有所区别为好。

即使是抽象形象的播音员，也有十分重要的个人直观形象。个人直观形象不仅是审美的评价，也关系到人们对新闻的信任和接受，关系到广播电台电视台的影响力、关注度和满意度。

新闻播音员的直观形象可以分为声音形象、相貌形象、体态形象，以及其他。

一、声音形象

新闻播音的声音形象是其总体形象的一部分要求：

第一，说好标准的普通话。我国《宪法》第十九条的最后一句是“国家推广全国通用的普通话”。推广的重要方法之一就是广播电视的示范，所以播音员、主持人有义不容辞的责任。

第二，声音的音色明朗坚实而又轻松，能够给人以信任感。这当中有一部分是天生条件。

第三，掌握一定的发声吐字和语言表达技巧。吐字清晰流利自然，语句抑扬顿挫自如。

要做到这三点首先要有理解力和表现力。对所说的新闻内容有体验，有态度，有判断，并且能够恰当地表达清楚。

本质在于播音员的人格形象，这不是靠技巧能够塑造的，而在于人的多年修养。人的内心世界通过说话的声音传递出来，闻声而知人。加强修养，提高文化水平和政策水平是树立新闻播音声音形象的根本。

二、直观相貌

新闻播音员不要求十分美貌，但要五官端正，还要有社会所需求的文明、大方、美的形象。一个人的精神面貌，是长期学习积累、社会教养的结果，不是在播音时刻意塑造的。

在这个基础上，播音员工作时还有一些仪态上的规范要求。

身要坐正，脊椎竖直，两肩自然，不含胸扣肩，也不使劲拔胸。头要端正，不偏不歪，不伸不缩，略有一点颔首。播音时头可以有左右俯仰的微微动作，但不宜大，过大使人感到画面不稳。

如果是胸半身画面，桌子稍高，手臂左右分开一点，肘关节放在桌子上，人在画面中成为梯形；也不要分得太开，避免走横。如果是腰画面，手臂自然下垂，手搭在桌子上，人在画面中成为竖长形。

作为基本功，这些要求应该解决在播音之前，习惯成自然。

（一）唇形

电视新闻播音唇形要正确。人与人唇形不同，各有薄厚宽窄，播音时有基本的要求，这在最初练习吐字时就要打下基础。

正确的吐字应该有正确的唇形。提颧肌，挺软腭，打牙关，松下巴，这四个不同角度说的口令，实际上是一个动作，一个状态，发好最佳 ɑ 音的动作。口腔的这个基本动作，是发出声音响亮圆润的基础，其他每个字音都在这个基础上变化。由于提颧肌，上唇大致是一条平线，人常说“一字笑唇形”。这样的唇形，不仅有利于发出悦耳字音，看起来也是美观的。

声音美和唇形美是一致的，相通的。

电视画面要求唇形开合的动作稍小一点，后牙上下带动口腔的开度，保持口腔有一定的空间。口腔连续做动作过程中，要在保证字音准确响亮的前提下，动作量减到最少。唇的动作要松紧自如，唇不要闭得过紧，避免让人产生过于严厉的感觉；也不能太松，太松会吐字不清。

广播电台虽然看不见唇形，但是也要讲究唇形的正确，唇形能够影响吐字的圆润和响亮的水平。

（二）眼神与视线

播音时视线要集中，目光轻轻地落在摄像机镜头的下半部分。视线轻而集中，是训练的结果。要练习集中注意力较长时间盯看静物和快速飞行物，与物体间的距离要和平时播音时与摄像机的距离一致。

如果有提词器，看提词器时要尽可能保持眼睛左右动作幅度在一定的范围内。要根据自己的录像片决定自己黑眼珠的位置。

眼睛是人内心的窗口。播音时眼睛要有神，也就是眼睛会说话，眼睛要随所说的内容有所反应，嘴里说什么眼睛就同时在“说”什么。即使是盯着提词器的文字，眼睛也要会说话。当然，眼睛说话只能是一丝一缕，不能过火。

日常生活中，眉目传情，人人都会。新闻播报的语句长，速度快，非日常用语多，播音员有时眼神跟不上反应不过来，原因是内心没有跟上，嘴说在了心的前面。对某一条新闻消息的内容不熟悉，眼神也难以有相应的反应，只有熟悉社会的政治、经济、文化的各个方面，眼睛才可能真正伴随语言产生神采。

（三）表情

电视新闻节目的播音员的表情是播音形象的重要课题。表情与眼神一致。

人们的成长环境不同，受到的表情影响不同，一个地区与一个地区人们表情的不同特点非常鲜明，这个家庭与那个家庭的表情也可能有区别。

到成年人阶段，每个人都已经形成自己的面部表情习惯。从一个特定的角度来划分，可以把人的表情分为世俗的和文雅的（或称有教养的）两大类。每个人可以分析一下自己在屏幕上的形象，属于哪一类，要坚决摒弃世俗的表情，逐渐训练自己的表情，使其大方得体。

日常生活中应该反复对着镜子练习，使主观心情与客观表情一致。还可以认真观察国内外优秀影视剧中正面人物、英雄人物的表情形象，那是演员们塑造的人类共同的美的表情。在镜子面前，寻找众多的美的形象与自己年龄、身份、相貌特点融合的效果。

表情训练与加强自己的审美修养是相辅相成的。

不过，这项练习应该在平时做，千万不能在新闻播报时还想着练习，那时的唯一任务就是说明白新闻，不能顾及自己的表情怎么样。

三、体态形象

有些新闻节目要求播音员以站姿播报。站就要站好，脚要像钉子钉在地上那样，不能动。

站姿播报的镜头，有时是全身的，有时是大半身的——镜头到膝，有时是半身的——镜头到腰。有的前面有讲台，有的没有讲台。

站姿播报时，手可以自然下垂，也可以叠握在前面，刚好搭在丹田位置。

一般新闻播报时没有手势，避免影响观众对新闻内容的专注。

细致地讲述新闻，评论事件，在夹叙夹议时，要用手势来强化思想的表达。这与新闻播报有所不同。

四、化妆

电视新闻播音员的化妆是一门专门课程。

播音员自己应该明白，化妆的概念不是传统戏曲里面面目全非地重塑形象，而是为了适应电视灯光照明的需要，为了强调某一部分，掩盖某些缺点。化妆不追求彻底改变自己，应该是在原有的基础上进行加工和改善。

电视新闻播音化妆塑造的形象，应该是社会公认的新闻工作者的形象。不是艺术家的形象，不是浪漫主义者的形象，不是个性很强的特定人物形象。

由于电视台新闻工作的特点，每位新闻播音员都要向专业化妆师学习，学会快速化妆，掌握自己妆容的特点和规律，有相应的化妆方案、化妆程序，每天化得既好又快，以适应正常工作的需要。

五、服装

新闻播报者的服装要以社会的审美标准为衡量的尺度，以朴实大方为好。

男播音员的服装以西服为主。女播音员的服装不宜过于艳丽、华贵。每件衣服的花色不要复杂，以一色为主。不要有过多的小花边、小带子、小扣子。

不要有大面积高反差的细横线和细点，因为电视画面是由横扫描线组成，可能会出现网纹现象，干扰观众视线。

通常，一个人在一周之内每天更换服装，不具备条件的话，也可以不那么讲究。男播音员可以考虑每天更换领带。

要根据重要节目的内容改变服装。节日要穿得喜庆欢快，发生重大不幸和灾难的事件时，要穿得严肃庄重。

六、发型

新闻播音员的发型是整体形象的一部分，要符合职业的需要，符合社会上大多数人的审美标准。

男播音员的发型要经常修剪，每次节目要做好既定的发型。要保持始终“不变”的感觉，不要让观众感到：哇，这个人今天理发了。

女播音员的发型也以一段时间相对稳定为好。发型要与每位播音员的年龄、气质、脸型等因素结合起来考虑。女新闻播音员的发型与文艺栏目的女主持人的发型不一定相同。这是节目的性质决定的。

七、装饰品

动态的形象更容易吸引人的注意，这是一条视觉规律。所以，各种吸引人们注意的灯光总是一闪一闪的。

在电视屏幕上，微小的闪光都会带动观众的眼球运动，引起观众的注意。高明的电视广告设计都充分利用这一规律，强调广告中的要点。

电视新闻节目中播音员能不能佩戴某些装饰品？就要考虑这一视觉规律。如果摆动的耳坠或者金色首饰的闪光夺去了电视观众的注意，就会影响和干扰观众对新闻信息的接收，那可就得不偿失了。

这与艺术类节目主持人的情况不同。艺术类节目主持人的装束有欣赏性，具有烘托气氛的作用，主持人所说的话仅是为了串连一个个节目。

电视新闻的语言容量大，速度快，需要给予一定的注意力才能充分理解。如果观众分神，势必影响信息的接收。

11. 记录新闻的启示

20 世纪 50 年代到 70 年代，通信不发达，大众传播中传播信息最快的是电波信号，当时只有电报和广播。

文字稿的传播要靠发电报，用密电码发报，只能一方传给一方，不知道密码的人收到信号也难以解码。用公开电码可以一地发报，一地收报，或者多地同时收报。

然而，收发电报需要大量的专业人士才能做到，发报要把文字译成电码，收报还要把电码译成文字，非常烦琐，时间长，耗费精力大。一般新闻单位要靠电报获得每日从北京发出的新华社新闻稿，很不现实，很困难。

当时，全国各地的新闻单位都需要及时获得新华社每天晚上发出的新闻稿，在第二天早上印出当地的报纸，播出当地广播电台的新闻节目。

当新闻内容在广播中传播时，一般情况下能够同时在各地收听。人们就想到了，在专门的夜间频率中开辟记录新闻，由播音员慢速朗读新闻，各地新闻单位的工作人员用笔抄写下来，大家就都能及时获得新闻稿。

通常，记录新闻按照人们书写的速度和习惯进行朗读，速度很慢，一个词一个词，拉长了声音慢慢吐字，以词、词组的方式反复朗读，再连成短句、长句朗读，连标点符号都要朗读清楚，能够使各地抄写的工作人员从容地记录，以供编辑使用。比如：

请记录：（慢速）

由∧中央广播电视总台∧中央广播电视总台∧中央广播电视总台∧顿号∧教育部∧教育部∧顿号∧国家语委∧国家语委∧顿号∧联合举办的∧联合举办的∧由中央广播电视总台∧顿号∧教育部∧顿号∧国家语委联合举办的//前引号∧中小学语文∧中小学语文∧中小学语文∧示范诵读库∧示范诵读库∧示范诵读库∧中小学语文示范诵读库∧后引号//第一季∧第一季∧作品发布会∧作品发布会∧作品发布会∧第一季作品发布会∧23 日∧23 日∧在北京举行∧在北京举行∧在北京举行//第一季作品发布会 23 日在北京举行∧句号

今年 9 月∧今年 9 月∧逗号∧前引号∧中小学语文∧中小学语文∧中小学语文∧示范诵读库∧示范诵读库∧示范诵读库∧后引号//中小学语文示范诵读库//上线发布

了∧上线发布了∧上线发布了∧首批∧首批∧100篇∧100篇∧音频教材∧音频教材∧首批100篇音频教材//上线发布了首批100篇音频教材∧句号∧今年9月∧逗号∧前引号∧中小学语文示范诵读库∧后引号∧上线发布了首批100篇音频教材∧句号

半年多来∧半年多来∧逗号∧这些∧这些∧由中央广播电视总台∧由中央广播电视总台∧由中央广播电视总台∧优秀播音员∧优秀播音员∧顿号∧主持人∧主持人//这些由中央广播电视总台优秀播音员∧顿号∧主持人∧用标准普通话∧用标准普通话∧用标准普通话∧倾情录制的∧倾是倾向的倾∧情∧感情的情∧倾情录制的//这些由中央广播电视总台优秀播音员∧顿号∧主持人用标准普通话倾情录制的//前引号∧有声语文教材∧有声语文教材∧有声语文教材∧后引号∧逗号∧已经惠及了∧已经惠及了∧已经惠及了∧全国∧全国∧1.5亿中小学生∧1.5亿中小学生∧1.5亿中小学生∧和900多万教师∧和900多万教师∧和900多万教师∧已经惠及了全国1.5亿中小学生和900多万教师∧句号

请校对：

由中央广播电视总台∧顿号∧教育部∧顿号∧国家语委联合举办的∧前引号∧中小学语文示范诵读库∧后引号∧第一季作品发布会23日在北京举行∧句号

今年9月∧逗号∧前引号∧中小学语文示范诵读库∧后引号∧上线发布了首批100篇音频教材∧句号∧半年多来∧逗号∧这些由中央广播电视总台优秀播音员∧顿号∧主持人用标准普通话倾情录制的∧前引号∧有声语文教材∧后引号∧逗号∧已经惠及了全国1.5亿中小学生和900多万教师∧句号

注：∧表示停顿换气。～～～部分读得连贯一些，是对这一句记录的核对，仍需慢速。

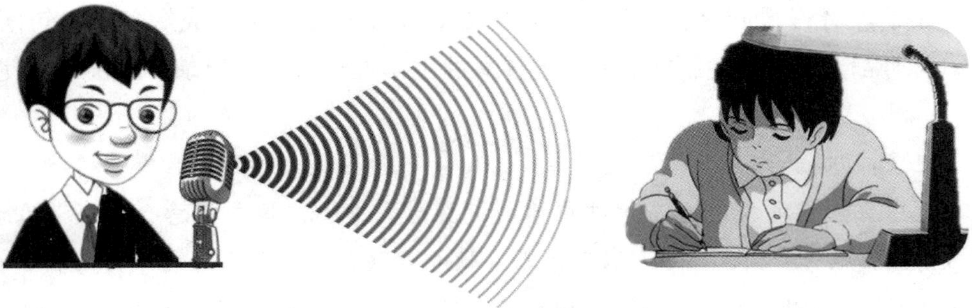

电子信息传播时代，早已经不用这样的记录新闻方式了。年青一代也不知道曾经有过记录新闻这样的历史过程。

但是记录新闻的方式对于学习播报新闻有积极的意义，是一种好方法。

在学习过程中，用记录新闻的方式朗读一遍，或者是旁边的同学，或者自己，认真地用笔记录，朗读一定要与真实的记录同步，不抢急，不拖拉，记到哪里，朗读到哪里。要让记录者听清楚、听明白。

当用记录速度朗读新闻几次之后，再以正常速度播报新闻，就能够有明显进步，把新闻表达得很好了。原来表达不清楚的意思能够说清楚了；原来说不好的长句能够把握住了；原来停顿不妥的位置能够恰到好处了；原来语句结构不明朗的内容，说成了逻辑清晰的结构；原来急匆匆地表达，能够播报得从容不迫、自信自如。

长期播读记录新闻，还是吐字练习的一种方法。播读过程中为了让记录者能听清楚，自然而然地就注重吐字的方法，字头的力度、字腹的响亮、字尾的归音，词组的语音衔接，都不知不觉地更仔细认真。时间长了，练出了唇舌力度，练就了扎实的吐字功夫。这个方法，对教师进行新闻播报教学，对初学者自我训练，都有积极意义。认真地试试，也许能够事半功倍！

第二章　现场报道

从百年来的广播电视发展历史来看，广播电台和电视台的第一语言是新闻。广播电视节目收视率最高的是新闻节目。

当信息时代到来，移动通信进入生活，在随身携带的手机上看到的首要内容是新闻，朋友圈中互相传播的主要内容之一，是刚刚发生的新闻。然而，新闻采集还是专业新闻机构中的专业新闻工作者来做，个人偶然的新闻发布只是辅助。

新闻报道，有记者采访后写的稿件，摄影记者拍摄的照片，以及电视摄像师拍摄的人和事物活动的画面。

在广播电视中，还有一种重要的报道形式，就是记者主持人在现场报道。对于正在发生的新闻事件，听众和观众需要记者主持人进入报道现场，身临其境准确地报道现场的情况。

现场报道是记者型主持人的一项基本功。较为完满地完成采访，把采访过程展现给大家，挖掘出更多的新闻事实，提炼出让人信服的主题，这个要求是很高的。

但是，现场报道也不是那么神秘，其中也有规律可循。这一章就是让主持人和记者能够通过训练，掌握基本方法，驾驭报道的现场。

1. 广播电视现场报道一次成型

早期的记者报道以文字为中心，有三个阶段：一是现场观察采访，二是撰写编辑新闻稿，三是发表出来。那时的新闻报道，当天采访写作，包括拍摄新闻照片，夜间编辑排版，次日出报，再送到或者卖到读者手中。文字记者奉献给听众和观众的是采访后写作的结果。即使记者写下采访问答，也是经过整理的采访结果。文字记者的采访过程是不受时间限制的，采访也可能是断断续续的，最后再集中精力写作。摄影照片拍摄的是瞬间，可以拍摄很多张照片，最后选择一幅发表。

广播中录下现场的音响，后期剪辑再加上解说词，做好成品播出。

制作电视新闻会拍摄很多素材，后期剪辑时再有取舍加工——蒙太奇、音乐和解说词，做好成片播出。

广播电视新闻中最生动的、最具特点的是现场报道，即记者主持人在现场向听众、观众讲话，报道现场的情况。奉献给听众和观众的是报道的过程，这个过程是一次成型的。

因此，广播电视中的报道活动区别于其他类型的新闻报道，在于要求其过程相对完整、完美。当然，有些报道过程经过了剪辑，但是无论是组合结果中的哪一个片断，都是过程的再现，不可能像文字报道那样可以反复推敲，炼词炼句。报道过程被后期制作剪成片断使用，剪得越碎，过程完美的意义就越小。

文字记者采访时能够深入、反复地调查了解，不太受时空的限制，可以回来以后再集中精力完稿。

而广播电视记者身份的主持人现场报道受时空的严格限制。需要在当时当地当场完成报道，话要说得明白，说得准确。在没有文稿的情况下，现场造句要像有稿那样相对完美。

时间充裕的情况下，有可能在现场多说几次，回来以后再剪辑。但如果是现场直播，只能有一次机会，那就非常考验记者主持人的能力了，但也有一次完成相对完美的兴奋和快感。

有人到达现场后，根据对现场的了解，迅速地写好现场报道的语段，然后背诵下来，这是个笨办法。有时现场的情况不允许有“写—背—说”的过程，时间紧张，这样的操作会弄得手忙脚乱。而且背的过程很难，有时录音录像很多遍都不能完成，而且以背诵的方式说，总是有些僵化、不自然。

必须是当场造句，边想边说，才能成功。有时，在现场有时间写好报道词，真正对着话筒或镜头说的时候，也还是需要重新造句，只不过稍稍轻松一点而已。现场造句的语句是生动的，无论从语气语调还是从眼神表情，都能体现现场报道的气氛和精彩。

现场报道有不可预测的特征。文字报道可以等待不可预测的过程完结之后再落笔写作。而广播电视的现场报道则是面对眼前正在出现的始料未及的情况，需要立即直接做出反应，没有暂停等待商讨的可能，话语需要准确到位，或基本到位，还要相对完美。

有一部分现场直播要求时间点要对准。比如，音乐响起之时，车辆到来之时，队列走出来之时，旗帜升起来之时……要求能够声画对位，准确无误，和谐一致。

如果现场难以做到如此准确，可以采用分解的方案。即在那关键时刻出现之前先行报道。如果关键时刻不成功，可以采取主持人形象和话语声音伴随现场音响和现场镜头切分的方式进行后期剪辑。

这样编辑的结果仍然能够给人以强烈的现场感受。

电视画面声音	 观众朋友们，这里是……	 现在，我们看到……

广播声音	主持人：听众朋友们，这里是…… 叠加现场音响：~~~~~~~~~~~~	主持人：现在，我们看到…… 叠加现场音响：~~~~~~~~~~~~

一次成型、相对完美的现场报道，似乎很难，但是可以通过学习训练做到熟能生巧。

第一，要熟悉现场报道所用的语句类型、常用词，从而使自己现场造句的能力很强。这要从写作开始，练习写出 50~100 条现场报道的语段，逐渐从慢到快，直到不写稿能够脱口而出。让自己适应用口头表达的方式说好书面语形式的现场报道。

还要练习见什么说什么，在不影响他人的情况下，经常面对类似现场报道的环境说出相应的语句。某体育现场解说员曾经站在自家的阳台上，看着楼下，随时不断地练习用口语描述看到的场景，这个练习方式值得借鉴。

还可以尝试尽量在现场报道中说短句，避免更多的书面语句，降低语言把握的难度。

第二，学会以口语的方式说长句。口语每句话7~10个字以内，短句之间会有习惯性的停顿现象。而新闻报道的语句要长很多。有人在现场无稿说长句的时候，往往会习惯性地说到10个字顿一下，破坏了语句的连贯性，给人以结巴的感觉。现场报道虽然与演播室里播报新闻有稿可见的情况不同，但也要有长句的心理准备，从造句的思维到呼吸的深度，都要适应长句。

还要学习控制时间，把钟表放在旁边，看看自己一分钟能说多少话？一分钟的感觉如何？两分钟呢？

第三，要能够适应现场纷杂的环境，眼睛里看到周边有人围观，人来人往，耳朵里听着现场嘈杂的声音，而自己的脑子不乱，条理清晰，心中不慌不忙，有条不紊。

重大的事件要现场直播。因为事件重要，人们都十分关注，急切地想知道现场的情况，所以广播电视媒体就要担负起社会责任，做好现场直播。

有些现场直播，直接穿插在新闻节目之中。事先已经安排好时间的衔接，先由主播先向听众/观众说明新闻事件，再与现场记者主持人联系，音频视频接通后，现场主持人进行报道，演播室里的主播还要"代表"听众/观众进一步提问，由现场记者主持人回答，更深一步进行现场报道。这对现场的记者主持人和演播室的主播都有一定的挑战，要衔接准确，报道简炼明白，问答步步深入。

重大事件现场直播要有丰富多样的表达。大型直播节目要做好多个环节的准备。围绕现场的报道和采访，演播室内主播的开场导语、中间串连语、最后结束语，穿插相关新闻背景信息等。还要准备好及时播放的音乐、字幕、提词器内容、插播的片花、背景资料片断、广告等。大型现场直播时演播室内外和各现场之间要有多维度的前后衔接，交叉互动。这些都应有充分的预案，并且提前进行演练，理顺先后顺序，磨合衔接点，控制好时间，正式直播时按预案行事。现场的记者主持人和演播室里的新闻主播要找准自己的位置，与各工种协调一致，完成好自己那一关键环节的任务。

大型现场直播的报道，主持人要有更加充分的准备，不掉以轻心才能有备无患。

准备一，积极参与练习磨合。大型现场直播的报道，有多记者报道、多场地呈现、多级切换的特点，事先的演练过程就是大家共同熟练的过程，主持人是中间关键的环节。一次，某重要现场报道，多地联合进行，提前三天多次磨合练习，到正式直播时突然出现了意料之外的天气状况，不能在室外进行，紧急协调有关各方面，才得以进入室内。刚刚进入室内，摄像机的红灯就亮了，需要记者主持人马上开口报道，由于曾经演练过，心里踏实，紧急情形下就能做到心神稳定，准确无误。

准备二，做好幕后的案头工作。现场直播的挑战就在于下一秒不知道会发生什么，当自己准备得很充分的时候，面对这样的状况就会更加从容。

一位著名的记者主持人回忆：

APEC 会议邀请了各个国家的领导人，这些领导人会陆续抵达会场。当时导播告诉主持人，只需要在现场介绍一下当时的情况就可以了。头天晚上我出于兴趣，搜了很多资料，并做了小卡片，把每个国家的国情、文化、工业产业等信息进行了记录，心想自己可以看一看，学习一下。直播那天，我就把小卡片拿在手上。结果意外发生了。领导人的车队并非鱼贯而入，第一辆进来之后隔了可能五六分钟，第二辆车才来。当在第一辆车到达时说完×××领导人抵达之后，中间就出现了时间空档。导播在耳机里大喊："说话！说话！把这个时间段填上！"我赶紧把小纸条拿出来，这真是救命的纸条，伴随摄像机现场镜头画面开始介绍这个国家如何，那个国家如何，全都用上了。

有些现场直播是重大突发事件，要求广播电视立即进入直播，相关人员在统一指挥下分头尽快行动。记者主持人迅速赶赴现场，编辑部门立即撰写播出文稿，主播立即进入演播室备稿待命，技术部门连通直播的音频视频通道，有关人员制作字幕、查找多方背景资料准备插播，还要尽快联系有关领导和专家在直播过程中进入补充更多信息，并且不断制作回顾前情的段落。其中，演播室主播和现场的记者主持人要急而有序，忙而不乱，稳妥地执行好自己的岗位职责，在统一指挥下，与大家协调一致做好突发事件的现场直播。

2. 报道的现场

现场报道，必然是记者主持人来到现场，才进行报道。什么样的现场呢？

一、能够表达新闻主题的现场

现场报道要报道什么事件，那就要来到什么现场。要选择能够说明、解释主题的现场。要在现场范围内找到最能体现新闻事件的，有代表性的现场。有时现场只有一处，有时现场有多处，就要有所选择，或者多现场表现。

选定现场后，要考虑选择观众能够看明白的角度。可能需要主持人和摄像师共同寻找最佳的拍摄位置。主持人在哪里，场景的主体在哪里，如果要在现场走动，路线怎样设计，都要尽快安排好。

同时还要考虑现场的摄影构图和色彩影调，要考虑现场的光怎样处理。

要考虑主持人与衬托背景的协调，不能互有遮挡，互相影响，主持人服装颜色不能与现场的色彩冲突。可能的话，多带一两件不同颜色的服装。

要防止出现“断章取义”的画面，比如在标语“文明驾驶 不闯红灯”前面拍摄，不能在画面中只出现了“闯红灯”三个字。要避开某些不需要的标语文字。

有经验的团队在应急的现场能够迅速完成这一切，就像球类运动员在赛场上跑位那样默契。

每年两会的现场报道，人民大会堂的
会场外景是表现主题的现场
主持人选择自己在现场的最佳报道位置

事故现场的报道位置

更有些特殊的现场表现，不仅是进行报道的需要，也是特定环境的要求。

特殊现场的特殊报道

二、广播记者要考虑现场的录音环境

现场的音响被录入是非常必要的。现场的声音很多也很杂乱，主持人要选择能够表现现场的典型音响，现场录下的声音应该具有明确的特性。

广播的听众看不到现场环境，广播的现场报道要把听众带入现场，靠的是采录的现场典型音响，引出听众头脑中对现场场景的想象。

有些现场声音，听众不能一下子听明白是什么事物。比如，录下的隆隆轰鸣声，不能让人立刻理解，究竟是车辆、机床、飞机，还是工程现场。心理学告诉我们，人的知觉的特点之一是需要词语的提示。只有现场的典型音响还是不够的，还需要现场的记者及时用报道的语言给予说明。话语和音响二者相辅相成，就能尽快唤起听众头脑中定向的想象，让听众根据自己的经验系统，在头脑中建立想象的“现场场景”。

有时，广播现场报道的采访是在连续的现场活动中，记者要根据现场实际情况，不失时机地接连不断对变化的现场和现场典型音响进行说明，以使听众头脑中不断产生新的连续的想象。

三、以角色身份进入现场

一般来说，记者主持人以媒体人的身份进入现场。

特殊情况时，记者主持人有可能以特殊的身份进入现场。比如在旅游景点以游客身份进入，在商店以顾客身份进入，在车上以旅客身份进入。再比如，在学校以学生的身份进入，在饭店以服务员的身份进入，在工地以工人的身份进入……

有时在现场完全改变身份不太可能，换一下服装，可以从表面上显示或多或少的身份变化。

进入特定的人群中，穿上代表各种身份的服装，边体验生活，边进行现场报道。比如，在工地现场，戴上安全帽，穿好工作服；在攀岩的现场，穿上登山服，穿好登山鞋；在演习场旁边，穿上迷彩服，戴上钢盔……在观众看来，会产生亲临的感觉，他们自己也好像被记者主持人带入那个环境，也“变化”了身份。

不过，这种现场报道的机会不多，有条件，要抓住机会，创造条件，做好生动多彩的现场报道。

注意尽量不打扰他人。为了贴近现场表现现场，需要打扰他人，也可能会影响一部分公众利益，这都是不可避免的。但是应当尽量减少对他人的打扰，减少对公众的影响。不要以在公共场合引人注目为荣耀，打消这样的优越感，就能找到合适的位置了。

比如，一场交通事故，事故车占了一条车道，交通已经发生拥堵，记者主持人如果再占一条车道报道，会加剧拥堵。应当尽量避免这种情况，想办法换个位置。

再比如，展会的入口处，入场的人特别多，记者主持人就不必非要堵在入口处来说明人们参观的热情，可以换到侧面不拥挤的位置，以拥挤的入口为景进行报道。

注意选择适合采访对象的现场。有些现场人员要被采访，不要选择他们心理不适应的现场。有条件的话，为了照顾被采访人心情，要到让他们感觉不紧张、不别扭的现场，尽量去他们熟悉的环境。

有一位年轻的民警牺牲了，记者到他家采访。他的父亲是坚强的军人，虽然很痛苦但是很坚毅，沉重的目光下没有更多的语言，记者更不能直触痛苦提问。于是记者就请父亲引导在家里寻看牺牲民警的遗物环境。在家里看到很多渔具，知道他们父子经常在休息日去钓鱼。于是，请父亲带上渔具和记者一行来到他们钓鱼的地方。当两根鱼竿架起来，两个板凳摆好了，父亲似乎看到了儿子的身影，情不自禁老泪纵横，情深意长地滔滔不绝地讲起了儿子的往事、成长的历程。

四、现场报道时的话筒表现

现场报道中话筒出现有两种形式。

一是突出话筒的存在。而且在话筒上再加上台标，或者栏目标识。这是在强调自家媒体的形象。手持话筒的下二分之一处。

现场采访时，话筒要始终握在记者主持人手中，不能放开，记者主持人随时可以主动掌控采访。如果话筒交到被采访者手中，有可能会被动失控。

二是隐藏话筒的存在。使用小型话筒夹在衣服上，不使人注意。这种形式可以解放两只手，记者主持人能够更放开手势更自如地表达，也更利于与现场的人们交流。

3. 现场类型与报道方式

一、现场的类型

(一) 突发事件的现场报道

突发事件事先不可预料。报道相对短小，之后再有后续报道。

常常出现的突发事件如：

1. 自然灾害类事件。暴雨、水灾、泥石流、火灾、地震、路面塌陷等。

2. 事故类事件。交通事故、生产事故、责任事故，事故中起火爆炸，以及食物中毒事故等。

3. 暴力犯罪类事件。各种殴打欺凌、持刀行凶、持枪行凶、恶意驾车冲撞行凶。

4. 突发传染病。特别在城市人口密度大的地区，特别是呼吸系统的传染病、肠道系统的传染病，发生得集中、突然。

5. 人员伤亡类事件。各种灾害中发生伤亡，各种事故中发生伤亡，各种凶杀导致伤亡，各种传染病导致伤亡，不慎行为导致伤亡，自杀导致伤亡等。

这些事件，突然发生，防不胜防，一旦发生，记者主持人就要冲到第一线展开现场报道。要求现场报道反应快，报道及时、准确。

(二) 平常事件的现场报道

平常事件是根据计划安排行事。一般事件比较大，在当地影响大，所以广播电视台安排进行现场报道。报道时间相对较长。

进行现场报道的大型事件如：

1. 重要会议的现场。常见的有党代表大会、人民代表大会和政治协商会议。当然还有诸如经济论坛类的各个方面的重要会议。

2. 展会的现场。通常有汽车展、成果展、主题展、画展等，与当地人民群众生活相关的大型展会。

3. 大型体育活动。有各类运动赛事，有当地广泛的群众体育活动，群众长跑活动、武术等。

4. 艺术活动。当地歌唱比赛、舞蹈比赛、朗诵比赛、美术比赛等。

5. 教育活动。中考、高考、国家公务员考试、校园安全教育、亲子活动等。
6. 主题活动。植树活动、慈善活动、扶贫活动、教师节活动等。
7. 经济活动。签字仪式、开业仪式、奠基仪式、产品展示等。
8. 社会生活类的活动。就业招聘现场、城市工程改造施工现场、爆破现场等。
9. 执法现场。

二、现场报道的表达形态

（一）进行式报道

进行式报道是记者主持人随事件发生的过程进行报道。记者主持人进入事件现场时，已知的并不多，他要表现出与听众、观众“同步”看到、听到，一起来了解事件的更多情况，要把事件的发展过程及时报道出来。这里的“同步”的意义非常重要。

平常事件，记者主持人会提前到达现场，早于事件开始就进行报道。

突发事件，记者主持人有可能在前往事件发生地的途中就开始报道，到达现场马上跟进报道，刚刚知道什么就报道出来，可能仅报道这一个时间点的现场，也可能随着事件发展在现场不断发出持续报道。

即使当场只是录音录像，事后播出的时候人们听到的、看到的也是记者主持人与事件过程同步结合的报道。

这样的报道，记者主持人不仅是向听众、观众报道现场，还有一种见证的意义。报道者就是某一历史时刻在现场的证明人。

（二）结果式报道

结果式报道，是当事件发生到一个结点时，记者主持人在现场报道。这个结点可能是事件的终结，更可能是事件发生到某个阶段。这时记者主持人已经到达现场一段时间，并且向有关方面了解到了更多情况，他不但对现场有所报道，还对事件的整体情况已经有所了解，他报道的是事件的结果。

平常事件，记者主持人不仅报道现场情况，还有可能介绍事件的背景情况、到目前为止的成果成效、统计数字等。

突发事件，记者主持人在介绍现场情况的时候，还有可能介绍事件发生的原因、有关各方的背景、涉及的数字等。

结果式报道，是记者主持人知晓大致情况后，站在现场事件的末端，发出的带有总结性质的相对完整的事件情况的报道。

★ 以点说面的报道

在结果式报道中有一种情况是以点说面。即站在这个现场的点上，不仅报道此时此地，还顺便把这一地区的当前情况都说到了，让人们理解这一地区的情况都是类似这样的。

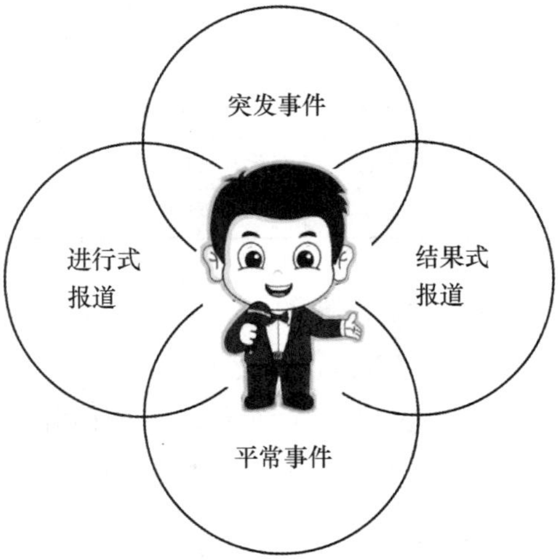

进行式报道更提倡使用，也更锻炼人，更具有挑战性和现实性，是广播电视台现场报道的活力所在，是每个记者主持人应该追求的能力。结果式报道要传递的更多信息内容，及以点说面的内容，可以在其后的采访活动中获得，也可以在演播室里播报新闻时表达。

有些不适宜在现场表达的新闻内容，不要使用现场报道的形式。比如央行降息、法律颁布、大学生就业率、经济发展数据。即便到了银行、法院、教育部门、统计部门，也会因新闻内容不具有现场性而使现场报道索然无味。

三、连续时日的现场报道

此外，还有持续很长时间，甚至数日的现场报道。听众、观众是以伴随的状态接收来自现场的连续报道。

（一）由突发事件转为连续现场报道

一个突发事件到来，没有结束，持续几天，社会都很关注，就会转入连续的现场报道。比如，一场矿山事故，营救的过程复杂，延续几天甚至十几天，每天的进展都是人们急切关心的，就要有向社会负责的连续现场报道。

（二）平常事件的连续现场报道

重大事件需要长时间现场报道。比如，一座古建筑的移动需要几天时间，一个影响交通的重要立交桥改造需要上百个小时，一个重大会议开三五天。社会需要隔一段时间有一次来自现场的报道。

这样的连续报道，有可能需要转播车到达现场。有时需要整个新闻部门动员起来，查找大量的背景资料，访问众多的人员，作为现场报道的补充和衔接。

关于现场报道的现场类型和表达形态，下表是简洁明确分析：

<table>
<tr><th>现场事件</th><th>形态类似</th><th>报道内容</th><th>表达特征</th><th>报道方式</th><th colspan="2">播出方式</th></tr>
<tr><td>突发事件</td><td>一条消息</td><td>单一话题</td><td>未知—已知</td><td rowspan="2">进行式
结果式</td><td rowspan="3">录播</td><td rowspan="3">直播</td></tr>
<tr><td>平常事件</td><td>某个专题</td><td>某一主题</td><td>未知—已知</td></tr>
<tr><td>持续事件</td><td>几幕戏剧</td><td>多层次多空间</td><td>伴随状态</td><td>进行式</td></tr>
</table>

需要说明的是：主持人谈话节目，也称访谈节目，不是现场报道，即使将谈话的场景设置在某一现场，也不是现场报道。

访谈节目类似广播的大型专题节目、电视的较长专题片。包含多项内容、多时空的人和事，是坐在演播室里，或者某个场景里，其特征是从已知到已知。

谈话节目，因其性质不同，思维方式不同，是节目组另外的工作方法，是主持人另一类主持表达方式，不宜与现场报道相混。

4. 突发事件现场报道

突发事件都是不可预测的，突然发生之后，才引出现场报道。

必须明确，突发事件现场报道的任务是展示。展示的是事件的面貌和现场的情况。由于事件是突然发生的，出乎人们预料，所以，听众、观众迫切想要知道的是发生了什么事情，现场是什么样子，现在已经怎样了，下面还有可能会怎样。

突发事件看似紧急，记者主持人压力很大，实际上，现场报道没有太大的难度。只要围绕新闻的五要素表达，把事件说清楚就行了。

这是金科玉律：地点—时间—事件—人—为什么，可以再加“怎样”“数据”。

英语表达 5W：where—when—what—who—why，或者再加 how 和 how much。

多数情况下突发事件现场报道来不及说到“为什么”和“数据”。

突发事件的现场报道就是五句话。

第一句　**地点**：听众、观众朋友们，这里是……

观众、听众朋友们，我现在正在……

这句话重音在地点。

第二句　**时间**：刚才/十五分钟之前/半小时之前

时间的表达，可能不是一句话，也许就是时间状语。

第三句　**事件**：这里发生了……/这里出现了……/这里……

这句最难。这是相对完整的一句或者两句话，这是现场报道的核心语言。是对突发事件的展示。这句话有可能是个长句或者复句，要用心组织好。

这句话要充分想好，或者提前练习几遍；或者写出来这几十个字，反复大声试说几遍。

第四句　**细节**：我现在看到现场的树干倾斜了/看到救火车、救护车正在到来

我现在看到人们正在向外奔跑/我看到消防人员冲在前面

我现在听到现场的汽笛声/听到吱吱的声响

可以有两三个不同的细节点。这些细节其实观众能在画面上看到，听众能够听到，记者主持人还需要代替听众、观众再听再看，以

向听众、观众证明其确实如此。

第五句　**隐象**：我现在能够感到现场的温度，热气直向我扑来。

我现在感到脚下有微微的震动。

这些是在现场音响和画面中都听不到、看不到的，要由记者主持人报道出来。这句话的内容有可能在现场有，也有可能没有。

最后，如果需要，可以说：关于这个事件，我们还将为大家继续报道，请您注意收听、收看。

再看以下两个案例：

例 1

观众朋友，这里是×××桥南市场火灾现场。

今天早上 7 时 40 分左右开始起火，现在记者刚刚赶到现场。这里火势已经十分猛烈。

我们看到，整个市场的各个窗口都能看见里面的明火在燃烧，仓库上空黑烟滚滚。楼外堆积的货物也在燃烧，旁边部分起火的小店铺已经有垮塌现象。火中不断传来“砰砰”的燃烧爆裂声。

现在多辆消防车已经赶到现场，消防队员正在奋力灭火。记者在这里感到一阵阵热浪迎面而来，闻到十分呛人的燃烧焦煳味，脚下还似乎有微微的震动。

例 2

观众朋友们，这里是京沈高速公路北京至沈阳方向 604 公里处。

今天上午 8 点钟左右，一辆车牌号为吉 G20642 的大货车在这里发生侧翻。我们看到，有一辆蓝色货车横躺在马路中间。货车的损坏不是很严重，只是前轮扭曲翘起，车头将公路中间的隔离护栏撕开，这里的交通已经受到影响。

翻倒的车上有大量鲜鱼散落在高速公路上，由于天寒地冻，地上的鲜鱼大多已经变成“冻鱼”。已赶到现场的车主正在组织人把地面上的鱼堆积到路边。记者看到，现在现场围观的人越来越多，一些路人顺手牵羊将散落在路边的大鱼捡走，车主显得很无奈。

有些突发事件现场报道之后，可能会进入某一主题表达，从这个突发事件引出进一步的思考。上例中，货车侧翻的报道之后，可以加入提醒在寒冷的冬天驾驶汽车的注意事项。

观众朋友，现在已经进入寒冷的冬季，冬天驾驶车辆要谨慎，控制车速，特别是在路窄路滑弯道桥梁时，更要倍加小心，以免发生事故。

5. 平常事件现场报道

平常事件是计划中的事件，而且是当地比较重要的规模比较大的事件。因此这样的事件需要广播电台电视台做现场报道。

由于平常事件是计划中的事件，各方面都会有所准备，记者也会提前知道事件将要发生，所以没有那么急切，现场报道能够比较从容地进行。

平常事件现场报道的任务，必然要展示事件面貌，让人们知道是什么事件，怎样发生的，现场的情况如何。但仅仅展示是不够的，还要呈现这个事件对社会的意义，即这个事件所具有的主题思想。

下达平常事件现场报道的任务时，一般没有哪位领导明确布置这个事件要去表现什么样的主题思想，只是告诉记者主持人去做一个现场报道，而且还会叮嘱要做得好一点啊。怎么才是好？关键是能够恰当地表现事件的主题思想，这是灵魂。几乎没有人向你指出是哪个主题思想，然而记者主持人自己心里要明确，在报道中呈现出来。

一个事件可能有若干个主题思想，要选定一个。在报道中向着选定的主题思想方向集中靠拢。这就有点像高考作文考试的材料命题。给一段事实材料，自拟题目作文。同一段事实材料，不同的考生有不同的写作主题方向。

比如，现场报道大规模植树活动，主题思想可能有：保护环境是每个人的责任/坚持不懈才能成功改善环境/植树活动造福当代惠及子孙……

比如，现场报道中国传媒大学开学典礼，主题思想可能有：许多年轻人实现了做传媒人的梦想/广播电视的竞争在于人才的竞争/中国高等教育兴旺发展……

选择哪个主题呢？要根据当时当地的政治、经济、文化形势而定。现实是什么样的形势？群众中有什么样的社会热点？认清这些，就能确定现场报道重点要表现哪个主题思想了。明确了要表现的主题思想，进入事件现场时心中就有底了。

平常事件的现场报道与突发事件现场报道的五句话：地点—时间—事件—细节—隐象思路一致。有时还可能更多加入一两句背景资料予以说明。

与突发事件现场报道不同的是，描述这五个方面的话语要有更具体的细节、更加生动的语句、更多表现情感的词、更为丰富的修辞和一定的文学性，不能像突发事件现场报道那样直白地表达。因而就会语言量较大且句子较长，每句话有可能扩展到几个分句，语句有相应的文学色彩。

与突发事件现场报道不同的是，平常事件现场报道的话语要围绕主题思想组织，要能够体现渗透出主题思想。

注意！仅仅是在话里话外字里行间对主题思想的折射与渗透，而不要直接直白地说出主题思想。最好是让听众、观众在了解现场的同时自己悟出既定的主题思想，而不是记者主持人直接耳提面命式地告知。

当然，这要求记者主持人的语文水平要高，逻辑能力要强。

可以事先写出报道要说的话；可以提前多练习几遍；可以将一段报道分组说出，到后期再剪辑；还可以把报道要说的话打在当下流行的 iPad 上，放在摄像机镜头上方，看着文字提示，同时也是看着镜头说话。

不论哪种方式，都需要把那些话放在心里，在脑子里重新造句，生动地说出。而且还要配合手势一起表达。

平常事件现场报道举例。

例 1

观众朋友，这里是美丽的河南洛阳中国国花园。今天这里正在举办第 24 届洛阳牡丹花会。巨大的花会标语牌立在国花园入口处。

现在悠扬的音乐已经响起，大量游客正在涌入国花园赏花。

牡丹是我国传统名花，在洛阳的栽培历史已有 1500 多年。目前洛阳牡丹已拥有近千个品种，千万余株，种植面积近 2 万亩。

我们看到，前来赏花的有老人、有小孩，有全家一起来的，有情侣携手而来的。人们不断停下脚步观赏大朵大朵的牡丹。很多游客在牡丹花丛中用手机拍照，用专业相机拍照，拍下美丽的牡丹，拍下与牡丹的合影。

放眼望去，国花园里人头攒动，花香之间，到处欢声笑语，一片喜气洋洋。

例 2

观众朋友，这里是江西偏远山区的德兴市新岗山明德小学校的操场。

今天下午，这所学校的校园里热闹非凡，全校 500 多名学生相聚一起，给母亲洗脚。以此迎接“母亲节”的到来。

我们看到，操场上整齐地摆放了一排排椅子，500 多位母亲坐在椅子上，面前地上放着一盆盆清水。小学生们蹲在母亲脚下，认真细心地为母亲洗脚。母亲们有的面含微笑，有的凝视着自己的孩子，有的眼眶已经湿润了。

这所学校组织安排这样的活动，是为了引导小学生们尊重和理解母亲，表达他们对母亲的爱。

有些平常事件现场报道有若干个现场的场景，记者主持人可能会走一段，停下来，报道一段，走到哪说到哪。这样的连续报道设计，一段一段要努力做到各有特色，以求整体报道是丰富多彩的。

观众朋友，这里是济南市卧虎山滑雪场。

今天，济南市 12 对新人要在这里举办一场别开生面的雪地婚礼。

现在，婚礼仪式开始了，在《婚礼进行曲》声中，12 对新人踏雪进入现场。人人脸上洋溢着幸福的喜悦。

今天的婚礼仪式上还有几项“雪地见真情”系列趣味游戏比赛。现在进行的是“雪地背爱人”的比赛，新郎背着新娘，看谁背着自己的爱人跑得最快。

这是同心滑雪游戏，“加油”“加油”，啊，是谁冲到了最前面？

又过来了，过来了，新郎新娘双双叠坐在一个个雪圈上在雪地上滑跑，奇妙而又快乐！

在这幸福的时刻，新人们个个心花怒放兴高采烈，你看，新郎在情不自禁地亲吻自己的新娘。

6. 动起来的现场报道

电视的现场报道中摄像机已经代替观众的眼睛进入现场，观众的目光已经“进入”现场。现场的记者主持人要做的应该是在现场代替听众、观众感知现场、了解事件，必要时代表听众、观众表明态度。

一、记者主持人用自己的身体感知现场

记者主持人在现场很自然地会感受到冷热、风吹雨打的感觉，在现场用力上坡吃力前行的感觉，天朗气清呼吸顺畅的感觉，雾霾浓重气短憋闷的感觉等，这些很微弱的感觉都会在画面上显露出来。

记者主持人的感知过程让观众看到，作用于观众，引起观众的“内模仿”，使观众觉得似乎是自己在感受，对那个现场有更多的体验，更深切的感知和理解。

二、记者主持人用自己的身体对比现场

屏幕上的画面，可能容下千山万水，可能只展示一滴水珠。有些事物，只看画面有时不容易判定物体的大小。记者主持人自己的身体是尺子。一般人站立身高在1.6米至1.8米之间，两臂伸开左右手指间的距离略长于身高。当记者主持人有意无意地站在现场某物体旁边，墙有多高，砖有多厚，针有多短，粒有多小，那物体的大小高矮宽窄，立刻被观众理解了，看明白了。

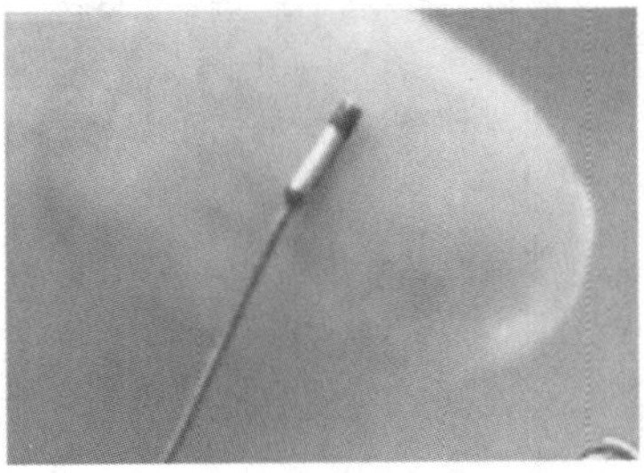

三、记者主持人在现场可能会做的动作

电视记者主持人在现场报道时，要站定面对摄像机镜头进行报道。但是，除规定必须定点的情况外，大多数情况下要有动作，要用动起来的身体表现现场的空间。身体的动作与口中的话语相配合，有时边动边说，有时在动的过程中相对稳定一下再对

镜头说。动起来，有很多动作可做。

1. 进入

这是现场报道最初的动作。

多数情况下，记者主持人已经站在现场的画面中开始报道。有时要把记者主持人进入画面的过程向观众展示出来。

可以乘车而来，表现车辆、车辆中的记者主持人、车辆行走的路线。

可以步行走入，从画面的左侧或者右侧“闯入”画面。

可以沿台阶、乘滚梯、顺山坡走上来，从正面下方逐渐向上露头、露肩、露身，或者从侧面台阶拾级而上。

可以从车里走出来，从门外走进来。

2. 走动

在现场沿一定路线走动。可以迎着摄像机镜头从远到近走过来；可以向左或向右横向走动，目的在于带着观众看横方向的事物；可以退着走，目的是让观众看到身体两侧的事物；纵横之间还可以沿斜线走动。

可以从现场的这一端走到那一端，这一区域走到另一区域。

在特殊情况下，还有背对着观众行走的情况。一边走，一边回过头来向观众报道。

走动，是最基本的动作，如果在现场没有任何可做的事，走动是可能的，也是必须的。

3. 转身

走动的路线如果有变化，一定会有转身。记者主持人从面对观众到转身向左或向右走，再转向观众，从面对观众到转身向后走几步再回转过来面对观众。眼睛、头、肩、身体一起转，切忌先转眼睛。

这样的转身要准确，要利索，应该是“华丽的转身”。

4. 观察

记者主持人要观察面前的事物。其实此前已经看过了，观众可能也已经注意到了，但是记者主持人还是要再替观众观察一番，这是在替观众见证。要真看，仔细看，一部分一部分都看明白，不能似看非看，不能敷衍。

5. 示意

如果不能当场看到某个事物的样子，记者主持人要把自己知道的告诉观众，可以用手、用自己的身体示意。用手比画大小，用手示意高矮，用手和身体表示动态，用简单的口技模拟原声。这些示意的动作，要与现场情况结合，讲述虚的示意与实的现场之间的联系。

6. 指向

远处的事物要由记者主持人伸手指给观众看，一般要指明方向。指示时伸出的应该是手掌，如果不是非常特定的指示点，就不宜用手指，指示的方位要准确。边说边指，语言的节奏与指示的动作要一致。可以目光跟着手指的方向远望，可以指示时看着镜头说话。注意由于屏幕的局限，手不要伸得太长，以至于伸到画面外面。

7. 发现

记者主持人如果能够在现场有所发现，是很有意义的事情。从没有看见到找到，从第一步跟踪到第二步，掀起遮挡发现隐藏，揭开假象看到真相等，从上到下，从左到右，从里到外，观众也在跟随，与屏幕上的记者主持人“一起”发现。在现场的发现应该是有形的事物，如果是抽象的原理、过于微小的事物，不适合现场发现。这个环节时间不宜太长。

8. 触摸

能够上手触摸一下，就要去触摸。一个事物端详久了，就不知不觉要伸手触摸一下了。观众也是这样的心理，记者主持人实际上是代替观众来触摸的。触摸之后，要及时把自己的手感告诉观众。有时不是用手触摸，身体的其他部位都可能触碰而产生感觉，这些感觉都是观众期待的。

9. 手持

现场有些物件，能够拿在手里的，要拿在手里边看边向观众展示讲解。有些图板、文字板需要记者主持人为大家展示，注意要拿得水平，不歪不斜。有些证件、账本、笔记，要看清楚上面的文字，为观众读出来，有时要把文字一面翻转过来，展示给镜头，让观众也看清楚。手持展示的位置可以在胸前，可以在左右肩前，注意不要挡住自己的脸。

10. 操作

上手的物件，能够操作的，要操作一下，要让静态的事物能够经记者主持人的操作而有动态的变化。能够旋转开关让灯亮起来，能够把门打开，能够开闸放水，能够点燃灶火……能够做的操作很多，移动物件的位置，敲击键盘，演奏乐器，甚至驾驶车辆行驶一圈。观众看到，会觉得自己也尝试了一下似的。

11. 测量

现场的事物到底有多大？多长？多宽？多高？多厚？温度、湿度、浓度、力度、重量、压力是多少？需要记者主持人当面替观众测量一下。可以用仪器测量，得出准确的值。也可以用记者主持人自己的身体来测量，双臂张开，看看一个人能不能合抱，两个、三个人行不行；手举起来，看看大约有多高；迈步丈量，试试有多长。

12. 体验

所谓现场体验，就是记者主持人的整个身体都参与做动作。记者主持人屈身进入狭窄空间，匍匐通过低矮地带，下到水田，进入砖窑，蹚过激流，攀登山岩……一位记者曾经在采访中试穿 8 层防护衣，还有一位记者曾经在采访时试吃熊猫的“饼干”。

这些都是记者主持人在身体力行，他们是在替观众体验现场，使观众有身临其境的感受。

13. 在交通工具上

记者主持人有时在车上进行现场报道，在颠簸之中讲述；有时在直升机上进行现场报道，在螺旋桨的隆隆声中讲述；有时在船上随着波浪的起伏讲述。天上—地面—水中，人不动，交通工具在动。被“困”在狭小的范围内，在多干扰的运动状态下展开报道，要有较好的心理素质，较强的现场组织语言的能力。

14. 与被采访人共同做事

如果条件允许，记者主持人可以与现场的人们共同做事，这是很好的现场报道形式。可以与现场的人们共同歌唱，共同起舞，一起劳动，一起做饭……

记者主持人在现场要适时抓住机会，参与进去，使自己的报道生动有趣。

15. 组合动作

以上若干个现场的动作，经常是组合起来做。可能边走边看，边看边指，可能指着拿起示意，可能手持操作发现，可能发现测量体验……所有动作和记者主持人的讲述结合起来，边做动作边讲述。

四、一个现场多位置报道

有时在一个大的现场有多点小场面，记者主持人从现场的一个位置讲述完成后，走到另一个位置，不断变换位置连续报道，组成多步骤的完整的现场报道。这样的现场报道好似电影故事片的长镜头，一个镜头里有多个场景，每个场景是一个片断，每个片断都是一段故事。遇上有创造性的题材，千万抓住，努力做出精彩的现场报道。

请看，中央电视台记者在西藏嘎林岗村做的现场报道。

记者站在村口		观众朋友，现在我在的位置呢，是亚东县受灾最严重的嘎林岗村。这是嘎林岗村的村口，目前受灾最严重的嘎林岗村。
转身指向		我们来看一下，村口这里有个建筑，它的一面墙已经几乎完全倒塌了，还可以看见有一个楼梯可以上去。在这个楼梯上面有个牌子写着“群众文化中心”，可以看出这个建筑呢，是这个村里的，一个村头的群众文化中心。

续表

走过边指边说		我们说了，这两天的嘎林岗村，就是从昨天晚上 9 点到现在，感觉嘎林岗村就像一个物质的中转站。
走过边指边说		这里是一辆消防的通信指挥车。
走过边指边说		这是我们武警西藏部队的，他们的一个救援的力量也在这里。
走近帐篷 用手触摸		我们看到这里有个帐篷呢。昨天夜里，亚东县的民政局刚刚搭起来的。我们来摸摸这个帐篷的厚度，发现里面是棉布，比较厚。因为亚东县的冬天是比较冷的，像这样的帐篷呢，就会让当地受灾的老百姓感受到一份温暖。
走向卡车 有人在卸帐篷		现在令当地的老百姓比较高兴的是，我们来看一下，就在此时此刻，从日喀则运过来的 40 顶帐篷，已经运到了嘎林岗村。

续表

随着人群走过来		武警战士帮助当地的村民一道把这剩下的帐篷送到村口的这个位置。我们来看一下，这里呢，是位于村口的一个比较大的一个空地。将在这里呢，刚才我们了解了一下，要搭起 10 顶帐篷，就在今天晚上。
站到高处 指向远方 再指下方		现在呢，我们来看一下这个山上的路。这条路，咱们看到山上这条路呢，就是在昨天到今天早上，一度中断的，省道 204。现在这条路呢，已经抢通了。但是因为下雨，所以呢，目前还暂时只能有小车通行，我们的救援物资还只能从一条老路运过来。
走到一包 未开帐篷处		这就是刚刚运抵的 40 顶帐篷。目前呢，这 40 顶帐篷可能每一顶要住两到三户人家。
面对摄像机 向村里走		因为我们知道村里的房子目前受损比较严重，156 户居民啊，每户房子都受损了，就是说，每户房子都成危房，这个房子要重新修建，还是需要一定的时间。这可就在今年的冬天当地的村民就在这样的帐篷里面来居住。

在这样复杂的现场，使用口语报道语言不那么规整、流畅，但是这样同一现场多位置长镜头连续完成的报道，着实令人赞叹不已。

（一）动起来的镜头意识

动起来，是为了让观众看明白记者主持人的表达意图。

动起来，是要伴随记者主持人的讲述而动。

因此，现场的一切都是报道所需，都要非常有效地进入摄像机的镜头。记者主持人始终都要有明确的镜头意识。话要说给观众即镜头听，动作要做给观众即镜头看。

即使侧对镜头、背对镜头，心里的指向也要十分明确。

（二）动起来的视觉作用

为什么这么强调记者主持人要在现场报道中动起来？

动物的一个特点就是有点风吹草动，就要有条件反射，去注意观看，否则，就容易被其他动物吃掉。人类也具有这样的本能，所以在人类生活中，动态的事物会引起注意。在注意动态事物的瞬间，还可能排开对其他事物的注意。

试试，一个人静处，忽然有微小光线闪动，飞虫掠过，风吹书页，都会吸引人的视线和注意。在屏幕上，某一个点有闪动，人的目光必然会被吸引去盯向那个点。

屏幕上记者主持人的动作会引起画面内事物之间的空间关系的变化，[①] 这样的变化势必会争夺观众的注意。

观众这样专注不正是我们辛苦工作所期望的吗！这不正是收视率、点击率所渴望的吗！

一定要动起来，至少要在现场走几步。

（三）广播现场报道通过音响与解说使听众在想象中动起来

这一节重点讲的是电视的现场报道，其实对广播的现场报道来说，也有可借鉴之处。广播中的动态，可以由记者主持人边做动作边解说，通过话语提示，通过各种音响的生动表现，通过记者主持人的语气节奏变化，也能在很大程度上让听众去想象，去接受。

---

① 乘坐列车，观察车窗外面，能看到空间关系不断变化。近处的树木以极快的速度向后闪去，远处的村庄房屋向后移去的速度慢一点，更远处的山梁移动得就更慢一些，太阳、月亮则不动，跟着走。前前后后所有事物之间的空间关系都在改变着。

7. 与摄像师密切配合

电视采访的成果是要由摄像师拍摄记录下来，记者主持现场报道要与摄像师密切配合，共同完成。

一、记者主持人要略知摄影的基本知识

要与摄像师共同考虑光线和构图，共同考虑报道者形象的景别，共同安排报道者在现场行走的路线，共同设计报道者在现场做动作的方案。

特别是在光线和镜头的处理方面，记者主持人要尊重摄像师的意见，要尽可能向摄像师说明自己的意图和表现，以求达成一致。

二、记者主持人与摄像师的新闻意识、新闻审美要一致

记者主持人所表现的某些强烈的情感，某个特别的动作等，可能都是有目的的，特定时刻止不住的泪水等不能被忽视，更不能被排斥在镜头之外。这些要在共同探讨的基础上，不断磨合。

记者主持人在现场会走动和做各种动作，摄像师要及时跟上。要跟人，跟焦，变化景别，保持动作与镜头的节奏一致，在需要的时候，能够拍好一个长镜头里面的蒙太奇。

三、摄像师要能够与报道者有同步的配合

当报道者在讲述时指向事物时，摄像师的镜头需要及时摇向那个事物，并且及时再移回到报道者身上。当报道者观察某个事物时，摄像师的镜头需要及时推向那个事物。

有一位主持人在自己伏下身子观察时，抬头对着镜头——也就是对着观众——招手说“你来看哪”，摄像机就凑近来拍，屏幕前的观众真好像自己向前伸头去看了。

还有一位记者在现场对着镜头——观众——抬起手腕伸出手表说“看看现在的时间”，摄像机就对准了手表，屏幕前的观众就似乎是自己睁大了眼睛去看。

如果能够做到指哪拍哪，看哪拍哪，展示什么拍什么，就能做到与观众观看时的

期望心理同步，这就需要双方特别有默契。

当报道者在现场面对镜头讲述时，有可能的话，要随话语内容分别拍好中景、近景不同的景别。这样在后期剪辑的时候就非常方便。

四、摄像师要在现场拍好镜头的“套餐”

要拍好现场的各种景别的镜头，拍好各种事物的镜头。有表现主题的关键镜头，也要有表现气氛的镜头，还要有在场人群的镜头。镜头里有各具特色的人物，有集合的事物，有个别的事物，有一组一组事物。要带着对现场所有事物的好奇心，去捕捉周边各种各样不同事物的不同镜头。

要拍好现场人们的形体，弯腰、转身、举手、迈步、行走等，不同群体有不同的特点。

要拍好现场人们的各种表情，眼睛、嘴唇、眉宇之间不同年龄有不同的表现。

要拍好现场人们身上、手中的各种物件，以及现场和周边围观的人们。

要拍好现场其他事物的动态，如车辆穿梭，灯光闪烁，旗帜招展，风车转动等。

突发事件的镜头相对简洁，一般不用或少用运动镜头，更注意镜头内人员和事物的动作。

而平常事件则可能有“推、拉、摇、移、跟”的运动镜头及“平、俯、仰”“正、侧、背”的多角度的镜头。

推拉镜头表现从微观到宏观，或从宏观到微观，表现整体和个别、环境和个体之间的关系。

摇的镜头是在不断展现更多内容，产生引起观众心理期待的作用。

移和跟的镜头表现记者主持人的走动线路和动作，以及现场动态事物的运动。

摄像机的录音话筒随时都要打开，录下来的可以不用，但是不能不录。

五、有可能借鉴有些故事片的艺术手法

比如，开门类的镜头，就是一种发现效应，开门或者进门是在发现一个新的空间。

比如，进入的镜头，事物、人物一点点从门外进来，或从某处后面露出，先是一部分，慢慢出现全身，是一种悬念冲击的过程。

比如，人或者车行走的路线，一般多为弧形曲线，还可以是 S 形曲线。表现紧急气氛可让车辆和行人从画面一边快速行进到另一边。

比如，记者主持人的主观镜头，如果不能随话语而摇到所指所看的事物，那就一定要另行拍摄到那个事物。

拍摄时，要同时录下同期声，这声音后期编辑时可能用不到，但也要录下来，防止万一需要。

❗ 需要特别注意的是，有些故事片的镜头表达方式，在新闻类的报道中应当避免使用。

常见的典型情况就是：故事片镜头表现常常是敲门在外，屋里的人走过来开门，内外有两个不同的机位；新闻报道真实的摄像机位置只应该是一个，就应当一直是在门外，待门开以后跟随记者主持人从外面进入。

第三章　现场报道中的采访

记者主持人来到新闻事件的现场，一是要报道现场，二是要在现场采访。

这是前后两个步骤。记者到达现场，看见的现场情景，听到的现场声音，感到的现场气氛，要及时讲述给听众、观众，这是必不可少的现场报道。更多的现场情况则需要进行采访才能获得，并向听众、观众传播。

广播电视现场采访的过程直接呈现给听众、观众，这个过程比较短暂，我问你答，都要一次完成，不可能先排练再表演，不可能一次又一次反复进行，不可能拖拖拉拉、断断续续完成，很有挑战性。

本章重点介绍如何做好现场报道中的采访。

1. 突发事件现场采访

接到一个突发事件采访的任务，记者主持人会对事件有最初的极简单的了解。在初步了解情况的基础上，首先对这个突发事件有个判断。从接到任务立即出发到到达现场，判断的过程应该是很短暂的一小段时间。依据这个判断，应该明确现场报道和现场采访的任务、目标。有了这样的任务、目标，心中就有了现场采访的底数。

一、展示突发事件的面貌

突发事件现场报道和现场采访的任务是展示突发事件的面貌。

记者主持人对突发事件知晓的过程要合情合理。一定是到达现场后，先看到、听到、感到直观的现场情况，并且把这一部分信息进行现场报道。

而后如果需要——多数情况下确实需要报道更进一步的事件面貌，就要通过采访让听众、观众知晓更多信息。

有时候，我们看到某些记者主持人不明确自己的任务。现场报道势必东说一句，西说一句，现场采访东问一下，西问一下，甚至明显地在无话找话说，自己感到没有达到目的，听众、观众感到不得要领。因此记者主持人心里要十分清楚自己在现场的分配和安排。

要明确，哪些信息应该由自己在现场报道中直接说明，哪些信息要通过采访获得。比如，有些统计的信息、思辨的信息、背景的信息，不可能在现场直接听到、看到和感到，必须要通过采访才能获得。

现场采访要让被访者亲口说出事件的基本情况。即在什么地点、什么时间、发生了什么事情、现场有什么人、为什么会这样、如何操作。

突发事件的现场采访，通常面对三方面人员：当事人、管理者、第三方。被采访人的身份与诉说的内容要一致。

1. 当事人

是处于突发事件中的人员。当事人是说明事件最关键的人，由他们从不同角度讲述事件的发生过程，最能展示事件面貌。

向当事人提问，可以记住这个口诀：**听见—看见—想的—做的**

（1）最初听见的和看见的。听和看可能是同时，可能有先后。

（2）意识到了什么，猜测什么，想到什么。

（3）随之做了什么动作，说了什么，拿了什么，搬了什么，奔向哪个方向，跑了多远，怎样操作。

（4）可能又看见什么，又听见什么，又想了什么，又做了什么。

2. 管理者

管理者对突发事件负有责任，在现场及时安排部署、指挥管理，知道全面情况，考虑前因后果。当记者主持人到达突发事件现场时，管理者已经在那里了，对突发事件的情况已经有所掌握，要由他们来告诉记者主持人更深层次的信息。

向管理者提问，可以记住这个口诀：**情况—措施—数字—背景**

（1）事件起始的准确时间，涉及的范围，涉及的人员，性质特点，可能发展等。

（2）现在采取的救援措施，包括人员疏散、人员救治、救援队伍安排、车辆安排、控制事态的措施，以及善后情况。

（3）地域面积数字，受灾人员数字，救援队伍数字，车辆数字，资金数字等。

（4）初步判定的原因，过去曾经发生的类似的事件，技术难度等。

3. 第三方

第三方要从目击者、旁观者的角度证实事件。目击者，从自己观察的角度直接说明现场情况，向记者描述证实事件过程。相关者，从自己关切的角度间接说明现场情况，向记者说明自己与事件和现场人员的关系。

向第三方提问，可以记住这个口诀：**看见—听见—想的—做的**

（1）在什么时候看见听见的，看见听见什么。

（2）当时想到什么，做了什么。现在怎么想，怎么看。

现场采访提问之前要先确认对方身份，让听众、观众知道记者主持人问的是谁，共同确认应该由这个身份的人回答这类问题。

比如，“请问你是这个村的村民吗？”“请问你是咱们县政府的干部吧？”“当时你是站在这个位置吗？”“你有亲人在这个村里吗？”

现场采访，要注意认真听被访者的回答，判定是否获得可在新闻节目中使用的有效话语，若能够表现采访目的，就尽快往下进行，不宜久拖。如果被访者表达能力弱，或者说的内容不合适，那就尽快换人。

其实，突发事件现场采访用不了这么多问题，也不一定三个方面都问，选取最能说明问题的人和不多的几个问题就够了。

二、不要笼统提问

现场采访的目的是向听众、观众展示突发事件的面貌，但是记者主持人不能把展示的任务一下子推给被访者。

典型的问题就是："请你给我们说说当时的情况吧。"

这不是采访的能力问题，是推卸责任。

记者主持人所提的问题要具体，事件面貌要一问一问地问出来。问题是引导，回答是描述。

例 1

凌晨4时30分许，明山区大场路上一小区居民家突发火灾，消防部门迅速到场将明火扑灭，所幸火灾未造成人员伤亡。记者5点钟赶到现场。[现场报道之后]

问当事居民：

你住在这里吗？这是你家自己的房子吗？

火从哪个位置烧的呀？

是谁最先发现起火的？

谁报的火警？

问消防人员：

什么时候接到报警的？

赶到现场时，这里是什么样子？

现在有没有人员伤亡？

现在看，是什么原因引起火灾的？

问物业：

火灾发生时，小区保安怎样发现并报警的？

对楼里的其他居民做了哪些保护？

下一步将采取什么措施？

例 2

今天下午两点多，清越城市郊一化工园区内发生爆炸，周围居民楼有不同损失。记者半小时后到达现场。[现场报道之后]

问当事居民：

爆炸时你在哪里？

你听到了什么？看到了什么？

你周围有什么情况？

问园区负责人：

这是哪家企业？是生产什么产品的企业？

这家企业占地面积多大？

在这里生产多少年了？

问消防人员：

什么时候接到报警的？

来了多少消防车？多少消防队员？

这是什么类型的事故？怎样扑救的？

怎样保证居民的安全？

下一步将怎样处理？

有时候，现场情况紧急，记者主持人的采访可能会给现场人员带来压力，使他们产生负担。有的时候对方不愿意配合采访，也是在所难免。希望记者主持人给予理解，耐心细致地对话，争取大家的合作与支持，完成现场采访任务。

有时候，记者主持人要小心翼翼不要让自己的提问给突发事件中已经受到伤害的人们再添伤害。比如：

为了表现地震带来的痛苦，面对失去女儿的母亲，提问：“你现在不想你的女儿吗？”

为了表现当事人的坚毅刚强，提问：“你失去了这么多亲人，为什么在你的脸上看不到泪水呢？”

为了表现对逝者的亲情，提问：“你抓着你丈夫的手，在给他清洗血迹的时候，你在想些什么？”

想想吧，这是再一次让痛苦撕扯当事人的心！

记者肯定没有要伤害的主观愿望，其目的也是真诚的，但是如此没有社会经验的提问，已经造成了对采访对象的伤害，同时也伤害了大众。

2. 平常事件现场采访

平常事件，是计划中的事件。记者主持人出现场，目的在于表达某个既定主题。现场报道已经有所说明，还需要通过现场采访进一步表现主题思想。主题思想，应该与第一阶段现场报道一致，是其延续。

现场的信息如何分配，记者主持人自己看到的是一部分，还有记者主持人没有看出来，或者不能确切判断的信息，要由现场有关人员自己说出来。

一、采访事件的参与者

事件的参与者可能分为不同的群体。

不同的群体有不同的身份，有不同的特点。他们之间有身份差异、年龄差异、性别差异、地区差异，还有职业差异、文化差异，收入差异等，他们之间可能是并列的关系，可能是甲方和乙方的关系，还有可能是矛盾的关系。

要根据现场人员的不同情况，让他们说符合身份的话。他们从各自不同的视角，表达各自不同的理解。有的人说的是主题话语，他的情况和感受表达的就是主题思想，与记者主持人相比，语句更通俗，更多讲事实，或许更生动，更让人感觉信服。有的人说的是佐证的话语，他说的关于自己的情况和感受，只是现场采访主题的证明，为主题表达添加一个例说。有的人说的是气氛话语，他说的只是为主题思想表达作背景和衬托。各个不同的人的话语局部加在一起，就形成对现场采访主题思想相对完整的表现。

记者主持人要设想他们各自在采访中完成应该完成的部分，认真判断被访者话语中的有效部分。

记者主持人可能是在路上拦截提问，可能是与他们并肩边走边问，可能是对方歇息时上前提问。要在现场人群中选择适合的采访对象。要选择爱说话的人，这样的人快言快语，语汇丰富，前言后语逻辑性强；要选择说话生动的人，这样的人说话语音语调起伏大，语气变化多，同时伴随灵活的表情眼神，在屏幕上更吸引人；要选择说话有动作的人，这样的人说话有手势，表现力强；避免选过于内向的人，避免选话语过于简洁的人。

现场采访要问：

- 是谁？什么身份？（这里可以有证实性问题：你们是中学生吗？）
- 从哪里来？什么地方人？
- 什么时间来的，来了多久了？
- 和谁一起来的？
- 为什么要来？
- 来到后看到了什么？
- 想做点什么？
- 已经做了什么？为什么？
- 下一步还要怎样？
- 想到了什么？
- 心情如何？

二、采访事件的组织者和管理者

每个平常事件的组织者、管理者都会在现场，要向他们提问，问出事件深处的信息。

现场采访要问：

- 事件的规模数量？多少人？多少天？多大面积？
- 为什么要做这件事？
- 资金？
- 策划筹备多长时间？
- 到目前的情况进展？
- 对下一步展望？

三、提问的侧重点不同

记者主持人怎样围绕既定的主题思想提出问题呢？表面看来，都是在展示现场的方方面面，因不同的主题思想，所问的问题侧重点有所不同。

例 1

大型汽车展的现场采访，要采访举办方，要采访参观的人们，这其中有年轻人、中年人，有男性、女性，还有老人、小孩儿，厂商和营销人员。

关于“人民生活水平提高”主题思想的现场采访提问。

问：请问，这次车展为什么举办这么长时间？

问：车展举办以来每天来参观的人数有多少？

问：你预计这次车展未来还能有多少人来参观？

问：请问，您是来选车的吗？您对哪几款车感兴趣？

问：你家已经有车了吗？还是你第一次要买车呢？

问：你选车的标准有哪些呢？美观？舒适？新潮？

问：请问，你们品牌这次送来几款车参展？

问：你们产品最吸引人的地方有哪些？

问：你们认为人们更喜爱什么样的车？你们今后研发的方向？

关于“汽车行业竞争激烈”主题思想的现场采访提问。

问：请问，这次车展共有多少品牌的车来参展？

问：这次参展的车有什么新特点？

问：这次参展的车能够在现场预订销售吗？

问：请问，你是第一次参观这样的车展吗？

问：你觉得现在购车可选的范围大吗？

问：你已经选定要买什么样的车了吗？为什么？

问：请问，你们厂家这次参展的车与其他品牌相比有哪些优势？

问：能不能请你介绍一下世界汽车业发展的趋势？

问：请你说说对未来的销售有怎样的展望？

例 2

太原面食节在公园举办。要采访前来参观的群众，要采访中国厨师、外国厨师，还要采访举办方。

关于“ 山西面食博大精深 ”主题思想的现场采访提问。

问：请问，你是山西本地人吗？你家每天的主食是面食吗？

问：你知道山西有多少种面食做法？你家常吃的有哪些？

问：你今天学到哪些新的面食做法？

问：请问，你做面食厨师多少年了？

问：你会多少种面食做法？你最拿手的是哪些面食？

问：你能给我们讲讲山西面食的历史吗？

问：请问，你吃到中国山西的面食了吗？

问：山西面食和你们国家的面食有什么不同？

问：请问，这次一共有多少山西厨师参加面食节？

问：他们一共要展示多少种山西面食的做法？

关于“中国走向世界，世界了解中国”主题思想的现场采访提问。

问：请问，你是山西本地人吗？今天尝到外国面食了吗？

问：你觉得外国面食好吃，还是山西面食好吃？

问：你愿意学做外国面食吗？

问：请问，你看到外国厨师做面食的手艺了吗？

问：你在展示自己的同时，学几手外国面食的做法了吗？

问：你觉得山西面食可以有哪些向外国厨师借鉴的地方？

问：请问，你是哪国人？你的面食有什么特点？

问：你品尝山西面食了吗？觉得口感怎样？

问：这一次你学了几种山西面食的做法？

问：请问，为什么咱们山西面食节还邀请外国厨师参加？

问：这次面食节山西厨师有多少？外国厨师有多少？都来自哪些国家？

例 3

中国传媒大学开学典礼现场，要采访刚入学的大学生，采访学校里的老师，采访嘉宾，或者家长。

关于“追寻影视传播青春梦”主题思想的现场采访提问。

问：报考中国传媒大学是你的首选志愿吗？你为什么如此向往这里？

问：你为考入中国传媒大学做过多少努力？

问：你家里人都支持到这里来吗？

问：现在你已经如愿入学，今后四年如何打算呢？

问：老师，你又一次看到这么多朝气蓬勃的学生，现在是一种什么心情？

问：他们的梦想已经在这里开始，老师们有什么期望？

问：你是学生家长，一定为孩子高兴吧？

问：你对他们有什么要叮嘱的？

问：今天你坐在嘉宾席上，是咱们业界的前辈，能说说当初你的梦想吗？

问：你觉得他们梦想的路已经起步，一生应该怎样走下去？

关于“大众传播事业竞争的关键是人才竞争”主题思想的现场采访提问。

问：隆重的学典礼说明你开始了中国传媒大学的学习，考试的路是不是很艰辛？

问：你今天已经入学，你对未来学业的路有什么预想？

问：信息化的今天，变化节奏非常快，你准备怎样迎接未来学习和事业的挑战呢？

问：老师，当初你上大学时学了哪些知识？今天你要教给新生们什么样的知识？

问：你觉得学生们将来到你这个年龄，他们将会面临什么样的挑战？

问：你是今天的嘉宾，你毕业于这里，你觉得当初与现在有什么不同？

问：你觉得当今传播竞争激烈到什么程度？竞争的核心在哪里？

问：你期待这些年轻人未来有什么作为？

3. 更多现场采访思路

突发事件与平常事件的现场报道和采访还有更多的形态，更多的表达思路，更多面的呈现。

一、采访的行动线索

记者主持人在现场按照一定的路线到达一个个具体现场，在每个具体现场展开报道并且进行采访，实际上是一个个小的现场报道和现场采访的组合，这是现场表现主题的一种活泼的方式。貌似自由行走，随机而遇，走到哪里，看到哪里，说到哪里，问到哪里，实则路线是有计划的，走到的地点各有特色，各个位置的报道和采访表现着主题思想的各个侧面。先看到谁后遇到谁，可能事先设定，也可能在后期编辑时再调整。

比如，在一个以养殖为特色的乡里，记者主持人走到一个个不同的村，看到不同村的养殖大户，有养鸡户，有养鸭户，有养猪户，有养鱼户，带着听众、观众到各大养殖场去参观，共同表现一个养殖兴旺的主题思想。

再比如，在一个工业园区，记者主持人来到不同的厂区，走进不同的企业，看到不同的产品，采访不同的员工，从不同的角度表现工业园区的建设情况和当地经济的发展情况。

二、分别列举调查分析

记者主持人路遇不同的人，提问相同的若干问题，不同身份、不同年龄、不同地区、不同性别的人对事物会有不同的态度、不同的意见、不同的立场，表达的观点和方式也会不同，这些回答集中起来，就能产生判断，得出结论，表现主题思想。

比如，在汽车展上分别采访新婚夫妇、中年企业管理者、个体商户，都是这三个问题：1. 你们最近有买车的计划吗？2. 打算买国产车还是进口车？3. 准备买哪个价位的车呢？

得到的回答可能不一样，恰是多彩的、生动的社会图景。

还有可能，在不同的现场向不同的人提同一个问题，人们各自的回答可能有多种角度。有人从理性出发，有人从现象入手，有人从高处着眼，有人从细节谈起。虽然每个人回答提问的出发点不一样，也不难得出共同的结论。

比如："请说说你们家的家风。"再如："请告诉我你明年的目标。"又如："今天现场有这么多的人工智能产品，给你印象最深刻的是哪一个？"

三、调整采访的主题思路

记者主持人接到出现场的任务，已经形成了表现主题的采访思路，但是，在接触现实情况之后，随着对新闻事件的了解，可能调整和改变主题思路，形成新的采访思路，并且立即以新的思路展开采访。这是现场采访常常遇到的情况，也是对记者应变能力的考验。

比如，同是科学种田采访任务，事先记者主持人可能已经考虑到采访的主题，准备从土壤的改良、良种的选择、耕作手段的变化等方面进行采访。可是，到了田里才发现，现在种田已经机械化、智能化了，大量多样的农业机械成为农民的好帮手，人工智能大数据汇集农作物信息，农民据此可及时采取相应措施，这时采访思路可调整为高科技在农业领域的运用。

再比如，记者可能了解到，科学种田是历经反复和挫折才成功，采访主题可能改为村民不屈不挠的创业精神。还可能了解到科学种田正在引进公司管理制度，采访主题可以调整为农业管理的崭新天地。

四、拓展延伸采访的主题思想

在实际采访中，现场的情况是发展变化的。

记者主持人依据最初对新闻事件的判断设定了采访目标和主题思想。在现场采访过程中很可能会感到需要进一步深入探讨，扩大主题思想范围。这就要根据采访的情况和实际进程，及时拓展延伸采访主题，进入新的更进一步的主题。

1. 采访思路的拓展，可以从正面提问展开，到事物的反面、侧面、举例几个方面。

比如，采访废弃塑料制品回收的问题，谈过回收的重要意义之后，再从其反面——不回收的后果，侧面——回收工作的难易等来说明，而且还可以指出现场的事例，举例说明。

2. 采访思路的延伸，可以从这一个话题，进入另一个话题。

比如，报道交通事故，从展示事故本身拓展到冬季行车特点和注意事项的主题。

再比如，报道园艺博览会，从园艺艺术的展示和文化融合的主题，延伸到"绿水青山就是金山银山"的主题思想。

4. 分解问题

记者主持人现场采访的时候，问话有目的，心中有预期，希望对方能够把自己想要听的话和想让听众、观众听的话说出来。

然而，不能直接问，不能笼统地问，要善于把一个大的问题、总的目标，化成一个一个具体问题，一问一问地提出来，让对方一个问题一个问题地回答。若干答案集合起来，就能成为比较完整的表达，就是采访所期望的结果。

这就要求记者主持人能够分解问题。

一、围绕新闻要素提问

熟悉新闻工作都知道新闻要素。围绕新闻要素提问不能简单地理解为只有五六个问题，而是要面对新闻事实，围绕新闻事件的全貌提问。有关新闻要素的几个方面，可能会扩展到更多。

1. 地点。此地彼地，远近，有利不利，熟悉陌生，方便不方便，具体的环境条件等。

2. 时间。时间点，时间段，时间长短，起始的时间，截止的时间，过去、现在、未来（由眼前观察到的事实引出对过去和未来的提问）等。

3. 人物。身份、年龄、性别，愿望、动机、情感，态度、立场等。

4. 事物事件。性质、特点、数量、质量、影响等。

5. 原因。主观原因，客观原因，单一原因，多重原因，现实原因，历史原因，主要原因，非主要原因，可预防的原因，难以抗拒的原因等。

6. 如何。人力怎样布局，资金怎样安排，物资怎样配置，时间怎样调度，区域怎样划分，困难怎样克服，伤者怎样救治，交通怎样恢复等。

7. 数据。信息时代的今天，各类数据是新闻要素之一。

如此，记者的思路得以充分地展开，分解为众多问题，当然不能都问，要根据表现新闻事件面貌的需要选择，根据表达新闻事件主题思想的需要选择。听众和观众一步步得到记者所希望给予的内容，了解新闻事实整体面貌，接受现场采访渗透出的主题思想。

二、拆解主题和概念提问

记者主持人内心有个判定，有个论断，有个意图，有个想法，希望被采访人能够把自己的命题说出来。但是不能耳提面命让人说那个命题，也不能直接去问那个命题。

有的记者通过对新闻事件或某事物的分析，得出采访的命题之后，心中兴奋，直接将自己的命题当作问题提出来，结果是只问了一个问题便没得可问了。而且所提的问题太大，对方不好回答；或者所提问题过于直接，对方只能很简单直白地用一个短句回答那个命题。直接把自己想好的命题当作问题问出来，也显得记者没有调查的过程，对事物判断过于武断，也会显得过于强加于人。

表现一个主题命题要善于用这个命题概念的下级、再下级的现象来提问。

什么是事物概念的上级、下级？

比如，苹果的概念。它的上级是水果，再上级是食品，最上级是物质；它的下级是某个品种的苹果，再下级是某个地区的某个品种的苹果，最下级是某一个苹果。

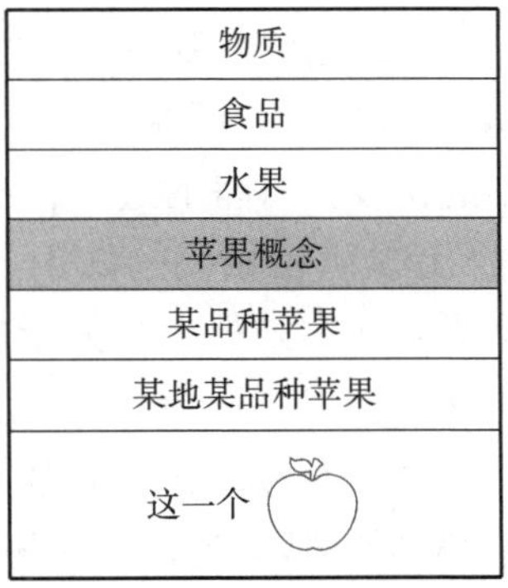

所有的事物的概念都有上级、下级。最上级是物质和意识，最下级是“这一个”。

记者主持人想要表现概念、主题，要善于找到那个概念主题的下级或者再下级的现象，针对这些现象提问，当这些现象被回答清楚了，那概念、主题自然也就表达清楚了。

比如，想让对方说一个人好，不能只提问：“那个人好不好？”那对方的回答可能就是一个字“好”，这样的采访就会很尴尬。

要找到这个人的下级：他的人品？他的学识？他的能力？他的习惯？……

还可以找到再下级。

他的人品：他是不是尊老爱幼？是不是乐于帮助他人？是不是善解人意？是不是勤俭节约？……

他的学识：他的专业知识？他的知识面？他的思辨水平？他的外语水平？……

他的能力：他的动手能力？他的办事能力？他的写作能力？他的交际能力？……

他的习惯：他的个人卫生？他的作息起居？他的饮食特点？……

以上这些问题的或肯定或否定的回答，就是一个人好与不好的答案。“好”这个字完全可以不出现。

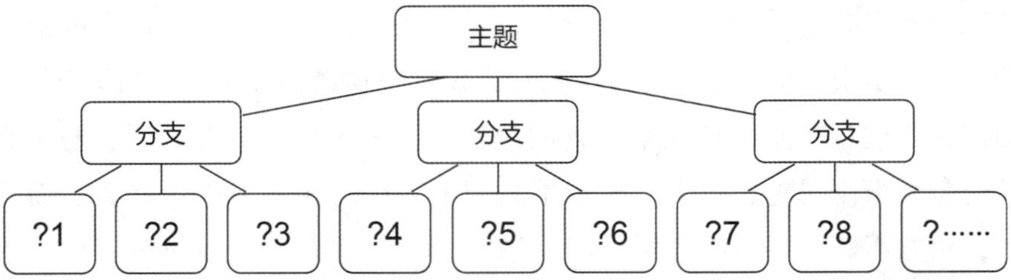

主题思想都是从众多现象中提炼出来的，提问的意义就在于还原提炼的过程。

关键在于接触到新闻事实，记者和主持人就要立即在自己的心中明确主题和目的，并且能够及时分解为一个个具体问题。

三、寻找事件背景提问

任何事物都有其自身的背景。现场采访事物可能涉及的背景是事物面貌的组成部分，就新闻事物背景提问应该是展示新闻事件的一部分。

事物的背景有四个方面，能够生成若干现场问题。

1. 历史背景。包括历史的条件，当年的面貌，演变的过程等。比如，采访报道一个城市的大型活动，可以问策划的初衷，筹备的过程，嘉宾的情况等。

2. 知识背景。包括事物自身的规律和相关的知识。比如，人工智能科技展会上，在展示科技项目产品的同时涉及诸多基本知识点，关于这些知识点的问题，都是听众、观众想问，想听，想知道的。

3. 环境背景。包括自然环境、人际环境、经济环境等。

4. 内幕背景。不要一说内幕就以为都是黑暗、神秘的。内幕可能有神秘感，但不都是黑暗的，大量的内部细节是阳光的。比如，国旗班的战士们早上几点起床，几点集合，几点几分迈出第一步，护卫国旗一共走多少步到达位置，每一步的步幅是多长，关于这些内部数据的问题，都十分有意义。

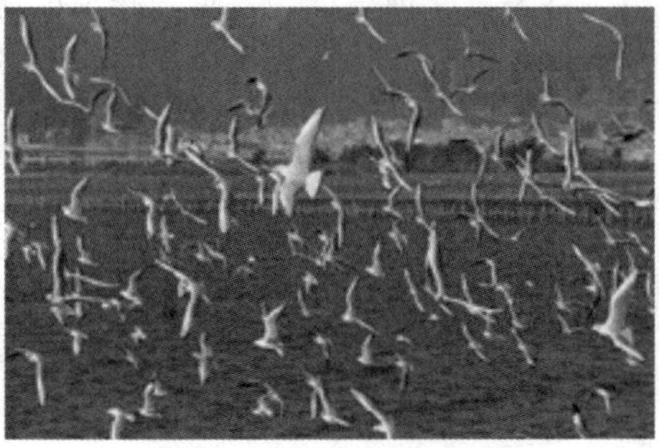

例：一个春天某城市的公园湖面上飞来大量的红嘴鸥，这一新闻事件的新闻要素有时间、地点、红嘴鸥、观看的人、春暖鸟至等。既定的主题是鸟类是人类的朋友，人们怎样爱护它们，观赏它们，使我们的生活更美好。

事件的历史背景是：三十多年前这种鸟年年来，后来不来了，今年又来了。知识背景是：这种鸟如何名贵，在世界上的分布，数量正在减少，濒临消失。环境背景是：本地自然条件已经由原来恶化的状态改变为良好，并且向着更好的方向发展。内幕背景是：科研人员正在努力研究如何让这一名贵鸟类长久留在本地。

四、观察人的情感提问

现场采访中直接提问与回答的语音语调中已经含有情感，一般不直接提问情感问题。不要看到人家很快乐还要问“你今天是不是很高兴”，看到人家很喜悦还要去问“你现在心情是不是很激动”，这种明知故问没有意义。

如果被采访者确实有特别的情感，很需要表达出来，就可以问一问情感问题，这样的情感问题，也正是对方心中正在涌现，很想说出来的。情感问题要问得巧，可以有所铺垫引导。情感问题不能问得太直白，有些关于事实的问题，可以“捆绑”着心情一起提出。

情感问题还要看对方是不是能够回答，如果对方感到为难，或者过于痛苦，受刺激过大，也只能放弃。如：

你已经五年没有见到妈妈了，列车马上就要进站了，妈妈就要出现在你面前了，我看到你的手在抖动，现在你是什么心情呢？

这个项目历经 18 年的坎坷，今天终于获得成功，在这历经艰辛之后的时刻，你的心里是怎样一种感慨万千呢？

这个喜讯对你来说是不是太突然了，太意外了，你眼睛里都涌出了泪水，你能不能告诉我们你此时是一种怎样的心情呢？

现在我们看到这次试验又没有完全成功，虽然这一次又向成功前进了一步，但是还没有获得最后理想的成果，大家情绪都不高，你想说点什么呢？

五、转换事物角度提问

有些新闻事实，从常规的角度观察，提问缺乏新意，不容易打动人，可以考虑从事物的另一个角度提问，实际回答还是那个新闻事实。

可以考虑把事物转换成“心情”问题来问。比如：

在这一段考验时间里，你认为哪一个时段最使你难忘，最惊心动魄？（问考验过程）

在“双 11”这一天，你买了上万元的商品，在买到的这些商品中，哪一件让你有意外的惊喜？（问“双 11”购物）

可以考虑把过程或心情转换成“感觉”问题来问。比如：

当你终于跑过终点的时候，回过头来第一眼看到的是什么？（问心情）

你每次乘车的时候，在漫长的旅途中都听到过什么声音？（问过程和心情）

你经常南方北方奔波，你对天气的冷热变化都已经适应了吧？（问过程）

可以考虑把距离和过程转换成“时间”问题来问。比如：

每次往返要花多长时间？（问距离）

如果步行，需要走多少天？（问距离/问艰难）

主体与条件转换。比如：

听说今年那里的冬天格外冷？（问人的行动）

那个地区是不是十分潮湿还特别热？（问人的行动）

5. 常用提问模式

现场采访中，循着逻辑的思路有一些常用的提问模式。熟悉这些模式，对成功采访有重要意义。

一、追问

现场采访过程当中，要特别留心对方的谈话。在必要的时候，一定要一步一步追问，要问得果断及时，要问出准确的事实。

- 追问姓名。如果被采访人说“有人说……”“有人……”可以追问是谁说的，谁做的。
- 追问地址。如果被采访人说“有的地方……”有必要追问在现场的什么地方。
- 追问时间。如果被采访人说“前不久……”“好长一段时间……”“一会儿的工夫……”需要的话，一定要追问现场究竟经历了多长时间。
- 追问数字。如果被采访人说“好多人……”“只有一点……”“一大批……”必定要追问现场的具体的数字。
- 追问过程。说过一个步骤，要紧跟着问下一个步骤，事件的过程中间不能有空隙。
- 追问细节。包括动作手势，神态表情，原话原词，现场事物的大小、颜色、质地，周边环境微小的变化等。

二、划分式提问

将一个问题划分为“是这样还是那样”，两个方面或者三个方面，让被采访人选择回答，是引起听众、观众注意的一种很有效的提问手法。

比如：

“你认为当前遏止废旧塑料对环境的污染靠什么？”这样的问题不很醒目。

“您认为当前遏止废旧塑料对环境的污染要靠制度还是靠宣传教育或是靠罚款？”很显然，这样提问就把问题放大了，三选一，就更容易引起人们注意。

设置这样的问题，要注意各个部分要划分得恰当，合乎逻辑。可以有两种划分的逻辑方式。

一是A或非A。如，“防治污染是靠教育还是靠别的方法?”这样的问题，表面上看，包括了所有的项目，逻辑上说得通，没有毛病。但是这样的提问方式，实际意在突出某一事物A，因为这其中只给人的听觉留下了A。

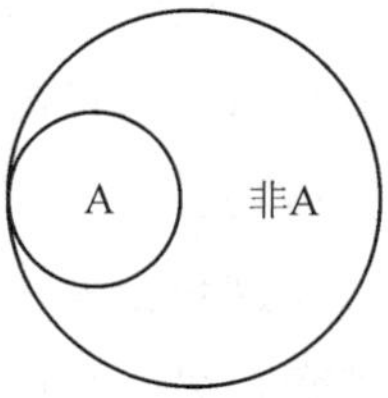

二是A或B或C或……这样提问，特别要注意对问题可能有的主要项目一个也不能缺少，要问得全面。否则，就可能产生对被采访人片面的诱导。比如，“防治污染是靠制度还是靠管理?”被访人可能沿着提问的思路回答，未能谈到宣传教育这一重要举措，不能不说是提问的疏漏。

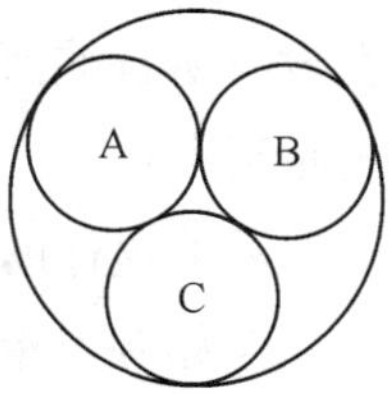

三、设定

所谓设定，就是通过提问，先与对方达成临时共识，在这个临时共识的基础上，采访提问得以深入。参与这个临时共识的还应该包括听众和观众。

设定的目的在于“强迫”对方回答问题。也就是说，已经达成了共识，你就不能或者不好意思不回答下面的问题。

设定的第一个作用是确定身份。经过提问，让听众、观众得知对方的身份，认定对方的社会角色，是一种被访者的资格资质的确立。比如，问清楚眼前这个人的职责，再问他的职责范围内的事。这样既合情合理，更使对方不能逃避。

设定的第二个作用是软化可能刺激对方的问题。对难以提出的问题，可以先有所设定再问。

可以先问：“我有一个不太好问的问题，您不介意吧?”当这个设定得到对方同意后再问，就不显得唐突、冒失。

四、蕴含

在所问的问题中包含着一个命题的提问，就是蕴含提问。

某一个提问里包含着另一个问题或者说法，而这个包含的问题或说法有待进一步证实。提问本身可能就是为了证实那个包含的问题，如果正面直接回答这个问题，就等于肯定了那个有待证实的问题。

举例说，日本鬼子问村边的小孩子：“藏在你家的八路军伤病员走了没有?”小孩回答说走了或者没有走，都证实了你家藏了八路军伤病员。聪明的小孩会说：“我们家没有藏过八路军伤病员。”

脑筋急转弯也有类似的问题。有人来买牛奶，问他要不要加鸡蛋，有人说要，有人说不要。这样测算下来卖100杯奶能够卖50个鸡蛋。如果换一个问法，问加一个鸡蛋还是两个鸡蛋，有人说加一个，有人就可能要加两个，还有人会跳出圈套，说我不加鸡蛋，这样测算下来就可能卖出125个鸡蛋。问题在于，第二种问法似乎暗示一定要加鸡蛋。

这是记者主持人采访提问的一种策略，不直接问那个敏感、微妙的问题，而是将其套在另一个问题里面提出，表面上是问这，实际上是让你证实那，使对方不易觉察。在没有防备的情况下，无论肯定或否定回答表面的问题，都能证实包含其中的那个问题是否存在。

采取这样的提问方法，在其没有警觉的情况下突然发问，有可能问出真实情况。

假如有人想有意回避事实，这样的提问也在向对方表明，自己已经掌握了一定的事实根据。

比如，“这个产品的质量受到有关部门黄牌警告，这个情况您向全公司通报了没有?”

再比如，“您能不能谈谈本地假药泛滥的原因?”

这里，“黄牌警告”“假药泛滥”都让对方难以躲避。

五、求证

在现场，关于某些信息，请当事人给予证实。求证提问，有已知求证和未知求证两种。

● 已知求证的直接目的，是要求对已经掌握的消息给予证实。记者主持人除了希望证实事实是否存在，消息是否准确，更希望通过求证引出更多内容，更希望对方对所证实的事物给予更多的说明和解释。称之为“醉翁之意不在酒”亦不过分。

为此，提问中求证的信息不宜过多过繁，要给对方留有发挥的余地。

遗憾的是，有的人把问题问得很长，提问的过程中把需要证实的事实说了，还说到那事实的很多细节，还说到了事实之外的解释和评述。能说的前因后果、看法态度都已经在提问中说完了，然后问一声：“你说是吧?”这就使得对方的回答只有“是”或者“不是”，“有”或者“没有”，然后就没话可说了，若要采访继续，记者主持人还要继续发问。

● 未知求证提问是要对未来情况提出假设，并且求得对方证实。未知求证的目的是为了引起兴趣，引导表态。

未知求证有正向假设和反向假设两类。

正向假设求证往往是展望未来、预测前景，引起人们的兴趣，这其中不仅引起被采访者的谈话兴趣，还能引起听众、观众的兴趣。

反向假设求证是根据现场某些因素假设未来的负面可能，引导被采访者很认真地纠正，并且积极地正面表态。

两种假设求证，特别是反向假设求证，能够使被采访者态度诚恳地积极回答，吸引听众、观众。

六、对比

现场采访中及时进行信息对比提问，会产生强烈的效果。

新闻采访中的对比提问会使采访产生动人的力量。对比提问还能更有力地挖掘新闻事实，揭示事实真相。

比如，当记者跟随执法人员前往未成年人不得入内的电子游艺厅时，迎面而来的老板还想掩饰，指着正在玩的孩子们说："他们都是大学生！"记者向孩子们走过去问："同学你上几年级了？"孩子们头也不抬地回答："初一。"谁在说谎？这时就很清楚了。

这样的对比提问，可以将记者主持人的直接立场隐藏起来，好似记者主持人没有倾向，只是探问。必要时能够争取主动。

有时，需要记者主持人将现场的事实与自己阅历、视野中的其他事实对比提问，形成强烈的反差，产生很强的说服力。

再如，玩游艺机的孩子为了证明自己玩得"有理"，会强词夺理说培养智能和反应。记者主持人不但问他玩游艺机在同学中的名次，还要问他的学习成绩和体育水平。这里，拿学习成绩与游戏水平对比就是记者联想能力的体现。

有的时候，现场事件的一方这样表现，我们要以负责的精神向另一方或更多的方面进行核实对比。当事的各方不同的说法在节目中连接在一起的时候，是非曲直也就显示出来了。

七、演绎推理

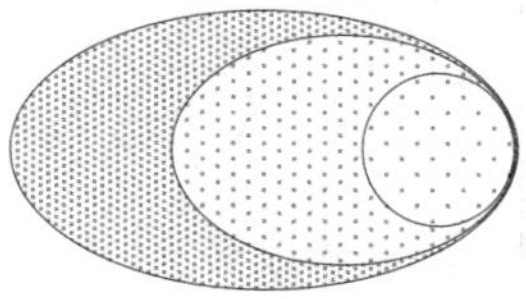

演绎推理就是从大前提条件，到小前提条件，再到结论，这样一个思维过程。一个大事物或概念包括一个小事物或概念，这小事物或概念又包含了一个更小的事物或概念，这样从大到小的层层揭示过程，就是演绎推理表达的过程。

比如，面对古庙前两排塑料长椅。演绎推理可以让人说好，也可以让人说不好。

1. 演绎推理——让人说好

提问	回答	解读
问：你经常出来旅游吗？	答：经常。	从远端开始
问：旅游累吧？	答：的确很累，但是很高兴。	进入演绎环节
问：山水之间累了怎么办？	答：找个石头坐下歇一会儿。	演绎推进
问：要是在公园湖畔呢？	答：有长椅让游人坐会儿吧。	演绎推进
问：你看古庙修建了这些塑料长椅？	答：……（称赞）	演绎推进到达目标

2. 演绎推理——让人说不好

提问	回答	解读
问：你经常出来旅游吗？	答：经常。	从远端开始
问：旅游常去哪里呢？	答：名山大川。	远端徘徊
问：还常去哪里呢？	答：博物馆、游乐园。	远端徘徊
问：还常去哪里呢？	答：古迹名胜。	进入演绎环节
问：名胜古迹最想看什么？	答：看历史的遗迹和文化。	演绎推进
问：有些古迹修旧如新，你怎么看？	答：那不好，应该修旧如旧。	演绎推进
问：有的古迹添了现代化的装饰？	答：那太不好，不伦不类。	演绎推进
问：你看古庙修建了这些塑料长椅？	答：……（批评）	演绎推进到达目标

以提问的方式，从人们不易觉察的远端提问，一问一答带着被访者走过演绎推理的过程，就能在最后使对方说出记者主持人期望的采访目标和结论。人最难反对的是自己，自己刚刚循着演绎推理说过的话，不可能立即自我否定，一定是要自我强化的。

这其中就有记者主持人的主观导向。

八、归纳推理

现场一个个的个别事物的积累，能够从中总结出规律，这个过程是归纳推理。

提问一个一个事物的某个特征，这些共同表现的同样特征，就形成了采访的结论。

 初一年级 近视 19. 5%	 初二年级 近视 22. 5%	 初三年级 近视 25. 5%
结论：近视眼发生率逐年上升		

比如，现场看到，初一年级各班戴眼镜（近视眼）的学生占比分别是 18%、19%、21%，初二年级各班戴眼镜的学生占比分别是 20%、22%、24%，初三年级各班戴眼镜的学生占比分别是 23%、25%、28%。可以得出结论，随着年级的增高，戴眼镜（近视眼）的学生逐年增多。

再如，当问到产品有四道质量把关时，记者主持人会对有关负责人逐一进行现场提问。询问的结果，可能是第一道人手不够；第二道虽然检验认真，但记录不全；第三道设备刚刚出现故障；只有第四道正常。这时，再问企业的负责人，他一定会告诉大家，他要立即加强质量管理。听众和观众也都会得出自己的结论了。

当然，一个事物有多重属性，选择事物的不同侧面提问，集合起来的结论可能也有所不同。其中也有记者主持人的主观导向。

比如，就某一位老师的教学情况提问，有可能问出一位优秀的老师，也有可能问出一位应该受到批评指责的老师。

请问，该老师教学联系实际吗？该老师教学中案例多吗？该老师教学课堂互动多吗？该老师教学深入浅出、通俗易懂吗？如果都得到肯定的回答，采访的结论就是该老师优秀。

若问，该老师教学理论体系严密吗？该老师教学旁征博引充分吗？该老师教学逻辑层次结构鲜明吗？该老师教学板书写得多吗？如果都没有得到充分肯定的回答，采访的结论就是该老师不优秀。

演绎推理的提问和归纳推理的提问，得出什么样的结论，指向怎样的采访目的，都可能有记者主持人的主观导向。怎样导向才是正确的？要看记者主持人对新闻现场的新闻事实的理解，更要看记者主持人的职业道德水准。

6. 开放式问题与闭合式问题

把采访提出的问题集中起来从一个特定角度来分析，可以分成两类，一类是开放式问题，一类是闭合式问题。

开放与闭合问题，不仅在采访中存在，在谈话沟通的过程中，在谈判交涉的过程中，也广泛存在着。

一、开放式问题

开放式问题，就是问题所涉及的内容容量非常大，口径很宽阔的问题，问题指向的范围很广，所以称之为开放。

针对开放式问题可能有多种多样的回答。比如："请说说你此行的感想?""你这次来有什么收获?"提问者自己心里或许有所期望，有具体指向，也希望被访者能够回答到位。

然而，面对这样的问题，被访者可能会有许多方面的感想，回答就可能会是多种多样，究竟应该怎么回答呢? 令人难以把握。有经验者会判断记者主持人想要什么，选择一两点感想说说，能够满足提问者。而大多数被访者都不知道说什么好，就会一时语塞，或者回答远离提问人的期望和目标。

不仅被访者不好回答，就连采访的记者也可能掌握不住采访的方向。既然问了这样的问题，无论对方回答什么样的感想，都应该是没错的。如果对方没有经验，回答的不是记者主持人所期望的内容，也不能认为他的回答有什么不妥。这类开放式提问有可能出现失控的场面。

这样提问，往往是采访人心中无数的表现。由于自己没有采访的思路，没有设想好具体问题，就把要说什么的责任推给了对方，让对方自己来选择"感想"，假如对方不会选择，或者选择不当，采访的结果就会归于失败。开放式问题，结果是有期望无控制未尽到责任。

二、闭合式问题

闭合式问题，就是一个问题只有一个答案。比如："学校正门在哪里?"——只有一个位置。

"您是哪年中学毕业的?"——只有一个年份。

“昨天有几个人生病了?”——只有一个数字。

“你这个手机是什么牌子的?”——只有一个答案。

回答这样的提问，答案只有一个，不应该也不能有第二个答案。即使是一组答案，其实也只是有一个指向。

记者主持人提这样的问题，心中已经很明确自己指向什么样的回答，当然也就能够控制对方回答的内容方向。

现场采访中，逻辑推理引导的问题多数都是闭合式的问题。这样闭合的一个问题接一个问题进行，或者是多个问题从各个方向描述新闻事件的面貌，或者是多个问题集合表达一个主题思想，或者带领对方循着逻辑的轨道一步一步前进到采访目标。

闭合式提问有目的有控制，表现提问者的能力和责任感。

在开放式问题和闭合式问题之间，可以考虑设计半开放式问题和半闭合式问题。

三、半开放式问题

半开放式问题是缩小范围之后的开放式提问。大范围的开放式问题回答与掌控的难度都比较大，因此可以把开放的范围缩小，比如：“你这次来有什么感想?”“你对北京有什么感想?”“你这次来北京参加培训有什么感想?”“你对这次来北京培训的教学有什么感想?”“你对这次培训教学中课程安排有什么感想?”“你对这次培训教学中课堂练习部分有什么感想?”

这些问题，一个比一个范围更小，指向更具体，一个比一个更容易回答，也更容易控制回答的内容，实现记者主持人的采访意图。

四、半闭合式问题

半闭合式问题是记者主持人划定问题的限定范围，请被访者自选内容回答。

记者主持人希望被访者回答一个闭合式问题，但又不知道问哪个问题，可以用闭合的代词“最”来确定问题的具体指向。

这样的单一指向的问题，不是由记者主持人提出的，而是在记者主持人划定的范围内，由被访者自己找到的。至于被访者找到什么，记者主持人确实不知道，但已经在既定的巢穴里了，就不会失控，必定会落在一个点上。

一般来说，人们对“最”类的问题比较容易找到，可以从容地回答问题。

比如，“你在这次活动中最大的收获是什么?”问题是在“收获”的大范围内，而实际上是限制在“最”，专指某一项收获。对这个“最”，被访者能够自然脱口而出，采访的目的完全能够实现。

常问到的有：最大的、最高的、最美的、最难的、最初的、最后的、最感动的、最重视的、最重要的、最复杂的、最不能接受的、印象最深的等。

此外还可以有：你当时第一个想法，你认为排在第一位的，你知道的第一个，你下一步目标，使你真正改变的那个……

7. GOSS 通用问题

GOSS 公式是新闻采访的一种提问方式。由美国内华达大学新闻学教授拉鲁·吉勒兰（LaRue Gilleland）首创。这个公式由四个单词组成，缩写为 GOSS。

G——Goal，意思是目标、目的。O——Obstacle，意思是障碍、困难。S——Solution，意思是方法、方案。S——Start，意思是开始、开端。

吉勒兰教授认为，记者要采访的新闻事件中的某人，总是因为他或他所代表的组织有所行动，而行动之前总有一定目的。在朝着目的行动的过程中，又总免不了遇到一系列的困难和障碍，这就需要寻找出相应的解决困难和克服障碍的方法。困难解决了，障碍克服了，目的也就达到了。之后再返回追问目标是什么时候由谁出于什么想法最先提出来的。

吉勒兰教授认为，记者在采访过程中围绕这四个部分依次提问，就可以在较短的时间内采访到足够的适用素材。这一公式是年轻记者从事新闻采访的入门工具。

确实如此。我们以今天的实践和认识来更为具体地分析一下 GOSS 公式。

目标。人一般都有自己的下一个具体目标。有长远的目标，还有近期目标。所以目标是永远都能提问的。

困难。要实现任何一个目标都会遇到或大或小的困难和障碍。如社会环境、技术条件、人际关系、资金物资、气候变化方面的困难。有很多可提问的问题。

方法。克服任何困难越过任何障碍都需要有操作的方法。有治标的方法，有治本的方法，有从近到远的方法，有从远到近的方法。每一方法都可提问。

时间。具体运作的时间点。可以就新闻事件的任何时间点提问。事件的起始点，下一目标开始的时间点，眼前目标终止的时间点，总目标下的某个中途站的时间点等。

应该说这是一组任何时候都能提问的问题。而且提问的角度，提问的深度，问题的大小，可以有许许多多的变化。

有的时候，记者主持人仓促上阵采访，还没有来得及深入了解情况。遇到突发事件的时候，更没有充分的时间多想，思路准备不足，甚至可能一下子大脑空白，要采访了却不知道提什么问题。有的时候，刚要张口，自己准备提出的问题刚刚被同行记者问出来了，自己一时处于“词穷”的地步。在这种情况下，GOSS 这组问题能够使自己很好地解脱出来，突破窘境。

比如，当某领导从大会的会场走出来，他的一切工作方针计划都刚刚在会上报告，已经众所周知。当记者与领导迎面相遇的时候，如果还问那些工作报告中刚讲过的任务目标，不但没有新意，还会让大家觉得提问者无知无能。目标既已知晓，面对面又不能不采访提问！这时就可以问："这次会议之后您马上要去抓的第一项工作是什么？"这个问题的实质就是你最近的那个"目标"。只不过已经将"目标"这个词改变成为一个具体确切的词组"马上要去抓的第一项工作"。

有时，被采访人刚刚讲过自己的目标，记者主持人还要来提问目标，显然不妥，也不应该。那怎么办？可以在目标前面加上"为什么"，即：为什么是这个目标？

比如，"在众多的项目中，为什么你首先要抓住的是这个项目？"

有时，将要被采访的人，不仅刚刚说过自己的目标，连为什么是这个目标也说过了，那还可以就某个目标中的某个更具体更小的目标点提问。

通用问题不是一定要按 GOSS 的顺序先问"目标"再问困难、方法、时间，而是可以随机提问的。不该问目标时就不能问目标。实际上，四个问题中的任意一个问题都有可能率先提问。而且，紧急的突发事件现场，记者众多的平常事件现场，一般只可能问一两个问题。那就有可能先问"时间"，也可能先问"困难"，或者先问"方法"。这要看记者主持人对现场事件的认知和对听众、观众心理需要的了解。

比如，在火灾现场，要采访消防指挥员，记者主持人走上前去，火场的温度烤得人脸都发烫，火焰燃烧的声音响在耳畔，由于心情紧张，原来想到的提问一下子飞了，脑子空白。可以运用 GOSS 通用问题来帮助自己。当然，肯定不能去问目标了，因为人人都知道此时消防队的任务目标就是灭火！

可以问："这是个化学品仓库的火场，灭火有什么特殊的困难吗？""对今天的火势情况，灭火采用哪种方式，使用哪些灭火工具？""估计多长时间，什么时候能够控制住火势，什么时候能够基本扑灭明火？"

再如，某一届重大体育赛事，面对已经开始的比赛向举办方提问，此时目标已经开始，正在实际进行，为什么也已经人尽皆知。其他赛事的问题一下子都想不起来了，不知问什么了，使用 GOSS 通用问题，可以先行突破屏障。

可以就比赛的具体日程安排，冠军归属的猜想等具体目标提问。还可以问：这次比赛的天气有可能对赛事的影响？怎样应对可能出现的异常天气？比赛的路线图和时间表？比赛在哪一天赛出冠军？预测打破纪录的可能？

一般来说，GOSS 通用问题只要适当地问到一个，被采访者开始回答问题了，记者主持人的状态就会恢复正常，大脑已经不再空白了，思维活跃起来，问题涌了出来，后续的采访就能自信自如地展开了。

8. 现场采访禁忌

记者主持人现场采访，要防止出现某些不当提问和错误做法。

一、不可无思路、无主题

没有采访的目的、思路、主题，漫无目的地在现场游走，漫无目的地提问，所提问题之间没有关联，这是现场采访之大忌。

不要以为现场采访就是简单地到现场去提问题。要事先想好到现场要问什么问题，要问出什么主题，怎样提问才能问出来。没有预设，心中无数，难以实现采访目的。

比如，走访村干部家。这个村干部自己先富起来，后带领全村都已经富起来。清晨记者与摄像师走进了村干部家的院子，看到这位村干部已经在院里打扫。与主人四目相视，记者一时不知所措，茫然地脱口说："你家真大呀！"村干部很配合地说："是两层楼。"记者又茫然地说："嗯，你家是两层楼，真大呀。"村干部只好附和着："啊，是挺大。"

这不成了没话找话瞎聊天了嘛！这实际上是在浪费采访资源。

二、避免戏剧排练式采访

把提问的问题和答案都一一向被采访人说明，甚至把每句话都写出来，像剧本一样要求被访者背下来。当摄像机开机拍摄时，按照既定文稿，我问你答。这样已经不是现场采访了，而是话剧表演了。

为了防止被采访者背不下来，有人为了省事，把被采访人的话抄在纸上，举到摄像机后面，让他面对摄像机看着纸上的字照着说。这样被采访人成了傀儡，完全失去了现场采访的基本意义。

非表演专业的人们，有时重复说同样的话都是不可能的。一般不能要求被采访人说一遍后再说一次与刚才同样的话，再做一次与刚才同样的动作。有一次，记者要采访大型控制室现场，到达后与现场工程师交流，希望他能够简单明了、通俗易懂地介绍一下控制台。他先让工程师试讲一遍，那工程师边走边指边讲，恰到好处。于是记者满意地说，请你按照刚才那样再来一次，结果那工程师再说不出刚才那个状态，说不出刚才那个水平了，越着急就越不行。那次采访就是失败了。

三、不能诱供式提问

在采访提问中，有时记者心中有答案，也就是他的采访思路中所期待的答案。但是，不能直接将答案作为问题提出，一般不能问“是不是（答案）”。

这种情况常常出现在问事物发展的因果时。比如：“原来水质很混浊，是吧？”“现在加了消毒药，水就好了吧？”采访中这最关键的两个方面的事实要让当事人讲出来，如果记者已经知道结论，把自己的结论说出来，只让对方认可一下，这场采访就失去意义了。事实上，对这种问题的回答也只能是重复记者的提问：“啊，原来水是混浊的。”“对，水就好了。”这样回答难以让人信服，这实际上是一种“诱供式”的提问，诱导别人重复自己已经说出的话，虽然也许这不是记者的本意。

比如有记者问“看了今天的节目您很高兴吧？”对方不情愿按诱导回答，就说了一番“今天的节目很精彩”之类的话。其实这已经很好了，可是记者还是要问“精彩的节目使你很高兴吧？”逼迫人家一定要说出记者心中已经认定的“很高兴”来。这样的采访听众、观众会感到难以接受。

还有的记者主持人“不屈不挠”地非要人家按他自己想好的语句来回答。比如，采访当年政策的调整改变，问“今年收入怎样？”“和去年比的变化？”“为什么？”记者主持人很想让被采访者总结说出“因为有了某项政策，农民有了积极性，所以我们今年的收入要比去年好。”为此，就翻来覆去“引导”对方，甚至直接问“是不是因为某项政策调动了大家的积极性？”被采访者就回答说“是”，结果还是不能达到目的。焦虑的记者主持人抱怨被采访者不配合，索性生硬地告诉对方“你就说我告诉你的这句话”。真是强人所难。

其实，这样的难题有很多解决方式。被采访者可能不会说到政策，就说“今年干得带劲”“今年干啥都心里踏实”，或者“今年收入高咱就高兴”，其实就已经呼应前述的政策，效果也很好。要相信听众、观众的理解能力。

四、避免伤害对方

有些现场，是惨烈的现场，是有伤痛的现场，记者主持人的提问就要注意不能伤害到被采访人。

对方的身体状况不适宜接受采访，就一定不要再试图去提问，更不能因为提问而让对方虚弱的身体更加虚弱，或者更加危险。

更多情况是要避免在精神上伤害对方。

1. **防止揭开伤痛的提问**。不宜提问对方受到侮辱、受到伤害的过程。虽然现场采访要展示事件的面貌，但是不能让对方在现场触景生情，再次回忆那使其痛苦的场面。

2. **防止展示隐私的提问**。不能企图把对方隐私问出来，要尊重被采访人的隐私权。不能因追求采访的锐利而过度逼问他人隐私。即使与事件现场联系十分紧密的隐私问题，也要小心翼翼，适可而止。

3. **谨慎使用负面评价的提问**。当现场工作有失误时，当比赛失利时，在现场提问要小心防止提问出现负面评价的含义。他们本来就因失利、失误而痛苦，不能期求在现场就要他们马上带着痛苦总结教训。

4. **谨慎使用批评指责的提问**。还原现场事件的时候，提问中是否应该含有指责的含义，要非常谨慎。对于渎职滥权的人，要代表观众、听众对事实、过程步步紧逼，而对奋斗者的失利失手，则要防止不当指责，甚至引导其自责。可能提问者自己感觉没有指责的意思，觉得对方的胸怀应该能够承受得住这样的提问。但是，不能以自己的揣测为尺度，要看广大观众、听众是不是能够接受认可。

5. **谨慎使用周边对比的提问**。面对工作失误、竞赛失利者，要小心防止与成功者的对比提问，那样的提问可能会对面前的被访者造成进一步伤害。尽管被访者表现得比较大度，那隐隐的痛楚也是令人压抑的。

五、防止角色身份混乱

记者主持人在现场采访的角色或者责任是什么？是媒介。是把现场的情况展示给听众、观众，把现场的人的面貌展示给听众、观众。

——把他们的动作行为介绍给听众、观众看。

——把他们想说的话问出来展示给听众、观众听。

——把他们内心的想法挖掘出来让听众、观众知晓。

因此，在现场采访时，记者主持人不能脱离这样的身份。虽然记者的职责有扬善抑恶的一面，那应该是在上述职责中体现的，而不是在现场直接充当更进一步的管理角色、训诫者角色。

比如，在路口，记者与交警在一起，交警拦住一辆车，指出司机没有系安全带，并且开出罚单。此时记者上前，向驾驶员提问：“知道应该系安全带吗？”驾驶员回答：“知道。”记者严厉地问道：“知道为什么不系?!”这里，就出现了角色错位。批评或者训诫这名司机的责任在交警或者其他管理人员，而不是采访的记者，记者不能以教训人的身份出现。此时记者真正应该做的是把驾驶员为什么不系安全带的真实心理挖掘出来给听众、观众，比如安全意识不够、侥幸心理、嫌麻烦……让听众、观众引以为戒。

9. 现场的策略

一、努力到达采访现场

进入现场才能进行有效的采访。进入采访现场有时是一件不容易的事情。有些可能成为负面新闻的现场，会出现阻拦媒体的情况；有些单位为了管理方便，怕麻烦，就想把媒体拒之门外。这样的“甲方、乙方”之间的博弈时有发生，记者主持人要努力争取到达采访现场。

一是要尽早到达现场，接到突发事件的信息，判断明确要立即出发。能够早于不希望媒体采访的管理者到达，在驱赶、阻拦记者或者对被采访人施加影响之前完成采访。

二是对阻拦记者主持人的管理者，要有礼貌地说明自己的身份，说明采访的目的，争取他们对采访的支持，晓之以理，动之以情。必要时，“软硬”兼施。

三是紧急向有关各方求援，协调可能支持的方面，请求相关力量的帮助，得以进入。

四是要耐心等待。此时不允许进入现场，彼时可能就会放行。过早地放弃而离开现场就可能失去后来的机会。

这其中，要注意有礼、有利、有节。做到不急、不恼、不躁。一次一次地，一步一步地，一方一方地表达、联系、争取。

主持人记者需要有这样的耐力。功夫将不负有心人。

二、争取使对方接受采访，注意保护被采访者

有些人见到现场采访特别兴奋，很愿意配合采访。而有些人不愿意接受采访，躲躲闪闪，不配合。这有几种情况，可能因为害羞、不自信，怕说不好丢脸；可能是怕给自己惹事，说不好会招人笑话，或受到批评指责；也可能不愿意抛头露面，愿意低调行事；还可能他自己有不能见光的隐私，害怕暴露出来。

可是，现场需要他们说，要千方百计请他们接受采访。从记者主持人接触他们的第一秒，就要让他们感到一切都是友好的、认真的、正式的、权威的。所以，记者主持人的整体形象，包括服装、表情、语言都要得体。但是要注意，不应该带有媒体的某种优越感，不要给对方以人格的压力，要让对方感到回答提问是一件愉快的事，有

回答提问的必要，有信心能够回答好问题，应该认真负责地回答问题。

对某些确有心理压力的人，比较为难的人，可以考虑保护他们的办法，比如让他背身回答，让他在树影后面回答，或者在电视台后期制作时对他们的图像有所遮挡。

对某些揭露性的采访，对故意隐瞒欺骗的人，也要平静地，基于事实提问。用事实的逻辑推动对方回答。

三、不告知提问的具体问题，可以告诉采访的范围

有的被采访人会要求提前告知采访要提什么问题，为自己怎样回答“做好准备”。这样“准备”的效果多数不理想，成了语句生硬背书式的回答。其实他背得也不熟练，反倒是结结巴巴，显得不真实，真不如即兴状态边思考边说。

有时记者自己还没有完全考虑成熟，具体问题还要根据现场的情况再设计安排，被采访人提前“准备”好的回答并不一定合适。

一般说来，记者头脑中的主题思路明确，不必事先告诉对方要问什么问题。现场采访应该在记者的引导下自然地交谈。

如果对方执意要问采访的问题，可以告诉对方采访的大致思路，也就是要提问的大致方向和范围，让对方有个思想准备的方向，不至于突然产生头脑空白。有了总体思维方向的准备，回答具体问题就不难了。

现场采访的问答不但要自然，还要兴奋。不事先告诉具体问题，会刺激即兴的思考，可以促使人达到一种活跃思维的兴奋状态，这样的话语是生动的，对听众、观众有吸引力。而对已经知道的问题做背诵式的回答，是僵化的状态。

四、如何启动采访

很多人在接受采访时会产生一种紧张心情，记者主持人要能够在最短的时间里消除他们的紧张感，顺利地启动采访。

要尽量由闭合式问题开始提问。闭合式问题的特点是一个问题只有一个答案，问得比较简单，也比较容易回答，让对方一开始就能建立回答提问的自信。

有时，可以从闲谈开始，并非是采访内容，使人感觉采访并没有开始，但是谈着谈着就提到了采访内容，继而有更深入的交谈。采访是在不经意间进入的，这样的渐进方式避免了被访者可能出现的不适应状态，不至于一下子紧张起来。

大型活动的平常事件采访，希望被采访者能够有更好的表现，自然兴奋。首先记者主持人就要有兴奋感，要让自己的热情点燃被采访者。

要善于把复杂的很理性的问题，变成通俗的形象的问题，要善于把容量很大的问题变成简短的容易回答的问题，不至于让对方觉得问题很有难度。现场一个问题的容量就是三言五语，超过这个容量的问题，对方就会感到压力，不知从何说起，还很有

可能跑题。当对方情绪兴奋起来，头脑活跃起来，再放大提问的容量不迟。

五、确认

（一）确认对方的身份

有些身份是完全能够一眼看出来的，可以忽略确认的过程。不过，有时即使能够一眼看出来其身份，也还需要记者主持人替听众、观众通过提问再确认一下。

比如：你是本村的村民吗？你们是一家人吧？你来的路程远吗？你是负责这一方面的工作吗？您退休了吧？

（二）确认对方刚刚说的信息

确认的方法是，可以重复对方刚刚说过的话，也可以提炼对方话语中的关键词，让对方确认。还可以以对方的话语为基础合情合理地推导一步，请其确认。

比如：对方说："现在这些物资还保存在仓库里。"记者主持人问："那就是说这些物资现在还没有开始发放？"对方说："我们正在核实情况。"记者主持人问："这么说，你们现在还没有掌握全面真实的情况。那为什么已经下发这样一个决定文件了呢？"

特别是当对方闪烁其词时，不能让对方的回答模糊，似是而非，模棱两可，一定要让关键信息得到确认。

六、过渡

有的被采访人由于身体原因或其他种种原因，不愿意接受现场采访。这时如果记者强求，非要提问，就显得不礼貌。每一名记者都不愿意就这样一下子失去采访的可能。由于是在公众面前，在不失礼貌的情况下，记者可以采用过渡的手法，试着继续谈话，提及似乎与本次采访无关的问题，如果能够谈下去，录音机、摄像机没有关机，事实上采访就得以进行了，要是谈话投机，还可能较为深入地谈下去，完全可以过渡到核心问题。

1983年3月12日，全民义务植树节，邓小平等党和国家领导人到十三陵的山坡上植树，中央人民广播电台记者刘振敏抓紧时间走到邓小平的身边。现场有记者问："小平同志，请你对今天的植树发表感想。"刘振敏同时打开了采访机。结果，没想到小平同志说："我是来劳动的，不发表感想。你去找万里去。"万里是当时中央绿化委的主任。

刘振敏想，走吧，也不甘心，不走吧，小平同志是说一不二的。她突然想到，自己头天晚上用三个小时查过他的资料。于是就轻轻地问："小平同志，您说植树要坚持100年？”邓小平就站直了，扶着铁锹，“嗯。要坚持100年，1000年，世世代代坚持下去。”

“植树造林要坚持100年，1000年，世世代代坚持下去”，这句话后来也成为小平同志的经典语录。

当然，有的人比较敏感，也比较“坚定”，无论怎样也不开口，甚至会再次提醒记者不接受采访。这样也只好作罢，下次再想别的办法。

七、急切与缓冲

有些急切的现场采访，记者主持人问一句，被采访者回答一句，一问一答紧紧相连。

这样，听众、观众听起来有一种紧迫感。而被采访人的头脑则更是紧张，他要先听，听到后还要说，说过之后再要听，听到之后又要说，连续不断，没有喘息，没有放松，脑子一直处在紧张状态，会形成一种心理的压力。

有些现场需要这样紧张的气氛，不这样难以表达现场的紧急状态。

有些平常事件的现场，情况并不紧迫，就不适合这样的紧迫的形式。可以尝试缓冲式的采访问答，就是在问与答之后加入一个不是提问的短句，作为提问前的铺垫，然后再提问。

夹在上一问一答与下一问一答之间的这个短句，可能是兴趣感叹，可能是重复或变异重复，可能是信息延伸，可能是态度评说……可以活跃气氛，提升兴致，使谈论自然。比如：

问：师傅，您贵姓啊？

答：我姓刘。

问：（噢，是刘师傅。）您在这个厂工作几年了？

答：二十多年了。

问：（您可是老师傅了。）您在厂里哪个车间干活？

答：除了科室，和那个新建的车间，剩下所有的车间我都干过。

问：那您对厂里的情况一定很熟悉了！

答：是啊，这个厂子里经历过的大小事，没有不知道的。

问：（哎呀，那太好了。）您能不能告诉我们，原来厂门口的那块牌子……

答：……

提问中括号里的话就是铺垫的话。如果没有铺垫的话语会显得一问一答很急促。有了适当的铺垫的话语，就可以让被采访人的脑子有放松一下的机会，采访也不显得那么咄咄逼人。

铺垫的话语还可以促使采访双方的谈话气氛更加自然融洽，使双方更加有兴致谈下去。这样铺垫一句半句恭维的话、添彩的话，可以让对方感到满足，引起双方情感共鸣，能在很短的时间让双方成为“老熟人”。

当然，不一定每一问之前都需要夹着这样的短句。时有时无，自然流畅即可。要使铺垫的话适当得体，需要对采访的大背景有更多的了解。

有些情势紧迫的采访场合不容许有这类铺垫的话语，情况紧急，时间短促，就要直截了当地提问，否则现场的人不能接受，观众也会不耐烦。

八、采访形象

记者主持人在现场采访，要有鲜明的媒体形象。

记者主持人出现场，形象神态要随现场而有不同表现。突发事件，有财产损失，有人员伤亡，情况紧急，采访者必然要严肃，服装也要简洁朴素。平常事件，祥和兴奋，采访者也要兴致勃勃，喜气洋洋，服装可以活泼多彩。重大事件，隆重庄严，采访者的神态和服装都同样要端庄大方。

记者主持人出现在现场，神态不能超脱于现场的环境气氛。要特别注意防止“无冕之王”的傲慢神态，不能给人以特权的霸道感觉。认真专注的工作神态是最基本的，低调而又专业的工作形象是最正常的。对突发事件，在众人面前不能有一丝漫不经心的怠慢，甚至随意嬉笑。在平常事件的环境中，在各方之间不能有明显的亲疏倾向。

采访者手中的话筒一般会套上台标，还有的套上频道或栏目的标识，这是媒体自身的宣传。不同的事件，话筒套上的标识也要有所区别，话筒标识的式样色彩不宜与采访环境气氛产生冲突。

手持话筒的位置，要在三分之一处。现场报道时，要垂直放在下巴的下前方，避免挡住脸。当需要对方回答时，再把话筒送到对方面前。

话筒永远不能放手！有些被采访者在回答问题时，有可能顺手要拿过记者主持人手中的话筒，这是坚决不能松手的。话筒在自己手上，随时可以控制采访进程，话筒拿在对方手中，就失去了对采访的控制。

九、关于隐蔽采访

隐蔽采访，就是我们俗语说的“偷拍”。在对方不知道的情况下，把对方的言行拍下来。这样做可能会拍到真实的情况，对于揭露某些丑恶的现象很有必要。有时采访者自己也扮演成某种角色，与被采访人混行在一起。

但是，这样的采访涉及多方面的法律问题，也涉及新闻工作者的职业道德，必须要极为谨慎，一般情况下不宜采用。

大众媒体有义务也有权利了解政府部门、企业的工作和对社会的影响等。这些都应当通过光明正大的正常采访来获得事实，通过有理有据的正常的新闻调查来挖掘真相。

可以突然到来，可以正面提问，可以多方面核实，可以尖锐提问，可以摆脱跟随，可以反复深入……有很多的采访方法和手段可以揭露隐藏的事实真相。

只有非常明确，正常采访完全不能了解真相，不能揭露丑恶，不能保护群众利益，才有可能允许进行隐蔽采访。这需要进行严谨的论证，要报经上级主管部门批准，要履行严格的手续，要有明确的备案，以备出现重大纠纷时，能够说明进行隐蔽采访的身份和责任，不至于陷入难以说清的困境。

还要注意隐蔽采访时的安全，要有保护机制，要购买保险。

10. 与摄像师形成默契

电视采访的成果要由摄像师记录下来，现场采访一次成型，当然包括拍摄一次完成。摄像师不仅要用摄像机成功地记录下采访过程，还要有较好的采访意识，尽可能为后期剪辑提供更多有效的镜头。现场采访记者主持人与摄像师的密切合作很重要。需要主持人、记者与摄像师经常探讨，在合作中形成默契。

一、悄然开始

有的被采访者心情紧张，见面寒暄都很自然，一说开始正式采访提问，他就紧张，不能正常回答。记者主持人可以与摄像师商定，先和被访人闲谈，分散其对摄像机的注意，问一些明显不是采访的问题。摄像师听着双方的谈话，自己酌情决定何时开机。在为消除对方紧张最初的闲谈阶段，不必开拍，否则被访人不容易消除紧张。当几个问答的回合之后，对方进入正常的自然谈话状态，就可以开始问正题了。

摄像师应该知道什么时候开机合适，记者主持人也应该意识到摄像师何时已经开机，自己何时进入正题，不用再等摄像师说开始。其实，采访提问是在不经意间开始，当进入实质的采访问答阶段，即使被访人意识到已经开始正式拍摄了，他也不再会紧张，一直处于自然的状态，能随着刚才的心态继续谈下去。

二、适时开机

一般不提倡提前开机。在现场过早提前开机会浪费电池，浪费内存，浪费人的精力，到真正需要的时候，有可能出现故障问题。所以，要根据经验来判断，适时开机。

有的时候，现场的情况发展很快，双方来不及商量，需要记者和摄像师共同敏锐地意识到事物的新闻价值，一个奔过去提问，一个适时开机。

有的时候，要及时发现动态变化，及时开机，否则可能赶不上拍最生动的瞬间镜头。

三、推迟关机

多数情况下，推迟一点关机，是很有好处的。当表面上采访结束时，人们松弛下来后，推迟关机，还有可能捕捉到具有新闻价值的场面和人的表情。推迟关机例：

在现场，有一位新闻人物，当众人都离去了，他自己还静静地坐在现场凝视，似有所思。记者主持人觉得有可能挖掘出点什么，就手持话筒走上前去。这时摄像师就开机了，并且慢慢将镜头从场面的全景推上来。记者主持人轻轻地问："大家都走了，您还坐在这里，是在怀念当年的岁月吗?"没有回答。记者主持人又问："您是不是觉得这里和当年相比，变化太大了?"没有回答。记者主持人再问："您是想对当年的那些人们说点什么吗?"还是没有回答。伴随提问，摄像师推到双人镜头，推到单人镜头，推到人物的特写镜头。记者主持人没有办法，离开了。可是摄像师觉得还应该有点什么，就没有关机。面部特写的镜头里，那新闻人物的双眼突然滚落出了两颗大大的晶莹的泪珠，顺着面颊流下来。然后，他掏出手绢擦了擦眼睛，不舍地起身走了。这时，摄像师才关机，追上记者主持人。事后这段录像在电视上播出，事实证明，效果很强烈。那两行泪水，就是对记者主持人提问很形象的、很深沉的回答。

四、变化构图

记者主持人在采访过程中会有这样那样的动作、表情，被访人也会随着有各种不同的反应。摄像师要认真听双方的对话，观察双方的举止，跟着问答谈话随时变化构图，改换景别。被访人回答问题时，一个话题能说十余句，而将来编片子使用素材时每个话题可能只用几句。摄像师要注意听谈话的内容，每一话题变一次景别，及时推上去或者拉开，为后期编辑提供方便。也可以在一个话题时，将镜头从被访人转向其他有关事物，然后及时转回到被访人，等待下一个话题。一般说来，一段话中景，一段话近景，一段话人体全景，一段话采访人与被采访人同框的画面。这样，在后期剪辑时就非常方便，从每段话选取几句，不同景别编辑在一起就很自然。

有些重型新闻节目里，表达的节奏很快，所有表达要素都有比较严格的要求。有数据表明，通常一个固定的现场讲话片断在这类节目中一般不超过 17 秒或者 5 句话。可以通过后期剪辑解决，剪断镜头。如果摄像师在现场心里默算着有效信息到 17 秒左右在手上变化一下景别，就能很流畅地解决。

有时，有些需要保护的采访群体，要有特殊的构图。虽然，后期剪辑时可以用马赛克虚化遮挡，但如果借用现场的树丛光影掩映，则可能效果更好。

五、补足镜头

后期剪辑时要把被采访人话语中的无效部分、多余口头语剪去，把有效语句衔接在一起，更理性准确地表达。这样剪辑就有可能发生声音衔接很好而画面杂乱的情况，用现场的某些局部镜头过渡一下，俗称垫一下，就能避免镜头之间跳动混乱的感觉。这些局部镜头都需要在现场拍摄，可以在采访结束时补拍一下，避免"片到编时镜头少"的窘迫。如被采访人胸前挂的身份牌；被采访人的手，有人说手是人的第二张脸，手的动作一般随思想而动；倾听着的采访者；现场环境背景中的鲜花、彩旗等。

11. 记者会提问

记者会提问，是现场采访的一种形式，是记者聚集的特别现场。

召开记者会的主体，主要是政府部门和发生事件的企业。

召开记者会，一般有几种情况：政策发布、活动发布、突发事件发布、企业产品发布，以及自主发布等。

召开记者会，一般是先发布，后请现场记者提问。有时没有给提问的机会，然而，记者们总是要争取提问并获得回答。

一、如何在记者会上提问

记者会上提问，一般有三个部分。一是自报家门，说明自己是哪个新闻机构的。二是陈述一个事实，或者说明一个现象，或者转述一种议论。三是据此提出自己的问题，问题是在第二部分的基础上提出的，二者之间是因果关系。有时，记者提问的第二部分是在向大家强调某个自己认定的事实，宣扬自己倾向的观点。第二部分要注意不能冗长，特别要防止第二部分说得过长，以至于人们都已经听疲劳了还没有听到所提的问题！

要根据发布会的内容而发问。发布会上发布一个事实、一个政策、一项活动的工作，之后记者要善于根据已经发布的内容从不同角度提问。

可以问更进一步的细节；可以问每一阶段的步骤；可以问进程中某个环节；可以问行动中人的情况；可以问资金的使用安排；可以问时间结点的把握；可以问其中的困难之处；可以以相似事类比提问；可以问为什么这样？可以问为什么不？

这些不仅是记者主持人关心的问题，更应该是广大听众、观众关心的问题。

记者主持人要善于把复杂的理性的问题转换成通俗的形象的问题，引起人们的关注和兴趣。比如，关于货币有没有可能贬值的问题，有记者找人借了一张 10 元人民币，高举挥舞着大声提问："明年这钱还能值这么多吗？"把复杂的经济问题变成了形象的、生动的问题，引起了领导人和在场众人的注意。

还可以推导提问。从已经知晓的情况或说法进行推导引申出问题。

顺延推导。如果 A，是不是有可能导致 B，或者更进一步导致 C，那将怎么办？可能有时间的延伸，有空间的延伸；可能有因果的延伸，有一定条件的延伸。

逆向推导。如果肯定 A，是不是就意味着排斥打击“非 A”；如果反对或推举 M，是不是就要推举或反对 W 呢？

记者会上，记者转述不同意见，或者表示自我见解，应该是以求证的角度提出，而不是要与回答者直接辩论。

有时发布台上坐着不同身份的负责人，记者主持人要明确向谁提问，可以指明要谁来回答自己的问题。

能够吸引听觉而有效的提问，引起深入而有锐度的回答，需要记者主持人提前下功夫研究事实本身，研究背景材料。参加某些自主发布记者会，若能提前研究有关人员相关资料，在现场揭示某个领导人的个性特点，顺理成章地提问，有可能更有力，更有可能引出更深刻、更动情的回答。

凤凰电视台的吴小莉当年在朱镕基总理记者会上的提问，一是面对困难的政策是什么，要怎么办？二是借他人的评价来引导自己的评价，先中性问“心路历程”，再从负面角度问怎样迎接改革中的挑战？这样的问法怎能不让人感慨万千。

朱镕基：你们照顾一下凤凰电视台的吴小莉小姐好不好？我非常喜欢看她的广播。

吴小莉：谢谢！首先我要谢谢朱总理，我必须这样说，您也是我的偶像！大家好，我是香港凤凰卫视中文台的吴小莉，想要请教朱总理的是，我们知道在亚洲的金融风暴当中香港的影响在今年已经陆续显现了，想要请教的是在中央政府对香港的经济的困难和困境的时候，会采取什么样具体的措施来加以支持？另外海外的媒体对您的评价相当高，外界有人说您是“铁面宰相”，或者说“经济沙皇”，想请您谈谈您在进行改革过程当中的心路历程，有没有曾经想过沮丧？想要放弃过？

吴小莉在温家宝总理记者会上的提问，① 是在深入研究各方面资料之后产生的，问得具体而又宏观，而且语言也颇有感情。

吴小莉：熟悉您的人都说您是一个重视事实，也非常注重数据的人。麻烦您告诉我们，在目前中国国情当中，有哪些数据您认为是最为可喜的？有哪些数据最忧心、牵挂和关注的？

记者会现场要举手示意自己要提问。然而，记者很多，提问的机会有限。为了能够获得提问的机会，很多记者主持人在自身上下功夫，使自己更醒目。有人把手中的长长的话筒高高举起，有人穿上大红的衣服，以求吸引记者会上主持者的注意。从色彩表现的角度来看，红色光波长，容易显出效果，但如果大家都穿红的，自己不妨穿

---

① 谈起 2003 年向温总理提问，吴小莉说：“为了准备采访温总理的问题，你不知道我问了多少他的朋友啊，碰到人就问，因为他们两个是风格完全不同的总理。最后我问了自己设计的那个问题。”

“一个好问题的诞生其实是有难度的，必须多做案头工作，依靠新闻敏感度找到你想提问、对方又想回答的问题。”这是吴小莉的体会。

件白色或许更有突出感。

二、提高记者会提问水平，防止某些误区

记者会上，提问也要注意防止问题不明朗，问题太笼统，要点不清晰。比如：请谈谈怎样提升管理水平；请展望一下未来的前景；请说明如何加强思想建设；请介绍当前这次活动的意义。

这样的问题，如果此前有具体事件的说明，应该是被认为有所指的，相对具体一些。如果回答者思维能力很强，也可以提炼要点回答。但是就一般情况来说，这样的问题实在太大、太空泛了。

提问的陈述、阐述、转述、引用的前置部分不宜过长，这些叙述的内容过长过多，甚至把提问变成了演讲来宣扬自己的意见、看法，以至于干扰了自己想要问的问题。还会使人反感。

提问的问题也不能太复杂，一题多问，一问多题，都不容易被听懂，不仅是回答提问的人难以听懂，更重要的是受众没有明白！

提问的问题也不能太短，太短会显得没有思想深度。

提问的态度要准确，有可能需要解释，有可能怀有质疑，但是都要在一定程度范围内，更多的是不卑不亢。不能生硬、僵硬，更不要强硬声讨式的。

不要把答案当问题来问，或者在问题中已经包含着影响回答的命题。要小心不能让自己的问题本身有明显的强加性。比如："网络取代传统阅读，会产生哪些不利于读者成长的影响?"这样的问题就是在说一定"不利于"了，那就显得记者主持人自己太过于武断了。

三、组织好提问的语句

有些记者主持人，在众目睽睽之下，组织语言显得吃力，提前写好问题，然后端着本子念自己的问题，又想摆脱本子自然地说，可不看本子却说不出来，有时看着念得还是结结巴巴，就显得很失败。记者主持人应该加强基本功的训练，力求不用看稿，自然顺畅地说好自己要说的话，问好自己想问的问题。

要留心观察，向记者会上优秀的提问者学习！

第四章　节目主持人

节目主持人是中国广播电视发展史上闪亮的一页。节目主持人每天都在伴随着社会生活的方方面面，每天都在与自己的听众和观众见面，他们是广大人民群众的忠实朋友和生活的陪伴者。

今天，从手机到电视，大小屏幕中，成千上万的专业主持人和非主持人的形象活跃着。

为什么要有主持人？主持人是什么样的工作性质？主持人在节目中起什么样的作用？这是每一位主持人都要回答的问题。

这一章里，重点讲述主持人语言表达的共同规律。有些是作为能力需要训练获得，有些则是要认识和理解的。

1. 谁是节目主持人

广播电视节目中的主持是将策划和执行两个层面分开来。

策划层面：一个节目的策划和决策可能是由节目的编导以及顾问、助手们来进行的，对节目中的效果、波澜都有一定的布局，越是大型的节目越是这样，这里的大型是指有多项内容、程序复杂的节目类型。由于决策过程时间拖得长，过程中需要多人反复思想碰撞才能有所创新，必须有专职的编导人员负责领导、组织、综合设计才能做到，主持人不可能既做主持工作，同时又能做好节目编导工作。

执行层面：一个好的节目方案需要主持人来具体执行实施，要由主持人在话筒前、镜头前来完成。一旦到了这一阶段，除了修改节目内容，别人谁也帮不了主持人的忙。对于听众、观众的注意、情绪等的操纵，节目的效果，全都在于节目主持人的把握了。

有时我们看到，有的主持人是节目的负责人、决策者，但是到了具体节目过程中，由于没有过多参与，也是听凭于负责这一期节目的编导人员及其助手们。这样表面上是决策和执行两个层面都在主持人处，实际上并不尽然。

这样的划分并非是要将事情绝对化，而只是对现实情况的一种概括，提示我们学习过程中的重点在哪里，主持人的责任主要在哪里。

目前，策划和执行两个层面都在主持人一身的节目，是广播节目中较为小型的节目和广播电视中的谈话节目。

有些小型节目，结构不复杂；或者有些结构与方式本身就很简单但时间较长的节目，可能由一人操作，既是掌控人、负责人，又是主持人。

谈话节目并非没有策划和决策的层面，但是已经有的决策设计到了实际谈话的时候会随不可预见的情况而改变，那么随机应变的决策的任务就落在了主持人身上。平心而论，谈话节目的结构不复杂，主持人驾驭策划和执行两个层面也是可能的。现实中有些谈话节目的主持人就是节目的主要决策人。

节目主持人，顾名思义，是要出现在节目中的。节目主持人是在节目中直接面对听众、观众的。在电视屏幕里，主持人以自己的形象和语言出现；在广播当中，主持人以自己的声音出现。

一、节目主持人以“我自己”的名义对听众、观众说话

同是出现在节目中，面对听众、观众，主持人的形象和语言表达的方式有别于故事片和广播剧中的人物，也不同于新闻播音员。故事片和广播剧里是人物之间对话，而主持人除了要与电视里的客人、被采访者说话之外，主要还是要对广播电视机前的观众、听众说话。有些故事片和广播剧中的旁白，虽然是在对观众说，但说的不是现实生活，而是虚构的故事。新闻播音，以及政论型纪录片的解说词播音，虽然是对观众、听众说话，也说的是真实的新闻，但那是一种抽象意义较强的形象，而不是具有某一个人的主观色彩那样鲜明的讲述。有些主持人可能“我”的形象内涵不足，但他还是在以“我”的名义对听众、观众说话，只不过需要进一步强化而已。

二、节目主持人是节目的中心人物

听众、观众能够看到节目的内容由主持人来引导、介绍、说明、组织、带领，节目需要围绕主持人进行，主持人节目给观众、听众留下一种印象：主持人在安排调遣节目的内容。有时，整个节目都是主持人在谈笑风生，显然是观众、听众关注的主要人物；有时，虽然主持人实际出现的时间比较短，但仍然让人感到他处在中心位置。

处在中心位置的节目主持人以“主人”的身份出现在节目中，节目好像是朋友间的一个聚会，主持人就是聚会的主办者，以作东的身份和前来参加聚会的朋友们一起活动，可能展示很多有趣的内容给大家看，可能带大家做游戏，可能和大家谈天说地……与日常生活中的朋友聚会不同的是，广播电视的“聚”法特别，是听众、观众在自己家或者其他远距离的位置通过电波“前来”参与的，作为“聚会”的“主人”，主持人也是通过电波来招呼和带领大家的。虽然有空间的距离，但不影响广大听众、观众的参与，不影响主持人的“主人”地位。

在广播电视中具有以上特征的人，大家就会将他们当作节目主持人。

三、节目主持人的分类

（一）从传媒特征观察

可分为广播节目主持人和电视节目主持人。广播和电视都是通过电波传播，但是二者的表现手段有很大的差别，广播只是听，而电视则是“百闻不如一见”，对主持人的要求有很多不同。不过作为主持人来说，二者还有很多相通之处，有的广播节目的主持人到电视节目中很快就能应对自如，反之亦然。

（二）从主持形式上分

有报幕型主持人，有串场型主持人，有播报型主持人，有操作型主持人，有解说型主持人，有组织型主持人，有访问型主持人，有记者型主持人等。

这样的划分主要是基于主持人不同的思维方式，一类是背诵已经准备好的稿子，或眼看提示器说出，或稍加变动说出，或边说边调整稿子个别地方的内容；另一类则是在准备好思路的基础上即兴组织语言。前一种情况比较容易适应，后一种情况就要依靠一定的语言能力和知识基础。

（三）从节目形式上分

有一般栏目主持人，有演播室栏目主持人，有晚会主持人，有游戏节目主持人，有谈话节目主持人，有竞赛节目主持人……这样的划分主要是基于主持人对栏目形式的理解和把握。有的主持人能够胜任好几种形式的节目，虽然这不一定有利于主持人发展。这当中，不同类型的主持人所需要的语言表达能力不同，更重要的是对主持人的组织能力的要求也不一样，有的比较容易，有的难度大些，有的则需要很浓厚的文化功底和很强的组织能力。

（四）从节目内容上分

有新闻类节目主持人，有经济类节目主持人，有文艺类节目主持人，有文化类节目主持人，有体育类节目主持人，有服务类节目主持人，有少儿类节目主持人，有学术类节目主持人……如果细分，每一类下面还可能分若干类别，特别是新闻类节目，涉及社会生活多个方面，如经济、法制、军事、教育、人物等。这样的划分主要是基于主持人自身的知识结构、个人兴趣爱好和气质面貌。

从主持人的分类出发，寻找自己的定位，就很容易了；看看自己胜任不胜任，需要在哪方面努力，也就十分清楚了。

2. 主持人的人际交往形象

个性形象是节目主持人的本质特征。

人们也许会问，电台电视台的节目该报新闻报新闻，该放音乐放音乐，该讲故事就讲，该播专题片就播，为什么非得要出现个主持人有事无事就出面来说一段话，主持人说的那些话有时有用，有时好像不一定非说不可。那为什么要有主持人这样一种形式呢？

人们或许还会问一台晚会有个报幕员告诉大家下一个节目是什么就可以了，为什么还要有个主持人出来说一段话，把前后的节目串连接续一下呢？

因为节目主持人的出现，把他所主持的节目或者晚会人格化了，个性化了。使一个节目、一台晚会有了主人。众多的主持人也让一个电台、一个电视台的总体形象有人格化的倾向，使得听众和观众与电台电视台的关系亲近了许多，心理距离大大缩小了。

如果让你到一个从未去过的地方旅游，你是喜欢自己看呢？还是有一个导游讲解一下好呢？如果让你去饭馆吃饭，是沿路标入座按电钮点菜，机械手上菜，然后刷卡刷码付款？还是从引位开始有服务员接待好呢？这里就有一个对人际交往的心理需求问题。

试想，听众、观众与一家电台电视台打交道和与一个人打交道，哪种状态在心理上更容易适应呢？虽然并不是每个人都要与电台电视台进行联系，但在心理上与主持人的距离要接近得多，要自然得多。

主持人使电台电视台的形象人格化。这是听众和观众的一种心理期待。

有了主持人，电台电视台在听众、观众的心目中，政府机关、宣传机构、企事业单位那一面的形象淡了，取而代之的，是一个个亲切可感、热情洋溢的人，变成了人与人打交道，而不是人与机关单位打交道，容易被人们接受。这既是人民群众的心理需求，更是信息传播的需要，也是电台电视台经营的需要。

在新中国刚刚建立的时候，为了巩固新生的政权，广播电视是重点保卫的目标，广播电视工作人员也是国家的机要人员。在广播中，播音员使用的是工作名字，不是自己的真实姓名。后来，进入改革开放时期，中国的电视开始普及，电视播音员就已经不再使用工作名字了。实际上，观众在电视中能够看到播音员的形象，播音员使用哪一个名字已经不重要了。虽然新闻播音员使用自己的真实名字，却仍然是一个不十分具体的形象，是一个抽象的形象，由于新闻播报的特征，以至于人们一般感觉就是“一男一女”两个播音员，不仅中国，全世界的新闻播报都是大同小异。晚会报幕员给人的印象就是一个端庄的女子，也是个抽象的概念。

新闻播报、晚会报幕的过程中，并不着意表现自己的个性，反而注意收敛自己的个性，突出的是所播报的新闻内容或报出的节目名称和表演者姓名。就好像在商场买东西，顾客买完就走了，一般不会记得售货员是谁，对商店里统一服装的售货员都是一个笼统的印象，售货员也不表现自己的个性，只有在一家购物时间很长、次数很多了，买家和售货员对彼此才会有更多一点的印象和了解。

而主持人在这一点上有所不同，主持人好像某个商店派一个专门为你家服务的售货员，他来一次，你就可能知道他是谁，记住他，印象很明确了。是个十分具体、个性丰满的形象，音容笑貌，举止性格，都是“这一个”。

节目主持人是以个人的真实具体的身份出现在节目中的，主持人的个性特点在节目中有较为充分的表现。因此，主持人与听众、观众打交道要遵循人际交往的原则。

人际交往中非常重要的一个原则是相容原则，一个人要能够与人相容才能处理好人际关系。主持人要做到从表面形象到内心世界等多方面让自己与听众、观众相容。我们平常对演员所说的“台缘”就含有这样的意思。当然很难让所有的人都喜欢同一位主持人，一名主持人只要有一定数量的拥戴者就是很成功的了。

在人际交往中，真诚守信是至关重要的。“日久见人心”，主持人为听众、观众服务，真诚与否、守信与否是一定能够被人们识别的。主持人所具有的亲切笑容、手势、神态等与人交往的方式都是在这个真诚守信的基础上的，失去了真诚守信，其他几乎都难以立得住。而这个真诚守信是在每次与观众的短暂“见面”中让观众感觉到的，虽然时间短暂，但奇特的是，观众完全能够准确地感觉出来。

与人交往的方式也是人际关系中的丰富内容。在真诚守信的基础上，言谈腔调、语言修辞、服装举止、眼神表情，都有人们约定俗成的规则，有礼貌修养方面的，有挚爱关心的，有相互激励的，还有真正的诤友交往。主持人与听众、观众虽然不一定打那么多交道，但是一定要有这样的人际交往能力和水平。

3. 主持人鲜明的直观个性

节目主持人应该是一个很具体的形象，带有强烈个性色彩的形象。共性存在于每一个人的个性当中。在众多的主持人当中，凡是受到听众、观众欢迎的，都是个性十分鲜明的。

一、音色和腔调

主持人的语言个性是其整体个性形象最突出的一部分。对广播来说，更是关键的主体部分。每个人都有自己的音色，可能有些人的声音很相似，但仍然是有区别的。每个人的音色是其声音形象的基础。

为了塑造自己的声音形象，主持人要了解自己的声音特点，以科学的方法改善声音，扬长避短，形成自己独特的音色。一般播音的发声吐字训练是指向统一方法，统一位置的。主持人的发声和吐字，要在一般训练的基础上，努力形成自己与众不同的个性特点。腔调，更不会每人都一样。有人高亢，有人低婉，有人透出天真，有人显露学问。播新闻，大家的腔调向一个方向靠拢，主持节目最好各有各的腔调，形成各自的风格。当然，有个性的腔调也应该是有审美追求的。

二、语言节奏型

节奏型的概念来自音乐。音乐中有各种不同的节奏型①。我们说话的语言也有很明显的节奏型。不同地区的方言就有不同的节奏型，如四川方言、上海方言、广东方言等。同是普通话，也具有不同的节奏型，可能源于各地方言，可能受性格的支配，也可能是受边说边想的习惯影响。语言的节奏型具有生动的个性。

当前，很多主持人都在相互模仿同一种节奏型，千人一型是一种遗憾。没有独特个性的节奏型就在很大程度上失去了主持人的语言魅力。创造自己独特的语言节奏型是每个主持人塑造自我声音形象的重要任务。

三、体态

体态举止各有各的习惯。要经过细心研究琢磨，创造自己习惯的一系列举止动作。

① 在乐曲中反复出现的有一定特征的节奏叫作“节奏型”。

主持人要坐有坐相，站有站相，还要有较好的行走体态。古人说“坐如钟，站如松”，指的是坐着要稳，站着要直。

坐的时候脊梁要直，头要正，手在桌面摆放的位置不同，转头的方式速度有所不同，不同的桌椅使得人的体位也会略有不同。

站的时候两腿要直，两脚的开度小于肩宽，直到并拢立正。脊梁要直，头要正。双手可以在身前搭握在一起，可以自然垂放在两侧。

站立的主持人，有时手持文稿或者卡片，要注意把文稿卡片拿正，不要歪斜。

有时主持人要走进走出屏幕，有时主持人要在现场走动。不多的几步走，要注意提腰行走，即腰椎处向上提起、头顶向上寻找的感觉，不要往下坠，还要注意上身带着下身往前走。在这个基础上，再进一步因高矮胖瘦有不同的走姿。

四、手势举止

对电视节目的主持人来说，会大量使用手势动作。通常手势分三个区域，眉眼以上为上区；脸前和胸前为中区；腰部为下区。上区的动作多与远大、美好、境界高深的事物有关；中区的动作往往是说明性的动作；下区的动作有的是说明下方的事物，有的是贬斥性的。在说明性动作中，手的动作可以分为拳、掌、指的不同动作。动作路线有向上、向下、左右、直线、斜线、弧线等。动作的方式可以有合拢、分开、摊开、推、收、举、按、转等。这些要素组合起来，会有丰富多彩的手势动作。

每位主持人要认真设计和训练自己的手势动作，能够有自己独到的手势动作体系，建立自己的个性仓库。在说话的过程中，个人“仓库”里的手势要自然而然地随着语言而动，一般不要为某句话设计动作，那样多数会失败。只要自己手势仓库里存储丰富，随着话语自然出手就可以了。

五、眼神

眼睛是心灵的窗口。主持人的眼神流露出来的是他真实的内心世界，在伴随语言向观众传情达意的时候，眼神会因不同的内心世界和修养而不同。有人有深邃的目光，有人有真诚的眼神，有人有炯炯的目光，有人有欲言又止的眼神，有人有充满力量的目光，有人有极具说服力的眼神……当然也有眼大漏光、目光茫然的。

正如获得知识可以通过学习，提高能力可以借助于训练，眼神也是可以通过练习来改善的，更重要的是要研究艺术表现中优秀人物的眼神，对着镜子练习自己的眼神，研究自己在节目中的眼神表现，调整改进每一细微之处，习惯成自然，让眼睛更充分、更丰富多彩地表现自己独特美好的内心。

六、表情

每个人的相貌不同，就决定了每个主持人的表情不同。表情是内心世界的显现，也在一定程度上修饰着人的内心。每一位主持人要争取使自己的表情生动，具有独特的魅力。表情有雅俗之分，这既与一个人的知识能力和审美情趣有关，也和幼年时期形成的表情方式有关，还与成长的地区环境的文化有关。同样的一段饶有趣味的讲述，有人会表情木然，有人会表现得神秘新奇，有人会伴有世俗的嬉笑，有人会显出睿智……出现在公众面前的主持人应该具有体现良好教养的表情方式，抛弃不恰当的、不美的表情方式，还要逐渐形成自己特有的风格。这需要多观察艺术领域塑造的各类优秀人物的不同表情，那是人类共同的美，把大量美的神态融入自己的个性表情中。

七、服装

服装千变万化，千姿百态。主持人的服装要与节目栏目的性质相一致，节目内容是严肃的，服装就需要庄重一些；节目内容轻松，服装就要活泼一些；节目内容是静态的，服装就要温和平稳；节目内容是动态的，服装也要有跃动之感。

要与时代审美一致。时代在发展，我们已经进入信息化社会，即将进入智能化社会，人民群众的审美观念也在悄悄地变化。主持人应该走在时代的前沿，服装的样式色彩也要有时代感与时代发展协调一致。但是要注意不要太过时髦怪异，脱离现实人民群众的审美。

鞋是服装的一部分，式样和色彩要与服装一致，形成统一的美感。

主持人服装当然还与个人的高矮胖瘦一致，要强化自身的美，弥补身材上可能的不足。服装设计要有专业的眼光，要请专业人士给予指导为好。

八、发型

怎样的发型为好，与服装选择的原则相同。一是与节目栏目定位一致，二是与时代审美一致，还与个人的脸型有重要的关系。主持人发型要随时代发展、社会审美演变而不断美化，也要随自己的年龄变化而适当调整。

应当请发型师帮助设计适合自己的几种主要发型，主持人自己心中有数。

九、眼镜

多数主持人是不戴眼镜的。需要戴眼镜，要注意镜片的反光。

眼镜式样的选择要根据自己的脸型，长脸可以佩戴圆镜片，宽脸则不宜。眼小可以戴大镜框，脸小则不宜。眼镜是金边还是黑框，是秀朗架还是无边框，可以根据个人审美决定。眼镜是一次性设计，可以多试几次，多几种方案，还可以征求服装设计师的意见。

4. 主持人的功能作用

节目主持人在节目中的作用因节目的内容、节目的表达方式不同而有所不同，有的甚至有相当大的区别。总的来说，节目的内容要由主持人组织起来，一定程度上由主持人来控制和把握。

一、主持人的作用

（一）串连衔接节目内容

一次节目有若干个内容，先后播送给听众、观众收听、收看，很早以前，广播的办法是放一段音乐，在音乐中说出下面内容的标题，电视的办法是在每一段内容的前面放一个小片头，用字幕打出这段内容的标题。有了主持人以后，就由主持人来介绍有关的情况，引出下面的内容。此外，开场白和结束语也需要由主持人来说，很有人情味地和听众、观众打招呼、致意，这是主持人在节目中最基本的作用。在文艺晚会中，主持人的主要功能是报幕。当然，这种串连衔接式的主持有相当的发挥和表现的空间，如介绍背景情况、感慨和简单评论节目内容、参与每一片断内容；有时，节目组没有录到、拍到的内容可能就由主持人的诉说作为补充，与录音和拍摄的内容实现有机组合。近年来，主持人这方面的功能在众多节目中得到了很充分的体现。在这样的情况下，主持人与节目内容是交替出现的，从时间比例来看，主持人出现的时间要远远短于节目其他内容的时间。

（二）引导控制节目发展

在串连衔接的基础上，很多节目在设计的过程中要求主持人有更多的功能表现，比如，与参与节目的人交流，包括问答的过程，也包括开玩笑打趣的过程，还包括话题引申补充等。这时，主持人在节目中的作用已经不仅仅是串连衔接，而是在既定的方案下引导节目发展，主持人已经成为节目内容表达的一部分了。更进一步，广播节目中与听众随时互动的话题讨论节目，要在主持人的引导下根据听众的回答或者要求安排节目内容；电视节目现场带领观众做游戏，要为现场的观众讲解游戏规则，为他们的表现喝彩、做评判等，其作用大大超过了串连衔接。知识竞赛类节目也是在主持人的引导下一步步进行，主持人与参赛选手之间的问与答，主持人掌握规则、执行裁判的职能，以及主持人对相关知识的引申讲解，使得主持人有了更为充分的表现天地。这样，在某一片断或者某一节目中，主持人已经上升为“主角”。

（三）组织调节节目进程

在谈话类节目中，虽然有预案，但是主持人面对的人物要说什么，还有极大的不可预测性。谈话的走向需要主持人现场把握，随机应变，有点像探险队带着指南针在从未到过的森林中行进，目标是明确的，方向是既定的，但是眼前选哪条路，要直行还是要绕路，没有十分具体的路线，要由主持人根据实际的谈话情况决定，而且是眨眼之间就要开口说话的。这样的节目一般都是一次成型的，没有时间和机会停下来讨论一番再继续或者重复进行。在很大程度上要即兴组织节目的内容，在某种意义上说，这时主持人发挥的就是导演和制片人的作用。

（四）直接表现节目内容

有的时候，节目的内容要由主持人来表现，主持人就是节目的主要“演员”或者主要演员之一。这样的节目几乎从始至终都是主持人在演示操作，或者是主持人之间在对话。比如，有的购物类节目，有的讨论类节目。如果说，这样的节目中，主持人主持的对象就是自己和听众、观众，应该是恰当的。

主持人能否在节目中发挥好自己的作用，既与节目的设置有关，也与主持人自身的能力有关。

二、主持人与节目的关系

在社会上人们想起某一节目，就会想到这个节目的主持人，提到某一主持人，也会自然而然地联想到某一节目。那些在群众中有影响的优秀节目，主持人就该是其标识。而且，一个好的节目是广播电视台的基石，而主持人在这个意义上就是广播电视台的品牌。节目主持人应当力求让自己成为节目的标识和广播电视台的品牌。

（一）主持人要成为节目的样式

常常看到这样的情况：导演把主持人请来，交给他一组主持词，然后一段段分别录下来。这当中有开场白，也有结束语，节目之间串连的话也有若干。主持人的话录好之后，导演把主持人说的话与节目的各个段落穿插组接起来，一次节目的合成也就完成了。这种情况，打个比方，主持人说的话就好像房子墙砖之间起粘连作用的泥。这么说，岂不是太惨了？当然不能仅仅是这样！

即使如此，如果主持人是固定在某一栏目的，有时间因素在帮助，可以不断反复出现，他就不会没有作为的。如果主持人真是只能在砖与砖之间作黏合剂的话，那么主持人就要争取成为“房子”（节目）独特样式的组成部分之一。主持人要仔细了解这个栏目的特点，包括形式特点和内容特点，力求每一次串场衔接的表达都能与之贴切，并且有一定的创造性表现。这种创造性表现要带有本栏目独特之处，包括语言修辞特点和形体表情的变化。主持人的这些独创之处要形成系列，争取与栏目融为一体，时间久了，就成为栏目的一个特定组成部分，甚至成为栏目的标识。这一类栏目的主持人能否真正立得住还要靠栏目本身，栏目立得住，主持人的创新努力就有了依托，成功的概率也就更高。

（二）主持人要成为节目的灵魂

有一类节目全靠主持人撑起来，从始至终都在主持人的操作下进行，主持人在节目中的作用是串连节目，招呼观众和听众，掌握节目进行的具体步骤，营造气氛，推动节奏。事实上，节目主持人的作用远不止这些，主持人应该是一个节目商标式的人物，一个节目的灵魂，主持人的成长和成名都是与节目的发展和辉煌相辅相成的。有过这样的案例，一个节目换了主持人，收听率、收视率立即下降，而换回原来的主持人收听率、收视率很快又回升了，这说明这个栏目的主持人已经成为栏目的标识，有一种品牌效应，换了标识观众不认可，再换一位主持人，也许要经过一段时间才能使听众、观众认可。

（三）主持人要成为节目的代表

有一类节目是围绕主持人设计的，就好像某一首歌专门为某一歌手创作。节目已经了解了主持人的能力和性格特点，在成熟的策划之后按照主持人的特点再进行设计，突出主持人，以主持人的出色表现为节目的品牌特征。一旦节目被听众、观众认可，别人就很难替代。

5. 主持人“是我非我”

每一名主持人都要回答这样一个问题：“我（们）是谁?”

答案应该为：“是我非我”。

一、是我

“是我”就是主持人真实的自己。

（一）以真实的身份进入节目

主持人在节目中是一个真实的公民，以真实的姓名、真实的形象、真实的心理进入节目。

每一位主持人将真实的个性带入节目，相貌、声音、形体、举止、服装、发型、语言习惯等，这种个性是主持人的生命力，也是节目特征。

当然，这种真实应该是有所选择、有所提炼的，不必要的部分和带有明显缺陷的部分要舍去。

（二）要有相关的专业修养

主持人在各个栏目节目中，所思、所想、所说的内容都有一定的专业性。虽然主持人不是某个领域的专业人士，但也要有一定的与专业人士对话的基础，至少不能说外行话，这是主持能力和水平的体现，所以，固定栏目的主持人需要有相关的专业修养。民生节目的主持人要对公共管理及本地的社会情况非常了解；法制节目的主持人要具有相当的法律知识储备；军事节目的主持人要有军事背景和军队情结；青年节目的主持人要深入了解青年的三大课题：学习、成长、婚恋；少儿节目的主持人要熟知儿童心理、熟悉儿童语言；老年节目的主持人要懂老年心理和老年问题；体育节目主持人要对各种赛事都有所了解等。我们看到，有的戏曲节目的主持人不仅对戏曲的历史、曲目、行当、流派都熟知于心，几乎是活字典，而且演唱的水平不比专业人士差多少，是个高水平的“票友”，这是多么难能可贵呀！

（三）要有良好的社会形象

主持人在社会生活中要成为优秀的公民，有良好的品德修养，自觉地遵纪守法。主持人与同事的关系要融洽，与周边社区的关系要友好；与当地群众之间，与当地各方面管理部门，都要保持良好的关系，有良好的口碑。要模范遵守各种规章制度、各方面的法律法规。公共场所遵循公序良俗；开车严格遵守交通法规；爱护周边环境；关键时刻力所能及地帮助他人等，这一切都应该是自然而然的，并非刻意而为，更不是以“作秀”为目的。

（四）私生活经得起挑剔

主持人是公众人物，私生活的一部分有可能暴露在公众面前。有时公众是比较挑剔的，因此主持人的私生活要能经得起公众挑剔。在家庭中，夫妻要和睦，要尊敬长辈，要疼爱又不溺爱子女。朋友之间你来我往，真诚守信。

如果情侣之间缘分尽了，分手之时都要做到有礼有节。

否则，个人生活在社会上引起流言蜚语，主持人就很难“面对”自己的听众、观众了。

二、非我

就是主持人肩负着和代表着的媒体态度和社会责任。节目主持人在节目中有多重作用，执行着多种功能。每一位主持人都有一个特殊的身份，那就是听众和观众的替身。

（一）责任

主持人在节目中的言谈举止不是单纯宣泄自己的情感，而是代表着电台、电视台的形象。广播电台、电视台作为执政党和政府的宣传机构，主持人及其在节目中的所作作为都体现着社会责任。

媒体作为社会舆论导向，有自己的态度和意志，有自己的立场。主持人应该是媒体态度的体现。要让自己的观众愉快，要让自己的观众心理健康，要让自己的观众对生活充满乐趣，要让自己的观众热爱生活，要引导观众树立良好道德观，引导弘扬先进文化，引导社会发展方向。这些都体现在主持人的一举一动，一颦一笑之中。

（二）替身

就是代替听众和观众感知主持人所处的环境。

对电视节目来说，摄像机已经代替观众的眼睛到达现场，“观看”现场，似乎就不必再有主持人到现场去了。但是摄像机的画面不能拍下一切。如果有主持人出现在那个环境里，对环境的冷热、干湿等多重感觉都有直接的生理反应，这种反应出现在画面上，就能够让观看者更深切地体验那个环境，这就意味着代替观众在体验环境。比如，风吹得主持人的头发飘动着，主持人吃力地迎着风雨前行，呼吸困难地进行报道，就在一定程度上代表观众感受了风吹雨打。观众有一种“内模仿”的心理，当看到主持人的形象反应时，自身也可能产生相似的生理反应。主持人在这种情况下显得非常有意义。

在屏幕上，主持人的身体就是一把尺子，用他来与环境中的事物比较，从而显示出画面中的某些事物的大小。主持人还可以以自己的步履、操作、触摸来测量环境，代表观众更确切地感知那些事物。

对广播来说，虽然听众看不见，但是主持人在现场的呼吸状态，声音的色彩变化等叠加在现场音响中，都能在一定程度上传递出现场的真实感，带着听众进入现场。

（三）代表

就是代表听众和观众表现对某些人、事、物的态度。

主持人待人接物的态度一定要能够代表社会绝大多数人的态度，比如，主持人要在节目中对劳动模范表示尊敬，对腐败表示痛恨。

主持人要有是非观念、道德审美标准，这样对待生活中的事物才能在理性指导下有准确的态度。此外，主持人还要有一定的表情训练，能够使表情的客观效果与主观意图一致。

共性寓于个性之中。我们看到的是一个个具有鲜明个性的主持人，但是我们能感觉到他们的共性。所以，“是我” 和 “非我” 同时存在于节目主持人身上。

可以形象地比喻，主持人的脸和我自己的脸分别是两张脸，主持人的脸在前，我自己的脸在后，我要让主持人的脸慢慢向后退，直到与我自己的脸融合在一起，那就成功了。

主持人的成长，一方面是基本的能力和技巧的学习和提高，另一方面是人的思想水平、政策水平、知识水平的全面提高，是他的道德水平、正义良知的不断锤炼。在这个意义上说，主持人的成长“功夫在诗外”，让我们大家共同努力！

6. 主持人语言要点

主持人在节目中的语言千姿百态，千变万化，有几个要点要特别注意。

一、与新闻播音有明显区别

播音与主持的区别，已经有很多人有过很多论述。我们还可以从一个特定的角度来分析。

播音，无论是播新闻、评论，还是播通讯稿、专题片解说词，都是有稿件的，是照着稿念的。当然这种念应该是符合说话规律、语言形态变化丰富、生动地朗读。

主持人主持时分两种情况：一种是有文稿需要照稿说的。虽有文稿，表达时仍需“还原”到即兴表达的内心状态，好像你我之间对话那样，才能使语言成为“主持”的样子。

另一种是即兴表达，要根据节目的既定思路和现场情况边想边说。这类主持人的第一作用是组织节目、表达主题。即兴地“说话”就会有思考的过程，有时会有断续，不可能像念稿那样有连贯稳定的节奏，这样的语言是鲜活的，活跃生动。然而，这类语言却又有可能太像生活中说话，缺少应有的美感，需要向更有文采的文稿借鉴表达的丰富手段。主持人在对节目策划、节目结构的理解过程中，要有更为丰富的词语，更为多样的修辞，更为生动的表达。

中央人民广播电台的曹山老师曾经总结过：“没稿像有稿，有稿像没稿；貌似生活，高于生活。”依据上面的分析，如果将这四句话作为主持人语言表达的特点，是很贴切的。

二、常说的话要常讲常新

主持人每次节目都要说开场白，向观众问候，介绍本次节目的内容。这样的话说多了，就有可能在主持人嘴里变“油”，虽然说得十分熟练，但却说得没有味道，没有热情，给人一种不认真的、应付的、冷漠的感觉，这是不能容忍的。

当片头音乐结束，主持人的声音出现在听众耳畔，主持人的形象出现于屏幕之上的时候，就如同主持人敲开听众、观众的家门，第一眼和听众、观众对视，神情和语气都应该是真切热情的。

无论这种访问有多少次，每一次的目光相视都是同样的心灵沟通，每一次的话语都是同样的真切热情。这是人之常情，亲人互相走动，数十年从来如此。如果不是这样，那该是多么不友好！双方心里都会不舒畅、不自在。

所以，主持人在每一次节目中说那些说过无数遍的话的时候，一定要有今天这一次的真切与热情，有今天这一次最新的友好感受。

三、与听众、观众“一同”听看节目

主持人的主持串连语段在节目中常常被分成若干节，为间隔着的一个个节目段落服务，即串连各个段落，将它们组织成一个整体节目。在广播节目中，主持人把各个段落之间的话分别录音，然后与各段落合成。在电视节目制作时，主持人若干小段的衔接语往往一次分段录像，然后再剪辑成整体。

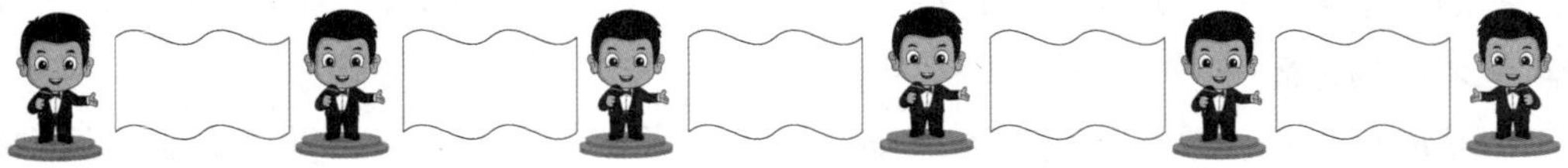

单独录串连词时，主持人要努力想象自己“陪同”听众和观众一同收听、观看一段一段节目。

主持人在段落之间说的每一段话都要带有与观众刚刚“一起”观看或收听前一段节目内容的感受。假如前一段内容是欢快的，主持人要带着和听众、观众一样的听过或看过之后的笑意；如若前一段内容是悲壮的，主持人要和听众、观众一样为之动容，有从前面的氛围中刚刚脱离出来的心态。

如果没有与听众、观众同步收听、观看和理解，只是以同一种语气说话，那总是与听众、观众有一定的隔离感，不融合、不连贯，串连语与其他内容组合时就难有整体感。

这一点，一部分广播电台的主持人就很真实，因为他的确是坐在播音室的主持人控制台前与听众一起听每一段节目内容，听过之后才开口说连接语，直到节目结束。

四、尽快记住主持词

日常人们说话都是边想边说的，主持人也一样。许多主持人事先有准备，甚至是已经撰写好文稿，就难免有“背书”的现象，有一种僵化的感觉。

主持人要克服这种生硬的“背书”现象，关键在于怎样记住要说的话。有人是一句一句地记，这是很苦的，需要花很大气力才能记下来。记下来以后，在镜头前还要逐字逐句地背诵出来，出现磕磕绊绊的现象。

那怎么记？只记纲要，即每一个段落的大意，并且将各个段落中关键的词语读顺口，在镜头前依据心中的段落大意，“想出”一句一句的话，并且说出来，就比较自然。这样说出的话可能与原来的文稿不太一样，只要不太离谱是完全可以的。生动地“想着说”，是最重要的。

有的时候，现场的情况是难以预料的，不可能事先写出文稿，至多是有一个预测应变的大概思路，只能靠主持人随机应变来组织语言，这既是对主持人的考验，也是主持人表现语言能力的时机。

五、主持人的幽默

生活需要幽默。广播电视节目也需要主持人具有幽默能力。幽默在谈话节目中、娱乐节目中出现得比较多。

幽默不是简单地搞笑。所谓幽默，是揭示事物之间的倒错关系。这有三层意思：一要有较为丰富的生活阅历，看透事物之间的关系；二是在此基础上才能看到某些事物之间的倒错关系；三是还要把这倒错关系表达得比较好，即“包袱抖得脆”。所以，幽默是才学的标志。

但是应该注意，单纯地搞笑不是幽默，出个怪相，说个怪话，做个鬼脸，说句痞话，不是真正的幽默。要防止庸俗，切不可将无聊当情趣。

六、掩饰错误而不是强调错误

主持人也有可能在主持过程中出现口误，如果有后期剪辑，那就再说一下正确的话，后期剪辑可以处理得很好，不必影响自己的情绪，可以仍然非常从容自信地继续下去。

如果是直播现场出现口误，这时的原则是掩饰错误而不是强调错误。个别字音说得有缺陷，可以不考虑它，继续说下去，听的人不会留有什么印象，用不着停下来纠正，那样就强调了错误，更不能有翻眼、吐舌头之类的动作。发音措辞实在有不妥的地方，可以及时重说一遍正确的语句，那出错的地方也很快就会被人们淡忘掉。

也可以用补充的方法换一个角度多说几句，话说得全面了，错误也就不存在了。比如，有人把800错说成了8000，就在大家惊讶的时候，他马上说：“我期望在不久的将来能够以十倍的速度增长。”赢得了全场一片欢笑和掌声。

此外，在比较活泼的节目里面还可以开个自嘲的玩笑，然后再重说一遍正确的语句。

7. 搭档之间的交流

两名主持人共同主持时的交流方式是“双方三点”。

双方，就是两名主持人一方，观众或听众一方。两位主持人共同为听众、观众主持节目，听众、观众这一方可能在演播室里也可能是在心里虚拟的。

三点，就是主持人甲和乙各为一点，听众或观众为一点。

主持人甲和主持人乙要对话，但不能各说各的。即使是广播电台，主持人之间也要互相对视，在对视过程中交流并传送给听众。

主持人要注重与听众、观众交流。对听众、观众说，感觉他们的理解和反应，据此来一步步继续深入谈下去。

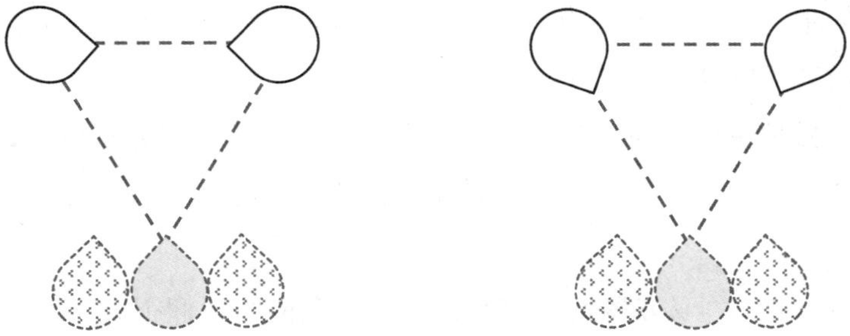

主持人在三点交流时要以面对观众一方为主，大多数的话是对观众说的。在主持人之间互视对话的时候，多数的句尾也是对观众说的，切不可两人对话忘记了观众、听众那一方。

无论是主持人甲还是乙，说话时都要顾及另外两点，与之交流。不能只顾观众、听众，不理睬主持的搭档，更不能只与主持伙伴谈得热闹，置观众、听众于不顾。

要敢看对方，要在看中进行语言和思想的交流。更要明白所有的话都要作用于听众、观众，在他们心里产生作用。

主持电视节目进行三点交流时，要注意两名主持人互视的目光一致，同时对视，然后同时转头面对观众。不能你看我时我看观众，当我意识到你的目光转过来看你时，你又回过头去看观众一方了，如此反复，扰乱了观众的视线和思绪。在这方面，两名主持人的配合与默契就显得十分重要了。

两名主持人共同主持，不能是将一段话简单地拆分成你两句我三句，那样就失去了两人对话的意义。既然是两个主持人，那就要充分利用两个人的优势，让对话真正对起来，使语言活泼生动，那就要进行语言设计。

可以互相招呼，闲话寒暄；

可以互相插话，为对方要说的内容做铺垫；

可以互相提问，设置引人关注的悬念；

可以互相打趣，引起谈话的兴致；

可以互相竞争，争相为观众和听众讲述些什么；

可以互相评说，对对方所说的事物进行评说。

在两人主持的语言中，第二人称“你”除了是指对面观众、听众一方之外，也是指主持的搭档，第三人称“他”也常常是在观众、听众面前指另一位主持人而言。

时间久了，搭档默契，这样的语言设计会很巧妙，需要主持人们不断练习提高。

主持人与嘉宾对话，也应该是“双方三点”交流。嘉宾一般没有制作广播电视节目的经验，主持人要有意无意带着嘉宾进行三点交流。可以用自己的目光、动作为嘉宾带出向听众、观众说的感觉，可以直接告诉嘉宾“请你向我们的观众介绍一下当时的情景”，可以在话语里显示出有意说给听众、观众听的弦外之音。

两人以上的主持是“双方多点”交流。多点就是要照顾到与更多主持人之间的交流，但是别忘记观众的那一方是交流的关键方。

有时对话节目是主持人面对几位嘉宾谈话，有可能是“双方多点”的交流。

如果嘉宾之间是矛盾方、差异方、对立方，还有可能“三方多点”交流、“多方多点”交流。

关于“双方三点”“双方多点”交流，相声表演能给我们很大启示，值得借鉴。

两名主持人与听众、观众的“双方三点”交流，对手之间的话语衔接肯定有所设计，甚至写好文稿，你说什么我说什么都已经心中有数。这样的情况下，两人之间要做到真听、真想、真问、真答，不要给人背书式的机械感。

真听、真想，就是要真的听懂对方在说什么，只有这样，主持人对话的思路才能连贯顺畅。两名主持人的上下句衔接时，可能因思考有停顿，有的主持人害怕这样的停顿太长，其实不必，主持人正常思考停顿的时间正与观众的理解思考时间吻合，并不会有拖延的感觉。

真问、真答也是同样道理。主持人之间的问话设计有两种情况：一是疑问，二是明知故问，考考你！不论是哪种情况，都要以真实的心态来问来答，装腔作势地提问，故弄玄虚地回答，是不会使观众认可的。

内心的真实比什么都重要。

第五章　主持人访谈

谈话节目是广播电视的重要内容。

谈话的语言灵活，时间空间自由转换，形象抽象交替呈现，情感事理随意表达。访谈更接近人们日常语言交流的状态，更有利于深入交流探讨。

广播节目时间充分，手里拿着写有谈话要点的文稿，听众也看不见，不大的演播室里少数几个人，各方心情都不很紧张，容易谈得自如随意。

电视谈话节目，难度就更大一些。不仅是文稿不能太明显，而且往往是在大演播室里带很多观众一起进行的。众目睽睽下谈话，有时要摆脱不自然的状态。

怎样主持谈话节目，怎样驾驭谈话的进程，对现场主持人来说，责任重大。

谈话节目有多样类型，本章重点在于新闻类的谈话。

1. 谈话节目类型

谈话节目在形式上类同，都是主持人与嘉宾交谈，主持人提出问题，对方回答，讲述说明，阐述论证。其实仔细听，谈的内容各有不同，谈话的形态也不同，当然就决定了谈话节目的差异，也决定了谈话节目操作的不同。

一、新闻类的谈话节目

谈的是社会生活中受人们关注的事件、人物的故事，以及谈话人的态度、立场、意见、判断，所谈内容是动态的，多样的。

1. **谈话的内容是新闻事件**。回顾这个事件的过程，人们在事件中的表现，震撼人心的作为，激动人心的场面，引人瞩目的成就。所谈事件是时下社会正在关注的热点、焦点。

2. **谈话的内容是新闻人物**。谈论知名人士或者有典型故事人士的个人经历，重点在人生的重要阶段。涉及人的精神、思想、立场、行为、言语和人际关系。

3. **谈话的内容是新闻评论**。某领域的专业人士对当前社会现象、新闻事件发表看法，分析原因，判断是非，指出关键，确认性质，展望未来。

4. **谈话的内容是解决问题**。有些家庭纠纷，有些社会矛盾，来到电视台的演播室里，面对面谈，面对面交锋，各说各的理。当中有专家有主持人论理言情，争取化解。这样的节目难度大，成功与否难以预测，但是对社会产生了积极的影响。

二、知识类学术类谈话节目

谈的是科学的规律，成熟的知识，其内容是相对静态的、稳定的。

1. **大众关心的医学节目**。这是数年来普遍受观众欢迎的节目，医学专家讲述常见病多发病的病因、症状、治疗的思路，预防的方法。

2. **人们热衷的饮食节目**。民以食为天。吃是永远的话题，幸福生活中人们想吃得更好，更美味，更健康。

3. **社会需要的科普节目**。科技迅速发展的今天，科技知识需要在人们中普及，不可能说得太深太专业，要用深入浅出的方式向社会传播。

4. **更多知识的文化节目**。人文地理，人生哲理，能够在谈话中娓娓道来。

5. **商务类**。商务内容在广播电视中，一表现在广告领域，二表现在购物节目中。商务类谈话节目不多，节目细细谈起来兼有新闻与科普特点，能够讲到企业的发展历程和未来，能够讲到产品中的科技原理和创新。更多的是既定的理念，稳定的知识。

三、形态不同的谈话节目

从节目表现形态来说，有大谈话小谈话之分，有我问你答，有我说你也说，各自从不同角度表述。

1. **访谈式谈话**。主持人提问，被访者回答。基本结构就是按主持人的计划一问一答。被访者回答时有或多或少的发挥，提问也会随机调整、变化。

2. **主客式谈话**。主持人是谈话中的一分子，主持人与客人你一言我一语，你一段我一段，交叉表达，彼此响应。很像朋友聚会讨论。

3. **小范围你我之间的谈话，场地随意多样**。可能在办公室，可能在客厅，可能在演播室里，也可能为之设置一个场景。

4. **大范围大场面里面的谈话**。在较大的演播室里进行，现场有观众，被访者面对提问者回答，同时也是在向现场的更多人说，说给大家听。有的大场面里，在主讲人说过之后，请更多的人来参与讨论。

四、操作方式不同的谈话节目

在谈话节目具体策划执行过程中，各个节目组的做法不尽相同。

1. **全稿式**。编导人员在事先采访调研的前提下，把谈话的所有话语都写好，文稿语言类似口语的表达。主持人和参与谈话节目的人员只需要照着文稿比较自然地说就行了。被访人可能顺口有一点临场发挥。这样的谈话比较容易控制，也能够迅速完成。有些新闻类谈话节目常常这样。这样的操作，如果采访深入，构思精准，设计得当，语句活泼，会有很好的效果；如果弄不好，就会僵化、肤浅。

2. **约定式**。在谈话开始前，双方约定谈些什么，怎么谈，没有形成文字，在谈话节目中边想边说。一般知识性谈话节目，有这样的约定就能够成功，因为前来参加谈话节目的专业人士，能够比较好地把握谈话内容。某些新闻类的节目也能够按这样的设计约定进行，个别情况下，可能脱离约定，出现谈话失控的情况。

3. **随机式**。对被访者没有约定的要求，主持人按策划的大致思路与被访者交谈，话说到哪一步，思想深入到哪一层，情感涉及哪一点，都在谈话者的兴致所到和思想撞击中进行。当年 CCTV《实话实说》节目的主创人员坚持一个信念，不与谈话人事先约定说什么，由大家自主思考、自主表达，主持人因势利导。

4. **组合变化式**。各种方法组合在一起。有一部分必说的话已经写好，有一部分约定要说的话，还有一部分在主持人随机引导下谈话者自由发挥。一些大型谈话，有这样综合的做法。

五、播出形式不同的谈话节目

1. **广播**。广播只听声音不见人。在操作上就比较自由放松，可以有文字资料摊开参考，可以边谈边有手势示意，写纸条提示对方，都能不被发现。

2. **电视**。在摄像机前，不能过多观看手中的资料，观众看到的是主持人自如谈话的状态，要由主持人引导谈话走向。电视谈话的难度相对大一些。

3. **录播**。谈话过程事先录制下来，后期进行剪辑。有选择地“修改”谈话，以求谈话更能表现主题，更能显示风采。有时录一场谈话能剪辑成不同主题、不同风格的节目。

4. **直播**。有些谈话节目需要同时与收音机电视机前的观众互动，或者更强调表现人物事件现场意义，就需要直播，这样的现场需要主持人有较强的控场能力。有时在大型活动——体育比赛、音乐会、纪念活动、重要会议——之前、之中，难以准确控制时间，那就以谈话形式启动，随时与外部现场接续。这样的直播谈话需要主持人和谈话者做好充分的准备，会长话短说，也会短话长说。

2. 谈话节目的准备

谈话节目的时间较长，内容丰富，可能会谈到多个话题，除了讲述事实，还有可能有理性的讨论分析，有情感的表达。这就要求谈话节目进行之前要有充分的准备。

准备充分是谈话节目成功的关键。谈话节目的准备应该是团队的工作，但是主持人要知晓并努力理解策划成果，有条件参与得更多更深则更好。

一、确定选题

首先要知晓哪些是当前的热门话题？我们要选择哪一话题？这个话题的社会影响和社会意义？选题与本栏目组的责任范围有关。社会热点节目与艺术人生节目的选题各有不同范围，生活杂谈节目与健康养生节目的选题有所区别。

话题选择：谈什么事件？什么话题？

话题提炼：某一个事件，某一个话题，在什么范围内谈？围绕哪些具体重点故事来谈？

话题主旨：一场谈话，要谈出一个什么道理？

这是节目组前期策划的基本任务。

二、选择谈话人

选题定了，找谁来谈话？有时是既定人物，有时是可选人物。人物选择好了，谈话节目会进行得比较顺利，如果人物不适合，可能就要放弃。

应该选择社会瞩目的人物，可能是公众人物、新闻人物、时尚人物，或新闻事件的当事人、知情者，还可能是某一领域的成功者或者专家。

谈话人身上的故事要能够深深打动人心，说话人要有一定的语言表达能力。

谈话人的品德行为是不是有争议，能不能被社会接受也要考虑。

如果不止一个人进入谈话节目，选择的人物之间要有差异。他们在事件中的位置层次有区别，他们对事情的知晓程度有差异，对事物的看法有差异。

三、全面准备

要了解参加谈话节目的人物生平，他的现实情况，包括职务、学历、经历；对要谈的话题的各个方面的基本论述是否有较为明确的认识；嘉宾作为当事人的有关情况，嘉宾的理论观点。如果是同一类话题的系列访谈，这方面的工作可能就容易些。但如果每次的话题各不相同，那这样的全面准备工作就一定要认真对待。

要了解要谈的事件的整体面貌，事件的背景，当下的社会潮流。要了解与本次节目相关的周边资料，社会的焦点、热点。把谈话置于时代的大背景下，为当前的社会生活服务。

这就需要节目组深入访问了解，通过多方面的采访获得详尽的资料，然后制定谈话方向。

谈话节目的主持人要努力理解和把握资料，以求在谈话过程中充分体现策划意图。

如果是知识科普类的谈话，主持人要对某个方面知识有充分的了解，防止说外行话，防止不懂装懂。

四、重点准备

要围绕这一次节目所谈的具体话题进行重点准备。对谈话可能涉及的范围要充分分析，对谈话中可能出现的不同的观点看法都要在事先有所了解。对来到节目中接受访谈的人物的性格修养、一贯的观点主张、新的成就、新发表的论说也都要有所了解。

对既定的谈话结构方式在实际节目中可能发生的变化都要有充分的准备，并且有相应的解决预案。

大家都知道，电视谈话不同于一般的报告会，不可能一个人说得太长。如果出现这种情况，就需要主持人及时插话，改变节奏，进行调节，或做注释，或表示理解领会，或改换话题。这都有赖于主持人的重点准备。否则，不可能知道在什么地方插话，怎样插话，说些什么。

反之，有时谈话突然发生停顿，出现语塞静场的情况，也需要主持人能够提出适当的话题，自然接续。只有准备充分，才能判断得当，言谈自如。

五、细节准备

在准备的过程中，要了解更多的细节，有可能在不经意中提及。单靠正面的提问有时很难奏效，有时一个不引人注意的细节往往能够触发对方心潮的闸门。细节是主持人打开人心的钥匙。当主持人就细节提问的时候，对方会十分惊讶，同时也会十分欣喜和感动，内心深处的话也就很容易被掏出来。有时一句深思熟虑但貌似极为平常的话语，往往能够开启人的内心世界的闸门。一个极小的细节能够触及一个重要的心灵开关。

前期采访过程中，嘉宾到来时与之接触都要格外留意。这就需要节目组全体人员，包括主持人都很敏锐。

六、全稿式准备

有的谈话节目，根据事先的采访和构思，编导把一次节目的谈话内容全部撰写出来，主持人与每一位嘉宾要说的话都已经分工明确。也就是说“剧本”已经写好，谈话现场的每个人按照顺序把自己的“台词”，以自己身份的口吻说出来。

这样的谈话节目，虽然前期要下功夫写作，编导的工作量很大，但是实际录制起来很方便，节目的效果也在掌控之中。其间，不排除有人有脱离“剧本”的多言多语，或者有即兴变化，这些没有在剧本里的话，如果符合编导意图，可以保留下来，大多数都是要在后期剪辑时删掉的。

其实，这样的节目中，每一个人都是编导的“木偶”，有可能参与谈话的人说得很不自然。

这样的谈话节目，对主持人的要求不高，只要主持人能够说准自己的话，按照既定文稿生动表达，表演自如，现场组织谈话的顺序正确，就很成功了。

不过，这类谈话节目是写作的高级水平，是主持的初级水平。

七、约定式准备，与嘉宾共同准备

知识类谈话节目的嘉宾和主持人，需要共同讨论：本次节目的容量多大，需要讲几个部分；每一个部分深入到什么程度，怎样起承转合。甚至设计主持人怎样提问更为自然，主持人与嘉宾怎样配合问答。约定之后，希望具有专业知识的嘉宾能够深入浅出地讲解，录制现场能够与主持人默契配合，高效率地录制。①

对于参与新闻类谈话节目的嘉宾，前期要进行采访，了解对方。虽然嘉宾已经很有名气，但还是要更进一步地深入了解，才能真正丰富谈话内容，才能策划好谈话的结构，才能有更多的细节设计。

在此基础上，可以与谈话嘉宾共同研究谈话框架：我们重点谈哪几个问题，先谈什么，后谈什么，在哪一部分你要把当时的过程讲得细致一些，在哪个位置你要说说自己的看法，等等。

---

① 中国教育电视台当年制作《A 管理模式》谈话节目，本书作者是节目的主持人。主持人与嘉宾约定：一期节目谈 4 个小话题，每个小话题谈 7 分钟。录制现场摆放一个钟表，大家共同遵守时间，一个 7 分钟段落完成，主持人就巧妙地带着嘉宾进入下一个小话题。28 分钟的节目内容，平均录制完成一期仅用 35 分钟，效率很高。

面对不同的嘉宾，也有不同的对策。对有的嘉宾，只可告知本次谈话的主题和几个主要部分，不告知更多，让他有个大致的思想准备就行了；对有的嘉宾，可以告知更细致一些的谈话思路，目的是让他对将要谈的往事有所回忆，在头脑中过一遍，不至于一下子大脑空白，突然想不起来。

尽管如此，也不宜告知谈话中将要提出的具体问题。主持人的具体问题，要在现场提问，要让对方对问题有新鲜感，有听完问题的思考过程，要避免对方思前想后去准备谈话的“台词”，一旦在谈话中比较僵化地背诵编好的那些话，谈话就要失败。

切忌主观命令、硬性规定，不要去指示告诉，这一段要说这几句话，那一段要说到这个动词。有时他心里记不住，还会弄错，弄出笑话。甚至对方会十分反感。

有约定、有准备的前提下，即兴的问题，活跃的思维，才是有生命力的谈话。

八、单方面准备

对有些嘉宾不可能事先采访，也不可能对其谈话内容有所约定。他只能在录像时来，且谈话时间不能超过约定时间，还要一次谈成功。这就需要节目组和主持人做好充分的单方面准备。

准备好提问的问题，大小问题，软硬问题，远近问题，正反问题……

准备好采访行进的过程，头尾设计，几个阶段，几处波澜，几次痛点，几多悲欢，几何感慨……

准备好能够随机应变的谈话走向，转折多变的若干套方案。

每一场访谈都要有特色和亮点，有金句，有让人感叹的细节。能够用来作为特色问题提出的，或者是鲜为人知的历史事实，或者是一个生动的细节，或者是一个特殊的日子，或者是与主题有联系的艺术现象、被访人物的特殊才能等。这些情况往往是在做资料准备工作时发现的。设计谈话的问题，尤其是特色问题，不能靠一拍脑袋灵机一动，一定是反复研究有关材料，深入思考得来的。

比如，中央电视台的主持人采访美国著名外交家基辛格博士时提到了他的生日，采访以色列总理拉宾时回顾了犹太人在宋代与中国人的交往，采访古巴总统卡斯特罗时唱起了《美丽的哈瓦那》。

九、模拟问答

对难度比较大的访谈，在准备工作做得差不多的情况下，要进行模拟问答。选择了解情况的同伴扮演被访者，按访谈方案进行对话。这样能将各种可能出现的情况考虑充分，以求完善方案。

模拟的情况不一定能用在真实的访谈中，但是模拟能够很有力地帮助主持人驾驭真实的访谈。

模拟特定的人物，进行特定谈话的练习，对主持人来说是极为有益的。

模拟练习能够使主持人尝试设计处置不同情况的若干对策方案，形成一定的思维模式，熟练把握各种引导控制谈话的手法。

十、拍摄准备

有条件的话要对参加节目的人物形象进行研究，设计好人物拍摄的最佳光线和最佳角度。对人物的服装也要事先有所设计，提些建议。

十一、避免准备不足

如果谈话准备不足，话题不到位，话语拖拉，主持人也缺少引导现场的能力，不计效果地拖延时间，是不应该的，其实效果也不会好。

一般录制的长度三四倍于播出的时间，即可。有的谈话节目，明显准备不足，主持人过多即兴发挥，嘉宾随之天马行空，总是觉得还有话没有说透，一而再，再而三地延长时间，从下午开始，一直录像到深夜，弄得所有的人都疲惫不堪。40 分钟的播出时间，录下了 5 个多小时的量，以至于后期剪辑工作十分繁重，实不可取。

3. 谈话节目结构设计

谈话节目看似自然而然，随意而谈，实则有明确的结构。

一、三种基本顺序

1. **时间顺序**。按照事件发生、发展、结局的过程谈，其中有矛盾，冲突，解决过程，结果。按照人生之初、成长、成熟、成功的顺序谈，其中有迷茫、苦闷、醒悟、奋斗、成就、认识。

2. **空间顺序**。按照事情发生的不同地区、不同单位、不同项目谈，按照人所处的不同地点、不同岗位谈。

3. **问题顺序**。按照事物的不同侧面、不同结构、不同规律谈。有分析，有综合，梳理思路，明确认识。问题顺序还有递进关系的顺序，因果关系的顺序，演绎关系和归纳关系的顺序。

这三种基本顺序，其中还会交错表现。时间顺序中，每一个时段里都有可能谈到其中的不同空间，谈到对不同事物的分析。空间顺序中，每一个范围都有可能谈到其中的时间过程，谈到对不同事物的分析。问题顺序中，每一个问题都有可能讲到具体事件、具体人物及他们的时间和空间。

在具体谈话节目中，还有可能前半场是时间顺序，或者是空间顺序，后半场就是问题顺序，进入讨论思辨。顺序是根据内容需要而定，甚至有可能边谈边调整，并不僵化、绝对。

但是，结构的顺序意识是要明确的。漫无目的，破碎混乱的，没有结构意识的谈话，必然是不成功的。

二、故事展示

新闻类谈话节目重点是要讲故事，讲谈话人身上发生的故事，讲他们认识的人，他们经历过的事情。

故事中有矛盾，有冲突，当然也有如何面对，如何解决，解决的思路，解决过程中遇到的困难，解决的步骤，以及最终的结局。

故事要新鲜有趣，要有现实意义，使人们爱听，愿意听。

由当事人讲自己的故事，其情其感，都能更为真实，更为动人。谈话节目中不能没有故事。

1. 故事组合

一场谈话中会讲述多个故事，一个故事比一个故事有趣。多个故事串起了时间的历程，表现了沧桑的变迁。多个故事展现出空间画面、不同特点人物的形象、各种环境。

谈话中，一个故事比一个故事吸引人，一个故事表现一个侧面，众多故事集成谈话思想的步步升华。

2. 讲述一个大故事

一个大故事就是一个值得关注、引人沉思的大事件，这个大事件贯穿谈话始终。其中情节起伏，悬念接续。有各方面人物出现，有各种情况出现，有各种复杂的过程。此为因，彼为果，彼此交互推进。

三、意见分歧

在一场谈话中，对待社会上的现象，社会上发生的事件，社会生活中的问题，各方意见不一致，或者对立矛盾。在争论中，人们神态振奋，语言利索，节奏明快。各说各的道理，为了能够占上风，各自都在寻找论据来证明自己的观点，从不同角度进行阐述，有利于开阔谈话的思路。

这样的谈话，实际上是为了对一个道理、一个思想、一种观念进行更为深入的探讨，以求在社会上更广泛地传播，获得更多关注，得到更多理解，引起更多方面的思考。

你一言我一语，有争论，甚至有辩论的感觉，能够吸引听众、观众饶有兴趣地收听、收看。

四、比较竞争

一场谈话中有同样身份的人参加，讨论同样的话题，就有可能出现竞争的谈话局面。比如，三位校长、三位局长、三位工程师、三位教师、三位科技工作者、三位快递员等。他们之间可能并没有矛盾，想的方向是一致的，看法观点也是一致的。但是，在同一次谈话中，每个人一定要有区别于他人的表现。即在某个大方向下要有独到的见解、特有的方法、新颖的创造、别致的操作等。这样无形中就产生了一种竞争，谈话人在互相对比中会产生表达的积极状态，都想要说，都想要说得更精彩，更有特点。

这样能够把一个道理、一个社会热点问题，谈深、谈宽、谈广。

五、矛盾冲突

一场谈话中会有来自不同地区、不同岗位的人。人们在社会生活中所处的位置不同，各自的身份不同，思考问题的角度方法就会不同，就会产生矛盾冲突。

比如，老师和学生之间的关系，家长和子女之间的关系，邻里之间的关系，医患之间的关系，甲方和乙方之间的关系等。

谈话中这些矛盾冲突，应该是社会常见问题、焦点问题、敏感问题。听众、观众对这些问题也有求解的愿望。

谈话中人际冲突引发的悬念，能够强烈地吸引听众、观众，当然需要主持人有较好的掌控能力。

这样的谈话节目，不仅要有“唇枪舌剑”，策划时还要有“场次”的结构设计，要有场面调度的设计，有时还要使用道具。比如，谈话从下棋的棋局中开始，从观看地图、观赏美术作品开始，从一副拳击手套开始，从一段音乐开始……

但要注意不要弄成话剧、戏剧表演，那就不真实了，也就不是谈话节目了。

六、创建思维空间

展开思维的空间，谈话的思想容量才大，谈话的格局才能打开。从一次谈话节目的策划，到主持人的把握，从总体结构，到具体问题，都要有扩展思维空间的意识。

所谓展开思维空间，有一分为二的思路，向对立的两个方向展开，有大小、多少、上下、来去、前后左右、东西南北等。还有：

主观—客观　宏观—微观　个别—一般　大家—个人

上级—下级　严肃—轻松　肯定—否定　赞扬—批判

拥护—反对　希望—失望　高兴—痛苦　……

其实，生活的思维空间还有很多“三结构”。你我他三方关系，第三方仲裁，还有三的倍数，三头六臂、三六九等、三教九流，在三个方向上打开，更能拓展思维的空间。在谈话设计中，要有“一分为二”“三分格局”的构想。

七、设计预想准备与真实谈话过程

凡事预则立，不预则废。

一场谈话节目需要策划。认真进行前期采访，不仅采访本人，还要采访相关人员，在其中努力挖掘故事，提炼思想，辛苦准备资料，精巧设计话题，最终形成方案，或许是多个方案。在此基础上，与主持人协商谈话的引导与控制，怎样把好谈话的

“方向盘”。

然而，实际进行谈话时，并不一定会按照既定的方案进行。甚至有时一开谈，鬼使神差地就脱离了既定计划。

许多准备往往没有用上，但准备是必须的。

因为有了准备，就能知道谈话在什么位置脱离的，偏离有多远，哪一部分的顺序改变了，哪里出现了新的内容……

当然，要尊重谈话者的话语权，特别是大型谈话，在众人面前更不能生硬地去纠正。

主持人要在原有策划方案的基础上，以巧妙的方式引导谈话的走向。对脱离者，可能顺其而谈，若干句之后带其回到计划中来。对顺序改变者，可以跟其进行，倒叙又何尝不可，而且后期剪辑还能够再调整过来。对于出现的新内容，如果感到确实有价值，那就认真来谈，成为必要的一部分；如果没有价值的内容，可以简单伴随谈几句，尔后迅速将其带回原来的计划思路。

随机应变，因势利导，是主持谈话的重要能力。

4. 谈话节目中的提问

谈话节目通常是主持人主动提问，然后双方交谈起来。所以又称为访谈。

在“平常事件现场采访”那一节里，讲到了一些提问的方式方法，在谈话中都能用到。

坐下来，侃侃而谈，还有更多的提问方式。

一、带着事实提问

主持人提问都是有准备的，一般都是带着事实提问的，这是基本的问法。谈话之前策划组已经把嘉宾的方方面面都了解充分了，这些事实都已经在手了，沿着事实的逻辑，很自然就产生了提问。

一个事实，有可能设计出若干问题，不同的问法，会引出不同的回答。怎样利用这些事实设计问题，设计什么样的问题，那就看主持人想要得到什么了。比如：

你曾经做过……现在你怎么看待自己当时的举动？

你做事的信条是……那你面对这样的情况，你认为应该如何做呢？

你是一个……的人，经历过这样复杂的人生，今天你想说什么呢？

你今年已经……现在……我想问，今后你有什么打算？

当年你曾经在那个地方说过……今天如果再去那里，你想再说点什么？

那时候改革开放才刚刚起步，怎么就能下了那么大决心？

听说当时你们在最困难的时候……现在回忆起来是不是还有紧张感？

在听到……的那一刻，你有没有瞬间享受在喜悦中？

有人说，你是……你怎样看待这样的评价？

咱们一起看看大屏幕，听听你的朋友怎样评价你……他们说的你认可吗？

二、从一般问个别，从个别问一般

在谈话中，一旦对方说到一般原则，一定要问他在这个原则下的一个具体的事例。当对方说到某个具体事例的时候，一定要问他做这类事情的一般原则。这是一条常规和惯例。

比如，某厂长说：“我们前几天解聘了一位水平较高的翻译，原因是他两次迟到，影响了工作。”这时就要紧跟着问他的原则，是不是对所有的人都是这样严格。

再如，如果厂长说：“我们这里的管理是严格的，你只要踩线就吹哨。”那一定要请他举个例子，谁踩线被你吹哨了。

又如，有位领导说：“我这个人有时心肠很硬，有时又很软。”主持人就要不失时机地立即问：“你什么时候心肠硬，什么时候心肠软？”

我们也称这样的问题为“影子问题”，它们总是两两相伴。

有时，在这个问题系列里是个别问题，而在另一系列里可能是一般问题，有时在这个范围里是一般问题，到了更大范围就成为个别问题。

如何追问，追问到什么程度，就要由主持人判断了。

三、类比推进提问

类比推理的特点是两个事物类似，一个事物有某些情况，另一事物也可能有相似的情况，那么，更多情况是不是也相似呢？两事物的相同点越多，就越有可能得出相应的结论。

比如，某运动员少年时是同龄人中的佼佼者，又得到某教练的得力指导，曾在国内的比赛中取得过好成绩，第一次参加国际比赛就得了铜牌，继而得了金牌；另一位运动员也有几乎相同的少年经历，也得到同一位教练的得力指导，同样在国内有好成绩，现在也要参加国际比赛，他的成绩会不会也一鸣惊人呢？当一个一个相同或者相似的经历告诉大家之后，最后问题的回答一定是接近肯定的。

这样的提问建立在采访者对情况了解和熟悉上。

还可以利用类比推进来引导对方认真地“揭露”自己。

比如，一次谈话节目中，主持人对名人嘉宾说：“咱们二人很熟悉，是好朋友，有许多相同之处。”然后就说起：“我已经是名人了，你也是名人。”嘉宾首肯。又说：“我已经中年，你也同样是中年。”嘉宾又认同。主持人再说他如何，嘉宾也同样如何，嘉宾也不反对。这样，连续四五次后，主持人突然说：“我现在只有一套房，你有几套房？”当时全场惊讶，看嘉宾怎样机智应对。当然，这应该是在嘉宾能够接受的前提下的。

四、两难三难提问

在谈话节目中，两难或三难提问很有意义，问题很是醒目。不仅让被访者思考，也能调动听众和观众一起来参与思考。比如：

您认为学历重要还是经验重要？

有一个学习的机会，您要去学经济还是去学哲学？

严密严格的管理会使员工感到压抑，注重群体凝聚力又不能管得太紧，您怎么看？

您认为当前遏止废旧塑料对环境的污染，要靠制度还是靠宣传教育？

作为成功女性，你认为女人嫁得好和干得好，哪一种更能够获得成功？

为了实现您的理想。权力、金钱、智慧，您选择哪个？

上述两难和三难的问题中的几个方面都是互相联系的。问题的问法似乎是认可了一个方面，就要否定另外一方面。其实不然，如果全面考虑问题，回答问题的人就必须要把两三个方面综合起来，这样，问题的价值更能体现出来。这种两难或者三难的问题，表面上看是苦心难为被采访人，其实并非如此，就是在这种思维的压挤之下，被访人极有可能智慧迸发，妙语连珠。

现实中，两难三难问题的回答往往是综合的，共存的，并立的，互补的。

五、“挑战”和“尖锐”提问

挑战和尖锐的问题的本质是揭示矛盾，访谈节目中的被访者可能面临三个方面的矛盾：

1. **他和自身的矛盾**。包括他自己言行之间的矛盾，他过去和今天的矛盾，他的名声和实际情况的矛盾，他的目标和成绩之间的矛盾……

2. **他和环境的矛盾**。包括他与上下级之间的矛盾，他和同事之间的矛盾，他和其他人的矛盾；他所面对的客观困难。

3. **他和主持人之间的矛盾**。主持人所掌握的不同材料和事实，所了解的不同意见，或者主持人自己具有的不同见解、不同看法。

访谈的准备工作就是要了解情况，从中分析出各种矛盾。根据这些矛盾准备的问题，往往是很具挑战性的，也是非常尖锐的。

应当说明，挑战和尖锐并不一定是要充满敌意，或者揭露和抨击。挑战和尖锐也不等于指着鼻子质问，或者无限地上纲上线扣帽子。

很多情况下，挑战和尖锐的问题能够使访谈出彩，人在这样的挑战面前，在尖锐的刺激下，有可能产生较强的反应，回答问题更为积极。主持人问得难度大，被访者回答得可能更精彩。这就好似拍皮球，拍得力量越大，皮球就会跳得越高。

有一次，电视台的一位导演接受学生的模拟采访。这位学生就巧妙地利用人与人之间的差异“将”了导演一军。使得谈话很吸引人：

问：听说您是北京××学院导演专业毕业的？

答：是的。我们部门里有很多导演专业毕业生。

问：是不是您那里全都是导演专业的毕业生呢？

答：不是的，也有从其他行业转来的，比如说×××吧。

问：那他们能胜任工作吗？

答：能。他最近在电视晚会的表现手法上有启发性突破。

问：就连外行转过来的人都能做得这么好，你们这些学院导演专业的毕业生没有感到压力吗？

答：啊？……（尽数自己的艺术思想和成绩，继而又介绍与不同经历的导演之间如何团结互助。）

提出矛盾，加以对比，问题尖锐富有挑战性，就会使人振奋，增加谈话的兴趣和深度。

六、质疑提问

以不信任的角度提问，是一种逆向提问。

逆向提问的目的是以特定的思维角度引导对方把事实讲清楚。在一定程度上，提问的心理是：我不相信，要让我相信就要经得起我的质疑。

质疑提问，表达的是我不明白，实则是我不相信，你要让我和大家相信，你就要回答我的质疑。这样能够引导对方，甚至是迫使对方，一步一步、一层一层地把事实讲清楚。

质疑提问期求的是对方在回答时纠正提问中的质疑否定，讲好事实。

质疑提问总是在问：不应该吧？不可能吧？不必要吧？不妥当吧？不正常吧？不合情理吧？不负责任吧？做得到吗？能改善吗？有信心吗？为什么要？为什么不？为什么没有？为什么改变？……

质疑提问也称"逆向提问""反向提问"，就是我问的是否定式，你的回答应该是肯定式。你的回答要能够应对我的质疑。

质疑提问其实就是否定式的思维，遇事往反方向去想去提问，如：

- 说到要做某事，可以问是不是能够不做？为什么非要去做？
- 说到某人参与，可以问这个人真有这么重要吗？难道别人不行？
- 说到处置方法，可以问非得用这种方法吗？别的方法都会失败？
- 说到帮助支援，可以问你还需要支持吗？援助的效果也未必好吧？
- 说到意图目的，可以问这样的想法可行吗？是否合乎实际？
- 说到成绩成功，可以问成绩能证明什么？成功是否代表一切？

表面上看，提问有不信任的态度，有为难对方的意思，实际上是为了激发对方有更强烈的愿望深入地说明事实。

2003年春天，中国经历了非常严峻的“非典型性肺炎”传染病，波及北京。CCTV对时任北京市代市长的王岐山的提问，就是这个类型的。

主持人：我非常同意你这个说法，一定要控制传染源。但是按照你这个说法，在我的想象中几乎是不可能的。

主持人：我们眼里看到一个很镇定的市长、一个很坚定的市长。但是另一方面我们看到北京感染的人数在不断地上升。

主持人：你上任的时候，我看了这个数字当时是300不到400。昨天的数字是2705。

主持人：那跟你的严厉措施是成反比的，说明什么问题？

主持人：这些做法我们大家都看到了，但是我感觉非常奇怪的是：市民们的恐惧没有减低，反而在增加。

这类提问，为了避免过于刺激对方，要从细微之处开始，以求对方慢慢适应，或者有一两个这样的问题，适可而止。必要时要有缓冲，插入一些正常提问和讨论。

质疑提问有一定的否定意味，有可能会激怒某些没有能够理解的人，所以要小心使用，以对方能够承受为尺度，要使谈话不产生对抗，得以继续进行。有些人的确不能接受，就不要强硬采用这样的提问方式。

七、遇大问小

有时针对一个大事件要问被访者的所思所想、所作所为、决心信心等。这样的问题，不容易问得很自然，如果直接命题式提问，有可能使对方不知从何说起。

这类问题，要问成具体的动作，要问当时的一个闪念，眼前一个字、脑海一个图；要问当时的一句言语，朗朗一句话，轻轻一声唤，耳畔一个声音；要问当场的一个动作，低头沉思、抬头仰望、转身大步走；要问当场的一个细节，一把汗水、一滴热泪、一张纸……

这样的提问，应该是前期采访策划时已经有所了解，提供给主持人。主持人也可能根据现场已经谈到的内容，顺其自然地提问。

当事人会很自然地从这个具体点说起，而这个点，很可能引起当事人思想的震动、情感的共鸣，继而滔滔不绝地讲下去。

另外，在前面“现场采访”一节中使用的一些思辨类问题，如追问、求证、蕴含、设定、对比、演绎和归纳、过渡，在谈话时都可以使用，会有很好的效果。

5. 谈话问题组合设计

一场谈话有多个问题，问题怎样安排，怎样布局，怎样形成既好听又好看的谈话结构，需要认真设计。

一、设计好首问

谈话节目中的第一个问题是访谈中很重要的一问，应该把它设计好。通过第一个问题，使被访者不能忽视自己面对的访问人，认真进入访谈。

要根据对被访者的了解，要根据所谈主题的背景来设计第一个问题，可以有以下几个方面的考虑：

这首问要与本次访谈的主题密切相关。

这首问要体现对被访者有较充分的了解。

这首问要有一定的分量。要让被访者认真考虑一下才能回答好，这样，观众对所提的问题也将产生兴趣。

这首问要能够为下面的提问作好铺垫。

首问的设计，可以有几个备选方案。到访谈开始前的最后时刻再选定。

二、问题的变化交替

写论文要按照逻辑层次结构的脉络递进，写散文要打开思路形散神不散，谈话则可能具有意识流的表现。谈话在总的思路中，可能有纵横的展开，有重点讲述，有背景说明，有局部放大，有心情表露，夹叙夹议，忽放忽收，忽远忽近，忽密忽疏，忽浓忽淡……主持人有时主动提出话题，引导谈话方向，有时跟随对方所言，饶有兴趣地向细微之处和心灵深处追问，有时以无言的目光期待对方。

谈话开始以后，就需要主持人用各种各样不同的问题带领谈话向下进行。整场谈话中，各类问题交错提出，围绕着谈话的主旨展开。具体交谈起来，有多重的问题交替，如：

- 宏观大问题和细节小问题；
- 严肃的问题和轻松的问题；

- 核心的问题和旁枝的问题；
- 思辨的问题和形象的问题；
- 理性的问题和情感的问题；
- 容易回答的问题和难以回答的问题；
- 深思熟虑的问题和从未想到的问题；
- 意料中的问题和出人意料的问题……

三、软化问题与硬化问题

无论软化问题还是硬化问题都是为了增加谈话兴趣，让谈话得以深入。

软化问题的方式就是尽量用没有主观色彩的客观叙述让自己的话无懈可击，尽量缓和说话的气氛。

比如，将“你生气了，你发脾气了”这样的指责性提问软化成“当时你愤怒地把帽子摔在了地上”。甚至还可以进一步软化成“你用力地把帽子摔在地上”。

还可以使用退一步假设的方式提问，避免强加于人的感觉。也可以从善意理解的角度来谈论事实，减轻提及真相的压力。

软化的问题可能让对方有回旋的余地，平和地把事实说清楚。

硬化问题的方式就是力图引申说明性质的严重性，努力揭示立场的尖锐对立，力图猜想主观的偏差甚至恶意，或者与某些严重的事实相提并论，类比分析。

硬化问题在某种意义上就是在一定程度上刺激对方，让对方为申辩或者抗议而滔滔不绝。也许就在这滔滔不绝中，主持人获得更多的事实，社会获得更多真相。

四、“聚焦”问题

重要的内容要靠篇幅来表现，这是几乎所有的传播形式共同的规律。

在访谈中，重要的话题如果只提问一次，一般不可能回答得过长，那就难以进行充分讨论，不能展开，不能发挥。需要的时候，要对某个重要的话题有变化地反复提问，能够使对方从不同角度多次讲述，把一个重点问题讲透彻。这是访谈节目的一个重要手法。

《邓小平文选》第三卷中《答美国记者迈克·华莱士问》一篇中，美国记者迈克·华莱士关于当时中国改革开放的实质和现实情况一口气提出了6个问题，关于邓小平个人的生平提出了4个问题，甚至关于是否会晤当时的苏联领导人戈尔巴乔夫，他就有两次几乎是完全相同的重复提问。

当然，众多的问题指向一个话题，“聚焦”在一点上，一般情况下不能简单地重复，而是要变换提问的方式，采用新的材料，提出新的角度，使人感到新颖活泼，步步深入，不能给人以原地踏步的重复感觉。

当需要集中于一个话题提问的时候，问题的形式要变化多样。

如果提问的目标在于企业的产品质量问题，可能有如下一些提问方式：

提问方式	提问举例
直截了当地提问。	您怎样评价您企业的产品质量？
从很具体的事物入手提问。	一个老太太买回家使用一段时间以后，她会怎样向邻居介绍这个产品呢？
采用戏剧化的描述方式，比喻的方式，将事物形象提炼之后提问。	假如与你们产品同类的三个产品一起摆擂台，三个产品商互不服气，你有什么办法让他们一试高低呢？
叙述主持人自己的见闻，以陈述代替提问，引对方回答。	我曾经到过本市 3 家大商场了解过，你们厂生产的这种品牌的产品卖得最好。
借他人之口，以“有人说……”的方法引起对方回答。	有人说，你们厂的产品好使，顺手，但是有一个零件容易坏。你们听说过吗？
猜测事物发展趋向，引导对方发表看法。	今天你们的产品很受消费者欢迎，我们大家都知道，没有哪种产品永远占先的，你们打算怎样迎接今后几年市场变化？
同一问题的过去与现在。	上次你告诉我们，你们的产品质量处于领先，现在是不是还处于领先呢？

可能有人会说，照这样的思路，我还会有更多问题要问，这是正常的。主持人要善于根据谈话的布局安排，对某些重要话题展开篇幅，多方位、多角度、多层次集中聚焦提出问题。

五、发散的问题

以一个点为圆心，提出众多问题，是发散式问题。谈话节目中有时为了更深入地认识某一个方面，需要从更广泛的角度来讨论。

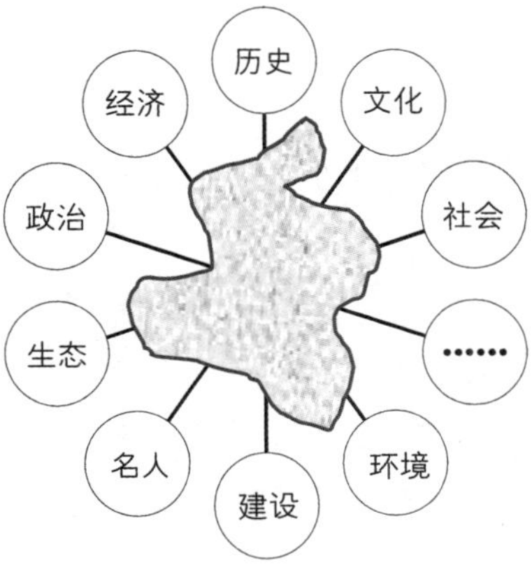

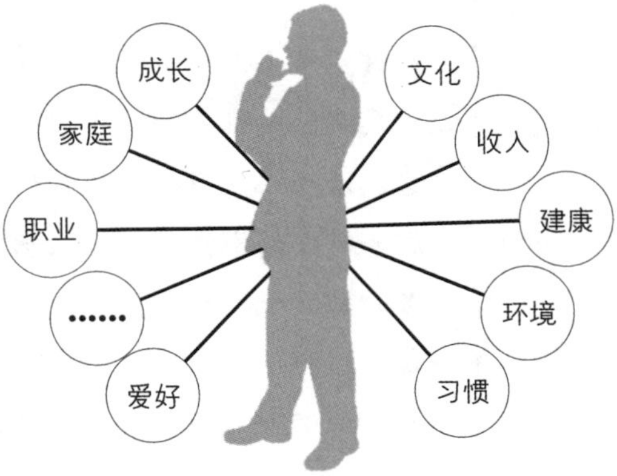

比如，谈及一个地区，很可能要谈到这个地区的政治、经济、历史、文化、社会、生态等诸多方面，要全面认识一个地区，就要让谈话的话题发散开来。

再如，谈到一个人，要了解一个人，也要从多方面来谈，从多侧面来认识他。

六、问题顺序的节奏

对一次访谈节目要提的问题从总体上要有设计和安排，围绕本次谈话的主题，要在前后顺序上形成节奏，不能都是沉重思考的问题，也不能都是让对方欢欣鼓舞的问题，更不能都是挑战式的尖锐问题。总的来说，提出的问题要刚柔相济，要轻重搭配，要正反交替，要软硬兼有，一个波澜推动一个波澜。

当访谈开始，第一个醒目的问题给听众、观众留下较深的印象，给被访者一个微微的震动后，就要顺势将话题展开。

当对方兴致盎然说到得意之时，或者急转直下问一个尖锐的问题，或者趁机问一个敏感的问题，或者问一个令对方意想不到的问题。当人兴致高涨时，语言反应能力增强，速度加快，谈话也会更出彩。

当一个重要问题过后，可以再从小事、细节切入提问，让对方放松一下头脑。紧跟着，就要再次发起新一轮采访攻势。

访谈的最后一个问题应该是一个意味深长的问题。包括握手说“再见”的方式都有可能设计成为耐人寻味的一笔。

双方交谈中有很多即兴的对话，设计的节奏也要根据发展的情况随时调整，但是不能没有事先对问题节奏的设计。

七、建立思维的立体空间

人物访谈内容多种多样，但是有一些围绕正常思路的对立问题往往可以引发对方思考、联想，构成了谈话的立体空间，使谈活节目领域扩大，层次丰富，引人入胜。熟悉这类问题，习惯这样的思维方式，能够随机提出令人感兴趣的问题，如：

- 问差异：您最初的感觉（或认识）和现在有多大距离？
  在这件事上人们有哪些不同的看法？
- 问意外：在实践的时候有没有出现什么事先没想到的困难？
  这次活动中您有什么意外的感觉？
- 问细节：那个时候的事情还有什么物品留下来吗？
  当时的环境，比如说气候、声音、色彩，您还记得是什么样的？
- 问反面：我们已经知道成功的把握很大，还有没有失利的可能或因素？
  您谈到这个产品的质量很精良。我还是要问一句，它有什么缺点没有？

在提问过程中，要随时注意建立问题的对立空间，努力扩展思维空间：

问主观方面的问题，也要问客观方面的问题。

问正面的问题，也要问反面的问题。

问赞扬的问题，也要问负面的尖锐挑战性的问题。

问严肃的问题，也要问轻松的问题。

问“热点”问题，也要问“冰点”问题。

八、不要忘记对个人命运提个问题

在新闻人物访谈节目中，无论什么时候都不要忘记对个人的关心，不要忘记对个人命运的提问。

人是一切之本，人人都有自己的理想、愿望、成就、爱好，生活和成长道路都有起伏坎坷，要在准备阶段有一定的了解，在适当的时机提出问题。家庭也是构成一个人完整人格的一部分，就家庭提出问题是人之常情，也是听众、观众很想知道的。

有些访谈节目的主题是科普知识类的，不一定要这样提问。如果有适当的机会，偶尔提到有关个人的问题，也会为节目添上一分情趣。

比如，医学节目中偶尔向医生问一句，“您这一生遇到这类病人有多少？”这其中既有科普的数据意义，又是个人职业生涯的个性信息。

6. 主持人的引导和控制

谈话节目中主持人要发挥引导和控制的作用。既要使谈话主题深入浅出，内容翔实；又要随机应变，生动活泼，这都依靠主持人在场上的把握。如果把谈话节目比作一辆车，主持人就是这辆车的驾驶员，他要根据“路面的情况”机动灵活地处置。目的地是既定的，行走的路线是多样的，路上的情况也是多变的。

谈话节目是两人或众人共同做一篇大文章，主持人好似文章的贯穿线，要有主动引领意识，利用各种手法带领大家完成好各自的段落，激发各方进行精彩表达，在即兴表达过程中协调组织好这篇大文章。

从总体上说，一次谈话节目中主持人的谈话量占20%—30%。客人没有话说，责任在主持人；客人说得收不住场，责任也在主持人；客人的言论片面，说错了话而没有得到纠正，责任还在主持人；谈话没有实现既定的目标，责任仍在主持人。

而且，主持人的引导和控制要在谈笑风生中实现，不易被人察觉。

实际谈话中既定的思路可能会发生变化，但是不能迷失方向，谈话中应该有即兴的花絮、碰撞的火花，但是不能喧宾夺主。

还应当明白，谈话当中的光彩之处应该在客人这一方，而不是在主持人。客人在节目中出彩，主持人的形象才能真正树立起来。假如主持人口若悬河，光彩照人，参加谈话的客人谈得一般，没有很吸引人的地方，那也是主持人的失败。

主持人要学会倾听与对答。

要防止“不会听”的现象。避免由于紧张，出现听不见，听不进，听不懂的情况。还要防止“不会说”的现象，不能听得津津有味，却插不上话，对不上话。更要防止“说不明”的现象，心中有想要说的内容，瞬间造句措辞困难，以至于言非所思，词不达意，甚至逻辑混乱。

一、引导控制谈话的方式

（一）应答

主持人在倾听对方谈话时，要有适当的应答，不能只是一味地“嗯、嗯”点头称是。

应答可以有如下方式：

1. 笑

理解地笑；赞同地笑；会意地笑

2. 呼应词

肯定呼应：噢；啊；嗯

疑问呼应：怎么？是吗？真的啊？

感叹呼应：呦！嗨！真是！

3. 短句

替代短句：原来是这样！是这么回事！

扼要短句：（紧缩重复客人的语句）噢，您没参加。

引导短句：那，后来呢？怎么啦？又发生了什么事？

判断短句：您说得有道理。没错，我也这么认为。是这么回事。

以上这些方式综合运用，就能使主持人的倾听反应多样化，避免单调乏味。

主持人的倾听反应要低调进行，就像句子间的逗号，句子、段落结尾的句号，不期求给人留下什么印象。需要引起大家注意的某些话语，可以另外提高声调说。

（二）接语

有的时候，接受访谈的客人说到某个地方，突然一时找不到合适的词语表达，卡住了。这时需要主持人给予帮助，接一个词或者词组，提示一下，帮助对方继续谈下去。

不宜过早地接语提示，那样不但效果不好，还有可能招来对方和听众、观众的反感。主持人要有足够的耐心等待对方自己完成表达，当判断对方确实不可能说下去的时候，再来帮助他。这个默认的时间点要把握好了。

比如，对方说“当时，我，我很，很……”这时他如果有自信认为自己能说好，主持人来帮忙接“你很急切”，他一定会不接受，会反驳说“不，我很着急”。如果他真的卡在这里，实在说不下去了，你来帮忙说“当时很紧张吧”，他会有些感激地回应“是的，当时很紧张”。

主持人接语提示的时候，要低调进行，内心的意思是“您本来就是这样说的，不好意思我抢先替您说出来了”。

顺便提一句，主持人在接话时千万不要有咬对方句尾的习惯，无论怎样应答接话，都要在对方语音完全停住半秒之后再出声，否则后期剪辑是很困难的。

（三）期待

期待是交谈中促请对方谈话的有效方法。其效果相当于继续提问，但是比提问自然，有时不易被对方察觉。

1. 半句话期待

就是说出前半句话，等待对方说后半句实质的内容。

比如，“您是在……”对方通常就会接过话头，说下去介绍自己。

再如，“你就这样到了深圳……”对方很自然地就跟上了，说到达深圳后的事情了。

2. 无言的期待

在对方就一个问题作了简单扼要的回答之后，主持人以非常感兴趣的神态面对对方。以等待的表情，睁大了眼睛望着对方。通常，对方就会沿着刚才的话题继续说下去，范围越说越大，内容越说越多。

主持人的期待是将对方置于某种必须回答的境地。在公众的“观望”下，这样有礼貌的期待，使得对方不能置之不理，达到了迫使对方回答，说出更多情况的目的。有时，无言的期待一步一步紧逼，甚至能使对方乱了分寸，露了马脚。当然，这样的期待有一定的精神压力，使用要适当，过多的“期待”会产生反效果。

（四）搭话

搭话就是你一言我一语地说着。搭话是主持人在谈话中最常用的。

1. 搭话是花絮

在嘉宾说话的过程中，主持人按照自己的理解以搭话的方式不断地加入对方话语之间，或感叹，或赞同，或惊讶，或共鸣……其实，没有主持人的这些插入成分，嘉宾也能正常说下去，但主持人的插说使谈话生动活泼，出现多种节奏交替变化，其中还能产生语趣。搭话，在这里是花絮。

2. 搭话是剪刀

嘉宾侃侃而谈，有时说起来篇幅很长而自己又没有觉察。在访谈节目中，不能有哪个人说话的时间过长，否则节目的节奏就会显得沉闷，观众、听众就会失去继续听下去的耐心。

主持人不能生硬地打断对方的话。搭话，能够像剪刀似的裁剪嘉宾的话。主持人在对方话语的缝隙之间，以理解的口吻把话接过来，搭过去。

比如，谈到调查，嘉宾往往会说第一项调查什么项目，这时他可能打算更细致地说明这个项目具体查什么，可是节目时间不允许这样，主持人就要及时搭话说：“噢，这是最先要查的，那第一项查过之后，第二项查什么呢？”显然，那第一项的具体细节被主持人裁剪下去了，嘉宾会在主持人的带领下继续说第二项。

3. 搭话是转移

搭话还可以用来转移话题。当搭话作为“剪刀”剪断对方的话之后，可以顺势把话题转移到其他任意话题目标上。可以从这个细节转到那个细节；也可以从细节一下子跳到下一话题。

比如，上例中，主持人可以搭话：“噢，这是必须要查的。那我想问，在调查的过程中你觉得最难的地方在哪里呢？”

主持人也可以搭话：“噢，这确实应该要好好查的。你能不能告诉我，调查时大家互相配合得怎么样呢?”

4. 搭话是聚焦

当然，如果在需要展开详细说清楚的地方，主持人可以利用搭话的方式，反复把谈话引到重要之处，只是搭话之后的引导语需多样。这时的搭话就像放大镜。

（五）用补充来纠正片面

经过筛选进入节目的谈话人一般来说不会说错话，但是言谈之中有可能失之片面，片面就是不准确，甚至是错误，这需要主持人来完善。

追加和补充的手法可以用来纠正片面，以求观点正确，看法全面。谈话进程在主持人的手中掌握，及时把握住谈话，是主持人的责任。

比如，某人谈到年轻人，过多地强调年轻人是“优越条件下长大的一代”，夸大了年轻人的缺点、弱点，主持人就要有礼貌地肯定他所说的正确的一面，并且将年轻人的另一面——新一代人对新事物的敏锐性，新一代人中出现了很多优秀者，他们是未来生活的希望——充分地说明。相信对方会意识到应该正确全面地看待年轻人，并且赞同主持人的说法。

这需要主持人事先熟悉话题，心中有数，判断无误，积极果断而又谨慎地处理。

（六）暗示引导谈话的走向

当被访者谈到自己的某一情况时，主持人可以适时提及自己的相关经历或者相关看法，而且是以助兴的心情和增添气氛的意味说出来的。

面对被访者谈及的情况，如果主持人只是“嗯”之类地点头同意，那就由着对方任意说下去。如果主持人很有兴致地谈起自己所知的相关事物，就可能将谈话引到节目需要的思路上来。

主持人可能有多种接续对方话语的方案，每一方案都是对谈话走向的暗示，决定着下面的谈话向哪个方向发展。表面上看，是主持人因对方谈到的事物产生的联想，是积极的呼应，实际上是主持人因势利导，牵着对方走入自己的轨道，实现自己的意图。

比如，当客人谈到近期到过某个城市，主持人可以“恰好”想到自己也曾经去过那个城市并对那里的文物古迹留有深刻印象，这就会自然而然地引导对方谈论那个城市的传统文化；主持人也可以“不经意”地说到那个城市的风土人情；还可以“顺便”提起那个城市的现代化建设。这些，都是在不显山不露水地引导对方按照主持人所暗示的“路标”谈下去。

（七）归纳

当被访者和主持人交谈一个段落之后，主持人要及时进行归纳小结，目的在于提示听众、观众刚才的谈话要点。

不要指望听众、观众能够将谈话的全部或大部分内容记住，能记住这些要点就已经很好了。记住了要点，就能记住整场谈话的中心大意。

要点归纳很像文章的小标题，不同的是，一般小标题在文章各个段落之前，而主持人所归纳的要点则是在每一谈话段落的末尾。

访谈结束之前，主持人还应巧妙自然地将本次谈话的大致要点再归纳一遍，“画完龙”最后“点睛”，以使听众、观众留下较深的印象。人数较多的访谈节目也可以请在场的每位客人各说一句话，分别“点睛”。

（八）重复

在谈话过程中主持人在必要的时候要加以重复。重复的目的是强调重点，为的是加深听众和观众的印象。所以主持人要在瞬间就能判断出需要重复的地方，及时重复。

可以是证实性重复。“您告诉我们，您已经确认了，是吧？”

可以是领会式重复。“我想，你的意思是这样，是吗？”

可以是简单重复，用肯定的语气把刚才的话再说一遍。

可以是扼要重复，用更简洁的话再说一下刚才的意思。

可以重复时再借机发挥一下。

重复时可以有文学色彩和机智幽默色彩，但切记要小心翼翼地避免卖弄和做作。

（九）解释

谈话谈到有关主题的概念、令人费解的名词概念，或者不易理解的事物，主持人要为听众、观众解释，换一种通俗的说法。有时还可以比喻、换算。

可以请被访者解释，也可以由主持人自己解释。一场访谈中解释的地方不能太多，只是在十分必要之处才进行解释。

（十）别让对方逃脱

有的时候，被访者思想准备不足，或者遇到认为不太好回答的问题，或者他本身就想回避的问题，他就会将话题引到其他方面。这时主持人就要头脑清楚，紧紧抓住既定的话题不放，不能让他逃脱。当对方闪烁其辞遮遮掩掩的时候，主持人不能跟着他的思路走远，要及时发现他是怎样躲避问题的，根据需要回到自己原来的问题上来。

有位刚刚担任县长的干部在访谈节目中与主持人的对话值得研究：

问：请问。您想当官吗？

答：关于这个问题，我呀，前不久还查过家里的家谱。

问：您的家谱怎么样呢？

答：我们家在我以前，从来没有一个念过书的人。没有一个人当过哪怕是什么最小的官。所以我们家从祖上就没有当官的缘分。

问：您是不是想用您的家谱告诉我们。您不想当官。

答：还不能那么说。

问：那您是什么意思呢？

答：嗯！（疾速思考）是这样，在我没有当县长之前，我确实没有想到能让我来当县长。是党和群众信任我，让我当了县长，现在我就要好好当这个县长，对得起党，对得起父老乡亲。

这样紧紧抓住不放，就是希望在“逼迫”之下，他有这样一段精彩的言论。

（十一）知识类节目的“装傻”

在知识类节目中，要引导专业人士谈好相关的知识，提问就是重要的一步。

其实，主持人在节目准备过程中，已经知晓那些知识，至少是已经粗知一二了。但还是要向专家提问。

以主持人自己要学习的诚恳态度提问，是最常用的问法。这就是明知故问，俗称“装傻”式提问。

主持人不能“真傻”，真傻就不能引导节目走向，提问也问不到点子上。也不能“不傻”，如果主持人什么都知道，那还需要提问吗？特别是不能拿答案当问题问。要似傻非傻。实际上已经明白，但是要以不知的状态提问，要自然到没有明知故问的痕迹，并且要问到关键之处，问得让人愿意回答，觉得应该回答。

问题的容量要不大不小，要让专业人士恰好能在两分钟左右说明一个问题。

（十二）扩展谈话领域

被访者不愿意谈及某个问题，会事先告知主持人，甚至会在节目里就开诚布公说不谈什么。可是他不想谈的却是大家想问的，而事实上他又是可以谈的。怎么办？

首先不要急于达成非谈不可的协议，可以暂时先同意谈话的范围。其次就是关键的一步，要让谈话热烈起来，双方言语投机，越说越有兴致，在双方都很兴奋的时候，转移新话题的机会到了，可以将话题引到主持人希望谈的内容。

比如，一开始对方就说只谈大家的努力不谈个人，等到谈话进入兴奋阶段，就可以提一个过渡的问题：“大家是由每一个人组成的，能不能请您谈谈作为大家一分子的您的努力。”在已经融洽的谈话气氛中，再这样合情合理地提问，自然就可以深入谈下去了。

有的时候，双方谈得高兴，都可以顺着话头直接提出新问题，甚至稍加提示，对方就会自己“背叛”自己刚开始时的意愿，谈起来。

当然，如果对方非常固执，也只能作罢。

二、主持人的评议

在访谈节目中主持人有必要，也应该发表自己的评论。这样的评论不必很长，只言片语即可，言之有物就行。可以主持人独自议论，也可以和被访者你一言我一语地共同议论。

评议的范围可以是就事论事，也可以是由此及彼谈开去。可以围绕事物的“好与不好”发出有关真善美的议论；可以指出事物的性质、实质究竟是什么；可以把事物放在更大环境中观察；可以综合事物的总体性质或者分析事物的具体细节；还可以提出应该怎么做、不应该怎么样做。

评说生活需要主持人具有相当的思想水平和政策水平，需要对所议论的话题有较为深入的研究。否则主持人的评议可能不成功，甚至成为“画蛇添足”的部分。如果不能确信自己能够评论得当，就不要随意评论。从这一点来看，主持人“功夫在诗外”，访谈节目尤为如此。

三、控制时间

控制时间是主持人的一项基本功，一般节目是录播，时间长一点短一点问题不大。类似歌舞晚会的节目时间经过计算，主持人把握起来也较为容易。访谈节目，特别是现场直播或是对录制时间要求比较严格的访谈节目，控制时间的难度就比较大。主持人要预先计算时间，有一定的预案。节目进行过程中要留有提前量，长句、短语都要有，事先设计好或考虑好，现场根据实际情况使用。在需要的时候主持人可以用话语提示时间。比如，“时间过得真快，现在节目的时间已经过了一半（或三分之二）……”再如，还可以用“请您简单（扼要）告诉我们……”这样的语句提醒对方长话短说。有的时候，快要到结束的时间了，被访者还没有要讲完的意思。在这种情况下，必须尽快停住。方法是：耐心地等待对方说到一个句号的地方，在其呼吸之时，主持人果断地不失礼貌地说话，把对方下面要说的话挡住，稳稳地说出结束语，使访谈节目顺利结束。这种方法可以称之为：你吸气，我出声。

四、判断谈话效果

要根据策划的预案考虑谈话是不是按照预想的路线进行，是不是实现着预设目标。如果是，就按预定方案进行；如果不是，那就要想办法，在不被更多人察觉的情况下，运用各种方法调整。

实践经验告诉我们，谈话中有相当多的话不能用，有些话是寒暄的话，有些话啰唆重复，有些话说得不理想，残缺不成句，有些话有严重的病句，有些话词不达意，有可能造成误会，个别时候还可能有错话。

主持人要注意听每一段谈话的有效成分，并且有明确的判断。如果判断已经完成的部分可用，即经过剪辑可以播出，那就可以果断继续下一个话题；如果判断没有达到预期效果，那就要在原地再进行周旋，直到满意再继续。这是主持人的重要责任，要做好这点，首先要对谈话策划方案有深切的理解。其次，主持人如果曾经参与剪辑，有这方面的经验，就是非常好的基础。主持人不能将希望完全寄托于后期剪辑上。

主持人才是整场谈话的“掌舵人”，要时刻有控制场意识。

7. 一笔画意识与抽屉法则

一场谈话，你说、我说、他说，总体上看像一棵树，有从下向上的层级结构，有不同方向的分枝延伸，有枝、叶、花、果各个部分。

语言表达的内容是立体的，多侧面的，多层次的，多结构的，多联想的，多时空的，多交错的。但是人说话时，声音是一个音节一个音节按时间顺序排着队从嘴里说出来的，一个个语音形成一句话，一句句语句形成一段话，一段段话语形成一篇话。话语是一条长长的线，这条线可能有粗有细，有圆有扁，有不同的质地，有重有轻，有不同的颜色。

一、一笔画的谈话节目

一次谈话节目中的话语，犹如一幅一条长线的一笔画。主持人是握笔绘这一笔画的人。这一条话语长线在你言我语的话赶话之间，有直线曲线，前后反复，上下波动，相互穿插。一笔画笔触的来回翻飞多变，是一条动态感很强的线。谈得好，这一条话语的线能画出生动的人、物、事、理；谈不好，就是一团乱麻。

谈话的过程，就好像进入一栋楼房参观，先到这一层楼里，一会要进入房间察看家具的样式尺寸，一会要量房间的面积，一会要看看卫生间、厨房，一会要看这层楼的几户人家，过一会就要到另一层楼去。走好了，脚下走的是一条简捷明确的路线。走不好，就是耽误时间乱走形成的杂乱足迹。

有的谈话人，自身的思想非常丰富，但又没有完全整理有序，说起来思绪颠倒无序，很难让人明白他的想法。有的谈话人，说到一个问题时，千头万绪一齐涌上心头，想说这也想说那，东一句，西一句，不知该怎么说好。有的谈话人，主持人问一，他答了一又去说二，说着二又转到三，一下子把谈话的思路弄乱了。

有时主持人自己在谈话场上抓不住主线，被带跑了。实在不得已只好停下来，中断调整后再继续进行，效果不佳。

最怕的是谈着谈着主持人不知道应该向哪里走了。沿着某一枝某一叶，走远了，脱离了“这幅画”，偏离了“这栋楼”，话题聊到自己不知道的地方，回不来了！

谈话的走向可能有迂回，但是不能迷失方向。

谈话节目，不像写文章，可以想想再写，写写改改，不断调整结构，炼词炼句，润色推敲。谈话节目中间不可能有停站，要把一笔画画好，一次谈成功。

二、抽屉法则

采取抽屉法则有助于应对繁复重叠的谈话局面。所谓抽屉法则，就是在策划时预先设想要谈几个阶段、几个区域、几个方面的问题。设想每个局部段落大约需要谈多长时间。这样，每一个语段结构就好像是一个抽屉，在一个抽屉里的时候，只讲这个抽屉里的话，不谈其他。

在各个抽屉的内部，不一定要求有很明确的顺序，讲到哪里算哪里。正面讲，侧面说，反面看，插话、补充，举例等，头绪混乱也没有关系。这一抽屉里该说的话都说出来了，就以适当的方式进入下一阶段。

对于听众和观众来说，只要能听明白这一场谈话打开了几个抽屉，谈了几个段落，各个段落主要的内容是什么，节目就是成功的。

录制谈话节目的时候，可以每人面前放一页谈话提纲和时间安排，时间的掌握和问题的转换过渡大家共同构成默契。有些谈话节目没有这样的可能，就需要主持人努力把持。

三、多重展开

在一个个抽屉之间，需要主持人用一笔画的“线”画好“面”和“体”，并且能够多重展开。

（一）挖掘的时间线

讲到一个事件时，沿着时间线展示事情的前因后果，各时间点上的人、事件、环境等。有可能不经意间谈到重要细节，主持人要有相应的发现捕捉能力，如：

起初——背景

发展——勇气

矛盾——各方，困难

思考——分析，利弊

解决——方法，措施

结果——效果，意义

（二）相关的链接线

谈到一个事物时，有可能循着相关的事物链接展开，链接线变化无穷。

茶水/茶杯/茶叶/茶树/茶农/……

土地/农田/村庄/房地产/地球/……

银行/贷款/存款/利息/理财/……

（三）发散聚集的放射线

谈到一个事物，从一个中心形成发散与聚集的放射性线，可能有不同侧重。

校长/管理/学术/校园/建设/发展……以校长为中心的发散聚集

吃饭/粮食生产/食品加工/经济贸易/全球化……以吃饭为中心的发散聚集

出差/高铁/桥梁/山河/环保/历史……以出行为中心的发散聚集

四、形成节奏

谈话过程中，抽屉与抽屉之间要有相应的区别，大小的区别，形状的区别，颜色的区别，使谈话形成一定的节奏。

一场谈话，要有起承转合、起伏跌宕的节奏变化。不能总是同一个强度，同一个力度，同一个色彩，同一种线条。文似看山不喜平，话如行云莫同形。这一笔画要有起伏波澜。

话语抽屉之间的变化与事先的策划设计有关，与主持人的风格、主持人在现场的感知判断和设置推动有关。

（一）谈话节目中的节奏变化来自内容的变换交替，力求各个时间点有不同类型的兴奋冲击

大事与小物的交替，事物与道理的交替；

叙述与评说的交替，形象与思考的交替；

实物与数据的交替，事理与情感的交替……

（二）谈话节目中的节奏变化来自主持人的精神面貌、思维状态、神情态度的多样呈现，在强弱之间、轻重之间产生话语魅力

主持人的关注程度、反应锐度、敏感利度、情感热度；

主持人的问题硬度、认知角度、思维跨度、信息密度；

主持人的话语速度、声音强度、语气力度……

五、缝合严密

如果主持两人以上的谈话节目，主持人还要有“缝合严密”的意识。

“缝合”，就是主持人能够把不同谈话人的言谈，不同的谈话内容衔接起来，组织成为相互关联的结构。“严密”就是衔接巧妙，连贯流畅。把前言后语编织在一起时，逻辑严谨，恰如其分。

不同人的发言凑到一起，很可能出现跳跃式的说东道西，可能与他人的发言呼应，可能引起某些联想，可能横插进一句来，可能有重复，这既在意料之外，又在情理之中。主持人要用适当的语言穿插过渡，从一个人的一段发言引导到另一个人的发言。

主持人把听到的不同的语段归纳提炼，略加评说，揭示远近各语段相互之间的关联，或并列，或矛盾，或对立，或因果，或假设，或递进，或推演，或分解，或综合……谁是谁的解释，哪些话是哪些话的补充，这事是那个说法的举证，这个态度是在支持那个观点……让听众、观众在杂谈中感觉到了章法，有更进一步的理解，也能促使谈话人更自觉地“拾遗补阙”，使谈话整体面貌更为完整，更具立体感，更有深度。

这就好像大家共同谈论一件衣服，第一个人谈的是领子，第二个人谈的是右前襟，第三个人谈的是左袖子，第四个人谈的是后襟；第一个人再谈右袖子，第二个人谈扣子，第三个人谈口袋，第四个人谈颜色；第一个人谈左前襟，第二个人谈拉链，第三人谈式样，第四人谈工艺……

主持人要用自己语言的“剪刀”，把每个人的话进行“裁剪”，用自己语言的“线”把它们“缝合”在一起，最终到达听众、观众头脑中的是一件带有主持人匠心的时装作品。

主持人穿针引线，分别组合，对位合拢，画龙点睛……使相关言谈的关系更加鲜明、生动、趣味横生，使各个局部相加大于整体。

有些谈话现场，要在大屏幕上播放短片，朗读一段文字，与移动网络互动，接听场外电话，主持人要将这些内容与谈话紧密“缝合”在一起。

第六章　专题类栏目主持

这一章要讲的是，不同领域的栏目的主持。

每个领域都有自己的广阔天地，都有自己的特点，主持人要融入那个领域，成为那个领域的一员，在那个领域的节目氛围中。

主持人应该努力使自己成为各节目所涉及的某一方面的专业人士，有相应的知识基础。

1. 新闻类栏目主持

新闻类栏目不是新闻播报栏目，是关于某一新闻事件的深度讲述，深入分析，深刻评说的栏目。CCTV 的《焦点访谈》就是样的栏目。全国各地都有这样的主打栏目。

一、说好“自己”的话

新闻类栏目中，主持人的语言往往讲述性比较强，对某一新闻事件的来龙去脉讲得比较详细，常常出现夹叙夹议的形式，书面语的成分较多。有时是主持人自己所想所写，有时是编辑记者写好的稿件。不论哪种情况，主持人都要明确交流对象，能够将接近书面语的话“说”得自然、流畅。

为此，要对主持的文稿作充分的准备。要熟悉自己所要说的话，真正弄懂自己要说的意思以及背景情况，明确自己的观点。

在熟悉自己话的基础上，面对话筒和镜头，还要再有思维过程，就是要把主持词看到脑子里，再一次思考着说出来。因为通过备稿已经熟悉那些内容了，就会说得更自然，更真诚。给人的感觉是，主持人在说自己心里的话，而不是生硬地说自己都不熟悉不很相信的文稿上的话。

有的主持人很奇怪，为什么我说的是自己写的稿子，也不像是自己的话？原因就是说话时没有思维的过程，只是背诵和记忆，或者只是念稿，违背了一般说话的思维规律。

二、责任与良知

新闻类节目主持人，面对的是严肃的社会生活。当大是大非摆在面前，自己的良心受到考验的时候，不能无动于衷，要以更加强烈的社会责任感和社会良知面对听众、观众。

一个人在社会的局部工作生活，可能对全局不十分了解。可能没有机会接触到自己生活圈外的那些让人感愤的事物。可是新闻类节目主持人的岗位使其面临广阔的社会生活，能够了解更多事物并对其进行深入的调查研究。

社会上最动人的事迹有时要通过主持人向广大群众介绍，最让人愤慨的事件有时也要通过主持人揭露。主持人被推到了大是大非的前沿，他的心经常被震撼，他不能也绝不应该冷漠和麻木，他必须以极大的热情发现和赞颂那些催人泪下的动人事迹，他必须以极大的勇气批评或者揭露那些令人愤慨的事物。态度鲜明，爱憎分明，不是能够装出来的，而是责任与良知的必然体现。

不回避社会责任，具有高度责任感和强烈的社会良知的主持人，才有可能成为优秀的新闻类栏目的主持人。

三、采编基本功

新闻类节目是对现实生活的直接反映，挖掘生活，深入调查，是做好节目的唯一途径。对广播电视节目来说，现场报道是重要的手段，也是主持人的一项基本功。

有条件时，主持人要积极参与现场报道和现场采访。现场报道要求主持人有较强的即兴表达能力，能够将现场的事物随时向观众、听众介绍，采访的思路敏锐流畅，提问机智深入，现场评说尖锐有力。通过现场报道能够向人们表明现场情况，通过现场采访，能够挖掘事件的来龙去脉，并且引导人们理解和认识其中的规律和发展趋势。

这样，主持人在介绍新闻事件的时候，虽然是在讲述其他记者的采访结果，但是自己也能有真切的现场感，讲述时呈现的力度锐度都能让人信服。

有条件时，新闻主持人还需要参与开拓选题的讨论，参与组织报道的过程，参与节目内容取舍的意见，参与撰写主持词，通过这样的参与，强化自己的编辑能力。这样在讲述新闻事件时，才能更加自信，才能更加准确地体现节目意图。

这是新闻类节目主持人成长的必由之路。

四、主持人评说

新闻类栏目的选题和内容都是一定社会调查研究的结果。节目的新闻性决定了主持人在节目中时常要评说生活，褒贬是非。在新闻类的节目中主持人的纵横看法要清楚，是非曲直要明朗。主持人语言要表现出明确的态度，表扬、赞美，批评、劝说，思考、提问，都要色彩鲜明。

新闻栏目中的主持人评说，不是要去独立立论，而只是就事论事，不是要发长篇大论，只是简单的几句画龙点睛。

主持人只有对生活认识透彻，才能准确把握评说的靶点，评说的逻辑，评说的力度。主持人不多的几句评说，需要让观众信赖，必定是他的知识、阅历在支撑。虽然那评论是编辑部写的，但不至于产生我说别人的话、小孩说大人的话的感觉。

新闻类节目主持人千万不要耳提面命地“教导”听众、观众。更多的时候，主持人说出的话是要和大家共同领会，共同思考，共同辨别是非，共同得出结论。不要认为听众、观众什么都不明白，只有自己最具智慧，居高临下的语气会招来反感。

热爱生活、关注生活是评说的基点，与听众、观众同呼吸共命运是评说的根本，渴望美好的未来是评说的目标。

五、衔接

新闻类节目里，往往是主持人讲一段，播放一段表现新闻事件过程的短片。主持人要注意自己的话与视频素材的衔接。

一般来说，主持人在播放前的话是铺垫，有一定的悬念感，引出视频素材。

视频素材播放之后，主持人要有与听众、观众刚刚一起听过、看过的感觉。

有的时候，主持词会有“听了这段声音……”“看了这段视频资料……”这样的内容。没有这样的内容，也需要主持人有相应的感受。

很可能那几段视频资料早就看过，但是节目进行时，还要再一次认真看，不能丢失这个过程，不要脑子走神想别的事情。

六、屏幕形象

新闻主持人的手势幅度不宜大，大致在胸前范围，也就是取中景时手势不出画面。手势也不宜多，简单配合语言即可，过多了会干扰人们对语言的关注。注意手势不要过于单调，要有所积累，有所设计，至少有一二十个手势的储备吧。

主持人要面对镜头——观众；还要面对大屏幕，手指大屏幕；免不了要低头看手中的文稿。要对自己的目光分配有所安排，有时要低头，有时要抬头，有时要转头，有时要转肩，有时要转身，千万不能翻眼珠转眼珠。转体时要注意身体自然协调。

在以站姿讲述新闻事件、评说事理时，脚下要稳定。如果站，脚要像钉在地上，不能零碎移动，不能随意倒脚。

需要移转脚步时，一脚重心，一脚移动，心中要明确脚步转向哪个方向、角度多大、移动的步幅多大。

需要走动几步时，脚步要准确定位，如同在雪地上行走，踏出的脚印，要清晰明白，不能踩得乱糟糟的。

2. 法制栏目主持

法制栏目的特点是通过讲有代表性的案例，讲对具体复杂案例的分析，讲法理知识，引导人们认清事实，明确事实与法律的关系，正确认知法理，更深刻地理解法律。

法制栏目里，需要主持人有强烈的法制意识。主持人在节目中不承担律师的角色，也不是公安干警、检察官、法官的身份，但是要有法制意识、法律概念。罪与非罪，是与非，过失与故意，无错与过错，都要明确区分，还要充分认识道德与法律的关系。

主持人要坚信法制与正义，坚信正义可能迟到，但绝不会缺席。

主持人要坚信人与人之间财产关系的公平，坚定维护人权物权。

主持人本人不一定是律师，要有接近或者相当于律师的水平才能表达贴切准确。不至于没有念错一个字却不能说明白其中的法理。

法制栏目主持的语言相对严肃，有时义正词严，是非分明，有时循循善诱，透彻分析。少有抒情，叙述为主，讲理为主，偶尔有一点情感的表达，也是在整体事件之外的观察时才有。

法制栏目一定要引用法律的条文，引用时要讲得庄重、规整、凝重，有不能动摇的感觉。当然，法的内容不同，朗读的力度也不同，不必逢法语气必强，逢法话锋必锐。

法制栏目必定要讲述大量的案例，主持人在讲述案情时，时间的前后，空间的方位，人的语言，人的行为，前因后果，是非曲直，都要讲得条理清晰，准确明白。应当注意的是，讲述案例的目的在于普法，在于扬善抑恶，在于辨明是非。而不是好奇，更不是赏析。不能案例讲得活灵活现，冲淡了栏目的既定目标。

法制栏目中要有案件分析，要讲得逻辑性强，从法理到现实的演绎推理要严密严谨。主持人要能够区分案例中的各种不同的情况，采用各种不同的语气讲述。犯罪与违法不同，重罪与轻罪不一样，故意与过失有区别，对抗与惧怕不是一回事，财产侵占与故意窃取有所不同……复杂多样的情况需要主持人掌握好表达的语气。

法制栏目中还有些是主持人自己的话，并非是法理分析，是跳出事件、案件来说，从特定的角度对案例所发的感叹感悟，有一定的情感，有个性特点。这类话语则要从局外观察、案外思考的视角表达。

法制栏目主持的语言中，哪些话是法的条文，哪些话是案情本身的讲述，哪些话是对具体案例的分析，哪些话是主持人自己的评说，语言的色彩各有不同，要有比较明显的区分。

因此，法制栏目里的话语并非都是义正词严、一板一眼的。一定有些话端正，有些话鲜活，有些话有所指，有些话有所思。

法制栏目的宗旨是普及法律知识，强化人们的法律意识。哪些话语重点强调，哪些话语只是过渡，哪些话语要色彩鲜明，哪些话语要引人深思，都要围绕普法而言。心中有目标，话语才有指向。

栏目中常常是主持人讲述一段话，夹入一段画外音或者一个短片。栏目中这样的间隔表达，是节奏的需要。虽然录音或录像是单独进行的，主持人要有与听众、观众同步听过同步看过的感觉，话语衔接要自然。

3. 经济栏目主持

广播电视中有大量的内容是讲述经济现象。各家电台电视台都设有经济栏目、经济频道，也有为数众多的经济栏目的主持人。

经济栏目，实际上就是新闻栏目的一个分支，有些经济栏目还有经济新闻的播报。所有新闻栏目主持的特点，经济栏目中都有。不同的是，经济栏目的内容更多在经济领域，主题集中。

经济栏目的内容比较专业，对主持人来说是很大的考验，如果自己不是内行，对经济懂得不多，那样主持经济栏目就会有困难，很吃力，对经济栏目中的部分内容，有时不容易明白，或者不能明白得很透彻。

要努力学习经济方面的知识。不能说自己都不懂的话。见字念字，见词念词，望文生义，语句的重点不很清楚，语句的目的不很明白，似是而非，是难以讲述成功的。

经济栏目的主持人一定要有内行的理解，讲好内行的话。要有一定的专业知识，才能正确使用经济术语，准确分析经济形势。

要知晓国家总体经济状况。知道国家经济的基本面，总体走向。要知道什么是GDP——国民经济生产总值，什么是CPI——居民消费价格指数，什么是PMI——采购经理人指数，什么是PDI——外商直接投资数据。什么是加息，有什么影响；什么是减息，有什么影响。

要知晓本地区的经济特征、经济规划、经济环境……

要知晓经济数字。哪些数字是多，哪些数字是少，哪些数字意味着向好，哪些数字显示走低，心中要有数。对有些统计数字，不仅要知道总计、人均，还要知道什么是“涨”，什么是“落”；什么是“涨幅”，什么是“落幅”；什么是“同比”，什么是“环比”。

要知晓货币的汇率，知道汇率浮动的走向，不仅是人民币的汇率，还有可能需要知道有关国家的汇率情况。

要知晓亿万人关注的股市。要知道中国的上海证券交易所、深圳证券交易所等；知道A股（正式名称是人民币普通股票）、B股（正式名称是人民币特种股票），股市的涨跌，长线短线，股市的震荡，股市的调整等。

要知晓各行各业。经济领域包括工业、农业、交通业、通信业、各类科技行业、服务业等。

要知晓在国家经济和地区经济中有影响力的企业。知道这些企业的背景、现状，面临的机遇和挑战。

要知晓世界各国的经济。知道世界各国各地区的经济特点，知道发达国家和发展中国家的差距，知道国家间的债务情况，知道世界经济的走向。甚至可能知道金油比——纽约金价/纽约油价。

要知晓新科技、新产业、新业态的发展变化。知道数字化、网络化、智能化融合发展，知道新兴产业集群，互联网、大数据、人工智能同实体经济融合，知道制造业产业模式和企业形态的转变。

经济栏目主持人要与时俱进，不断学习，不断充实自己。经济的名词术语，数据规律，形势变化，发展走向，在主持人嘴里讲出来的时候，振振有词，滔滔不绝，能够心中有底，明白无误，踏实自信。

经济栏目主持的话语相对比较冷静客观，主观的态度情感被覆盖在下面，不直接表露，把大量的经济方面的词语讲妥当，其实就已经有了一切。

4. 科教栏目主持

科教栏目有两个方面的内容：一是科学知识普及，一是学校的师生的面貌。这两部分内容的受众大多数是青少年，因此主持人的身上也要带有一股青春的气息，青春的锐气。举止敏捷，目光敏锐，话语敏感。来到栏目中的时候，要显现出阳光青年的形象，即使是中年主持人，也应该充满热情和朝气。

一、科学普及，永远是社会的重要话题

社会需要，大众传媒有条件也有责任去做。

主持科教栏目，首先要热爱科学，带着一种热情来到栏目中。话语之间要有探究科学奥秘的追求，有对知识的渴望。要有理工科知识的背景，如果是文科专业的主持人，其实也是科普的对象，会呈现一种真实的学习状态。

当然，在录制准备的时候，主持人要先学习那些栏目中要讲解的科学知识，自己真正懂了，才能主持得恰到好处。当科学原理已经明白，步骤过程已经清楚，在主持时才能够衔接得当，准确搭话，自然引导。一定不能说出外行的话、似是而非的话。

科普工作有其特殊性，水平低了讲不清楚，讲不透彻；水平高了不能讲得通俗易懂。要恰好在一个与听众、观众能够衔接的位置上，用人们已经熟知的事物比喻，用生活中简单的现象说明，用普通的词语、简洁的话语解释，才能达到由博返约的效果，使人听得明白，懂得真切。有时，参加栏目的专家科普的经验不丰富，还需要主持人在其中调节引导。在这个意义上讲，科普栏目的主持人要逐渐成为科普的专家，会科普，善科普。或许这样，在媒体之外的社会上还能发挥更多的作用。

科普栏目中有一些话，是手上边做边说的，这些话事先是不可能有文稿的。这就要求主持人的话跟得上，组织语言能力强，瞬间把话说得简洁明白，准确清楚。现场边看、边想、边说，这是一件不容易的事情，需要有文案写作的基础，有一定的话语锻炼的过程。

二、学校教育，是每个人生活的必经之路

教育关乎每个人和每个家庭。教育的栏目应该是从教育看教育，从社会看教育，

从教育看社会。这三个方面，各有视角，又各有联系。主持人站在这三个位置上观察，视野不断调整变化。不过，最终都落实在教育上。

教育活动的主体有教师、学生、家长，有政府的管理、社会的观望。

主持人在栏目中的视角常常变化，要站在学生的角度体验，要站在教师的角度讨论，要站在社会的角度观察等。所以主持人话语的色彩也是多变的。

讲到学生，话语中要充满爱，语气中有关心，有赞美，有引导。

讲到教师，话语中要表现出尊重的态度，语气中有敬爱，有请教学习，也有探索商讨。

讲到学校，话语中要有对未来的责任感，语气中有热情，有振奋，有期待，有研究，有鞭策。

讲到社会，话语中要有呼唤和号召，语气中有呼吁，有要求，有理性思考。

虽然每个人都经历过学校教育，但不能说每个人都完全懂得教育，所以主持人要学习教育的规律，各学科教学的规律，要了解学生的学习过程，学生各年龄段心智成长的变化，要知道教育在一个社会的地位和作用，还要懂得当前教育的政策方针，等等。

在教育栏目中，有对教育的探讨，有赞扬有批评，有时还要针砭时弊，主持人要以思考和探讨的语气表达，不宜激烈。

科教栏目的内容比较平和，矛盾冲突少，进行过程中波澜起伏小，节奏容易发“闷”，有时要靠主持人生动活泼的话语调节。

5. 体育栏目主持和比赛解说

体育栏目是人民群众最喜爱的栏目之一。体育解说是广大群众喜爱的形式，也是体育栏目中重要的内容。

一、体育精神的体现

体育有一种顽强拼搏的精神，体育栏目的主持人应该体现这种精神。

体育栏目的主持人必然热爱体育，关心体育，积极参与体育运动。在他的内心里涌动着体育精神，他的一言一行一举一动都体现着健康、运动、力量、竞先的精神面貌。

体育栏目主持人具有引导人民群众树立体育意识，建立体育观念的职责。

对体育的发展、体育竞赛、体育人，观众、听众需要知道主持人是怎么看的，愿意听到主持人的分析，更希望通过主持人得到更多的体育知识。体育栏目的主持人要有深刻独到的体育见解，有独具个性的分析，才能赢得听众、观众的心。

二、专业水准的体育知识

要比较全面地了解奥林匹克竞赛的知识，它的历史、它的今天、项目种类、赛事安排、管理机构、在全世界的影响……

讲到哪一项目，就要具有哪个项目的专业知识，并且应该达到接近专业的水准，不能含糊，不能有差错。

要知道每个赛项的详细规则，要以类似裁判的眼力观看赛场，虽然不能代替裁判，但是对裁判的裁决，或者赛场上的争执，要能够给予准确的解释。

要知道竞赛的技法技术，战术组织，进攻防守，成功与否，优势不足，最新尝试。

要知道运动员的特点，成长背景，过去竞赛的成绩，教练员的背景情况。

必要的时候，可以邀请专业运动员、教练员前来一起解说，尽管如此，栏目主持人也要有相应的知识才能与其对话。

三、体育解说即兴组织语言的功夫

体育竞赛时情况瞬息万变，体育栏目解说员的语言能力是基本功。要求主持人有很强的现场组织语言的能力。广播体育栏目主持人练习见到什么说什么，通过语言描述使听众了解赛场情况，感受赛场气氛。电视体育栏目主持人虽然不需要将场上运动员的一举一动都讲述出来，但也需要根据情况的变化，不断向观众介绍，并加以评说。这种即兴组织语言的能力是靠勤奋地练习获得的。

体育栏目主持人不仅要能够将场上发生的事情介绍明白，而且还应该在此基础上提高语言的文学水平，使体育解说更上一层楼。曾经有一段时间，体育解说里反复使用“鹿死谁手”“握手言和”“单刀赴会”之类的成语，这虽然是主持人的文学倾向，但是由于过于单调，其效果不佳，近来已经不再这样说了。体育解说的文学性和不同主持人的不同修辞风格的建立，还需要体育栏目主持人继续努力，不断创造。

比如，“他前面站着6个人”和“他前面站着1、2、3、4、5、6，6个人”有什么不一样？什么情况下，选择怎样的说法？有现场气氛的需要，也有主持人的风格特点的原因。

四、创造多种体育解说样式

和众多的栏目主持人一样，体育栏目主持人也要创造多种主持风格。

最初的体育解说在很长一段时间内，是“翻译”赛场情况，主持人以解说语言的快和准为追求目标，广播电台的体育解说力求把现场的画面用快速的语言呈现在听众脑海中。

后来电视体育主持人注意到，画面上已经有的内容观众能够看明白，就不再多作解说，只说观众没能看清楚，或者需要进行知识讲解的内容。

比如，广播中解说“现在球传到了9号×××的脚下”，而电视解说则只说“9号×××”。因为“球传到了……脚下”观众已经看明白了，解说不去争抢观众的注意力，只是补偿观众或许没有看清楚的信息，使观众能把更多的注意力集中在比赛本身。

有时，赛场的激烈气氛会使人们情绪也十分激烈，随赛场观众情绪涨落，有些赛事的解说都洋溢着激动之情，几乎是跟着赛场观众一起呼喊，大呼小叫都有，用词不当偶有出现。应该说，这种情绪属正常，但应该有所控制，不能过度，个人情感不能超越众人情感，而要与大众情感一致。

有人创造了一种相对平和的解说样式。解说与赛场的观众情绪保持一定的距离，不像现场观众那样激动，只是与赛场的情绪相似。赛场情绪高涨，解说的情绪也高一些，但远没有那样激动，起伏的幅度一致，但不激烈。这类体育解说，也受到了广大观众的高度评价。

随着节目的丰富，体育节目赛场解说也会出现在演播室里，因为与赛场有空间的间隔，所以解说相对平和冷静。

体育日益深入人心，体育赛事越来越多，听众、观众盼望并且迫切需要更多类型、更多样式的体育解说出现。

6. 文化艺术栏目主持

文化艺术栏目，包括影视栏目、戏曲栏目、音乐栏目、美术书法栏目等。

主持人要有基本的文艺理论修养，知晓艺术是相对现实具有典型性的社会意识形态。艺术的特征是，形象把握与理性把握的统一，情感体验与逻辑认知的统一，审美活动与意识形态的统一。艺术体现和物化着人一定的审美观念、审美趣味与审美理想。在一定的文艺理论基础上，各个不同艺术栏目的主持人要对栏目涉及的艺术领域深入学习了解，培养相应的审美能力，作为主持人语言表达的背景。

各个不同艺术栏目的主持人，还要熟悉栏目涉及的领域中的人和事，各种作品，不同流派，不同行当，历史发展，当前现状，未来前景。话语中充满了对那一领域的兴趣、喜爱，体现出在那一领域的耕耘，有着对那一领域的深情投入。

这样，主持的话语说出来至少不外行，甚至显得比较专业，以使语气重音的表达准确贴切，没有误差。

一、音乐栏目的主持人

要有较为丰富的音乐基础知识，旋律、调式、和声、配器，知道交响乐、协奏曲、独奏，以及各种不同乐器的表现力。要知道声乐中的美声唱法，中国的民歌唱法，熟悉当下的流行歌曲的唱法。要熟悉音乐人，知道著名的词曲作者，熟悉各方面的歌手。熟悉古典音乐，熟悉现代音乐，熟知名曲，特别要对今天人们热爱的音乐最为熟知……主持人自己也能有演奏乐器的一技之长，也能放声歌唱。这样，讲起音乐来，就能如数家珍。

二、影视栏目的主持人

要非常熟悉表演艺术，甚至主持人自己也有过表演的经历。熟悉名片、名剧、名演员、名导演，过去的，当下的，正在成长的。知道当前的收视率，知道当前的票房收入，还能滔滔不绝地分析其中的原因。讲起来，能够有十分亲切的感觉，与观众们、影迷们产生共鸣。主持人应该是“优秀级”的观众，讲述影视中的某个情节都能细致入微，有独到的分析和见解。

三、戏曲栏目的主持人

要有非常深厚的戏曲知识和修养。要了解中国天南地北的戏曲剧种，每个剧种的流派，每个剧种的行当，还有各种曲牌，以及它们各方面的特点。这样，主持人才能在主持时掌握好语气的轻重节奏、神态等。

有的戏曲主持人，不仅能够熟知戏曲界的知识和人物，还能自己演唱，已经达到了“票友”① 的水平，他们和戏曲界结成了好朋友，这是难能可贵的。

四、美术书法栏目的主持人

不一定自己会作画，不一定自己会写书法，但是要懂，要知晓，要会欣赏。美术领域要懂素描、懂色彩、懂构图，更要懂中国画的人物山水花鸟、工笔写意、不同画派，知道古往今来的著名画家。要知晓文艺复兴时的宏大绘画雕塑艺术体系，知道世界名作，知道印象派、抽象派，知道艺术史的各方面代表人物……书法领域要知道汉字的象形表达，知道甲骨文、金文、篆书、隶书、楷书、行草、狂草，知道纸笔墨砚，知道章法布局，知道碑帖牌匾，知道王羲之、王献之，知道颜柳欧赵……

有这样的知识背景，主持人讲述的声音中就会有色彩，有线条，有形象，有意境，丰富多彩。

五、更多的文艺栏目主持人

主持的理念是相通的，首先要有某一领域的基础知识或者常识，充分了解当前的艺术现状，才能在栏目中明白无误地讲述。

文艺栏目，从某种意义上说就是审美的栏目，所以主持人自身就要充满美感，身材相貌形象的美，服装发饰打扮的美，举止顾盼神情的美，女主持人要有秀慧靓丽的美，男主持人要有英俊儒雅的美。

无论哪个领域的艺术栏目主持人，主持时声音的色彩都应该是愉悦的，有美感的。所以，要求主持人能更好地发声吐字，用艺术水准比较高的声音来讲述艺术。发声吐字的技巧能力强，表现艺术形象的水平也就高。

在文艺栏目中，有各种不同的语句，有简单说明的语句，有叙述介绍的语句，有细致讲解的语句，有深入分析的语句，有评价的语句，有感叹、感悟、感慨的语句……相比其他栏目，语句的色彩更为丰富，语句之间色彩更替多，时空变换多。

语句的功能不同，作用不同，表现也不同。主持人要更好地呈现出不同语句的区别，追求准确而又丰富多样的听觉意境。犹如报纸、杂志、广告、海报，字的不同大小，不同字体，不同排列，不同颜色，不同位置，不同版式，都会产生不同的效果。

---

① 票友，是戏曲界的行话，其意是指与专业演员水平相当但不以演戏为生的爱好者，是对戏曲、曲艺非职业演员、乐师等的通称。

7. 医学栏目主持

健康是人们关注的重点，人民群众需要普及医学知识。于是广播电视中普及医学知识的医学栏目应运而生，而且收听率、收视率很高。

这样的栏目对主持人的要求也比较高。首先，需要主持人有较好的医学常识，有一定的医学知识。俗话说“久病成医”，主持人主持医学健康栏目时间长了，也应该有“半个医生”的感觉了，几年下来，或许能有“全科医生”① 的影子了。如果主持人能有一些医学背景，则更好。

从狭义上讲，做某一期节目时，主持人要充分学习这一期节目的医学知识，事先要做功课，要与参加节目的医生充分交流，共同设计好节目的流程。

医学栏目讲述的知识有深有浅。有些是群众中的常见病，群众也略知一二了，即使如此，对病的机理、药的功效的了解，还远远达不到医生的水平。所以，主持人的语言要注意与听众、观众的水平衔接，过浅过深都不能达到栏目的目的，语气的强度和力度要把握好，而且应该是从学习的角度表达的，语气中含有谦虚的态度，含有探询，含有期待，含有渴望。

主持人要学会“装傻”，以听众、观众的不知为起点，或者以听众、观众已知的初级基础提出问题，寻求问题的答案。“装傻”过了欠了都不理想，“装傻”装过了，显得主持人有点虚假；若是欠了，不似“真傻”，也构不成节目的悬念。这个语气默会②的火候确实要拿捏到位。

主持人重复的话语比较多。报纸杂志强调一个概念观点，要用大字标题，以大面积显示；而讲话要用重复，以多说几遍来表现，才能使人加深印象，巩固知识。重复的话语，可能有简单重复和细化重复。重复的话语要以知会领悟的感觉说出，而不是显得自己很高明的感觉。

主持人验证的话语比较多。如“你看我这样理解，这样说，是不是正确的?”“这样做，是不是能够控制住病情?”其实是一种强化印象的作用。要注意说明两方面的要

① 全科医生一般是以门诊形式处理常见病、多发病及一般急症的多面手。全科医生常以家访的形式上门处理家庭的病人，根据病人各自不同的情况建立各自的家庭病床和各自的医疗档案。

② 默会，是一种只可意会不可言传的知识和能力。

点，一个是知识原点，一个是我说的话，两个点之间要构成呼应。

有些医学术语每一个词的准确度都是非常讲究的，不能随意更改表达方式。主持人想把某些知识点用更通俗的方式说给听众、观众时，要特别注意不能有意思的偏离，不能有概念范围的位移。医学面对的是复杂现象，一般情况下，主持人的话不能说成一刀切，不能绝对化。

比如，一家人有相似的病情，说是“遗传”与说是“家族史”，不是一回事。

再如，医生说“不建议这样做”，不能在主持人嘴里演化成非常坚定地说“绝不能这样做”，事情可能并没有那样绝对。

又如，医生说“建议您……”不能在主持人那里说成“您一定要……”

医学栏目的主持人的话语一定要准确，一定要谨慎。有些话是在一定条件下的，有些话是因个体差异而不同的，有些话是有针对性的，主持人不能似懂非懂地说。要是自己没有真正认知到位，应该去学去问，直到心里完全明确，切不可一知半解，望文生义，有时重音断句都要准确有讲究。

有些医学栏目，有现场观众提问或演示，有微信、短信等信息介入。主持人需要适应归纳这些问题，一是要精炼，二是要把不规范的问题整理成为正确提问，既不能改变原问题的核心，又要改成规范的问题，能够引出后面更有价值的知识讲述。这就要靠主持人的知识能力和逻辑能力了。

要特别警惕！要特别禁止！把医学栏目做成广告，绝对不能以大众健康为幌子，围绕一药种、一个医院做节目，误导听众、观众。

不能广告化！不能成为医托！

如果为了宣传某个药品或者保健品，把医学栏目做成了医托式栏目，那有违媒体人的职业道德，主持人要坚决抵制。有良知的主持人，决不做那种伪医学栏目。

8. 军事栏目主持

军事栏目的播音员、主持人是军人形象，栏目的收视对象也是军队的战士和干部。外围收视群体还有军人的家属、朋友及军事爱好者。

一、军人的风格和风采

军事栏目的播音员、主持人要有军人的英武和英姿。英武是力量与顽强的精神，英姿是端正的形象，坐有坐相，站有站相，转身回眸、举手投足都要有“标准”的姿态。不是僵化，不是僵硬，而是力量中有灵活，威武中有智慧。要有军人的英勇顽强和英雄气概，表现出能打胜仗的英气。

男兵有男兵的坚强，刚强。女兵有女兵的坚韧，柔韧。二者都有力量，都有智慧。

二、语言的力度

军事栏目的播音员、主持人的语言要有一定的力度，要有阳刚之气。

话语的力度，是声音坚实，吐字清楚，朗朗饱满，节奏明快，语句略有棱角的感觉。

但不是呼喊，不是呐喊，不是部队里喊口令那样的强度。

也不是朗诵式的表达。朗诵是一种较为夸张的表达形式，起伏的幅度大，语句速度比较慢，词和词组的高亢低回的对比表现突出。

更不是一个劲儿地高昂，也要在强弱之间有对比，在起伏之间有变化，在高音低音之间有区别。有刚强也有坚韧，有雄壮的直线，也有悠长的曲线，有力量，也有思考。

三、语言的节奏感

军事栏目的播音员、主持人的语言要有较强的节奏感，节奏感要与语言力度相一致。节奏大致类似四二拍，或者四四拍，是相对稳重的节拍，应该隐隐地体现出军人步伐、军人队列行进的感觉。这种感觉是一种力量和军营形象的综合，不要简单地理解为队列行进的脚步。

四、体验生活

军事栏目播音员、主持人的语言表达形式取决于具体内容。有战场和训练，有军营歌声，有武器装备，有爱国爱民的情怀，有整齐的队列，有机敏和智慧。

因此，播音员、主持人要有军旅生活体验，要熟悉部队生活，要深入部队生活，不只在外围观望，而是要能参与其中。要穿战士的装，背战士的枪，吃战士的饭，住战士的铺，唱战士的歌，开战士的会，讲战士的话。要进入部队的队列，齐步走，正步走；要在一定程度上参与部队的训练，真正伏下身子摸爬滚打。要攀山，要渡河，要上天，要下海，要面对电子设备……

这样，才能有战士的情感，军人的胸怀，才能在军事栏目的讲述中，对枪炮，对训练，对迷彩，对协同，对战车，对舟桥，对天空，对海洋，对电子信息战，对合成立体作战，对军事领域中的各种事物有真切的感受，有历历在目的鲜明的情景再现，有准确的理解和恰当的判断。

这样才能在演播室面对镜头时，有面对军营、面对干部战士的非常真实的对象感，表达的语气准确，态度明朗，不陌生，不空虚，不浮躁。

退役军人的生活，是军旅生活的后续，军事栏目也会有一定的篇幅。他们难忘部队经历，带着部队铸造的力量迎接新的生活，要学习新知识，开拓新领域，是社会的一种特殊力量。播音员、主持人要对他们有调研，有了解，在面对着他们讲述的时候，眼前要有他们的身影和面容，心中要有与他们共同的情感和胸怀，精神要与他们产生真诚的共鸣。

9. 生活栏目主持

生活栏目的主持人形象是个热爱生活的人，是对家庭生活有浓厚兴趣的人，是会过日子的人，是能把家里家外操持得井井有条的人。

生活栏目，顾名思义，就是要把生活中美好的事物展现给大家，让大家看到生活的美，欣赏生活的美，学习生活的美。其主持人就要是个爱美的人，会观察美，能欣赏美，要揭示美，愿弘扬美。

主持人带着生活的热情来，一开口，一举手，都有盈盈的喜气，充满了生活的欢乐。

一、美食节目

生活栏目中有许多是做饭做菜的内容，民以食为天，吃饭人人都会，品尝各有口味。

做饭，实际上是多头绪、多动作，比较烦琐的事情。有人乐此不疲，操作起来有无穷的奥妙，做出好饭就很有成就感。有人只会品尝不会操作，只是美食鉴赏家。

在饮食栏目中，有时是主持人在操作，有时是嘉宾操作主持人配合。无论哪种，开场时、结束时都是主持人在说，要说得像一家的主人，热情好客。

如果主持人自己操作，嘴上说的话，手上做的事，眼睛观看的目光都要有所设计安排。说的话要与动作协调一致，口中的话语要解释说明手上的动作，有时要等待动作再配合说明，有时要让话语带着动作进行。眼神必然要看着手上操持的动作，还要时不时地随着话语抬头看一看镜头前的观众。话语、目光、动作三者融合成一股信息，互相支持互相配合，一起送达观众。

如果是嘉宾做主厨操作，主持人协助。主持人在协助的位置上，还有很多话要说。主持人的话语有时是主说，大多数情况是插说，是陪衬，要注意以嘉宾为主，不要与嘉宾抢话头，使嘉宾充分发挥。

主持人在旁边，随着嘉宾的操作和讲解，要替观众向嘉宾提问，要不失时机地强调关键重点，要巧妙地向观众解释有可能从屏幕上看不明白的内容。主持人的具体语句中，有提问，有判断，有猜测，有赞美，有疑惑，有补充，有添加，有花絮，有逗趣，目的在于推进节奏，渲染气氛。

主持人还要以自己的好奇引发观众的兴致，有时专注认真，有时故作惊讶，有时假装惊喜，有时“添油加醋”，都略有一些夸张的意味，使电视机前的观众好像更能够嗅到气味，尝到美味。这样的夸张，观众乐于接受。写实与夸张之间，透出美食的乐趣。

二、家装节目

生活栏目有一部分是居室装修的内容，有一部分是家庭环境布置安排的内容。主持人同样要有相应的知识，相应的经验。轻松活泼的语言风格之中，更具一些理性思考，要有美的说明和美的感受。在这类栏目的语言中，方位感、空间感十分重要，要说明前后左右上下，要以主持人的音色给予明确的方位标注。还要讲好前后的过程，从诉求的期望感，到设计操作的动态，和令人愉快的结果，各个阶段的不同心情要有所渲染。

主持养花、插花节目，要在生活的美感中取静态，平静地说明养花的每个知识点，语句静中略有动感，涌出爱花赏花的心态。要平静地讲好插花的每一步，稳稳地从局部讲起，直到全部完成，形成美的整体。

三、栏目共性

生活栏目中还有消防，钓鱼，巧用废物，家务管理……总之人民群众需要什么，就有可能策划什么样的栏目。主持人要做到的是，首先熟悉了解学习那个方面的生活知识，然后找到那些事物的动静特点，设想面对的听众、观众心理，分析栏目语言的层次变化，形成不同栏目各有特色的语言风格。

所有的生活栏目中，主持人的声音都应该是轻松的，活泼的，灵巧的，富有动感的，欢欢乐乐的，谈笑之间都要笑容满面，喜气洋洋。

有些生活栏目还在主持人讲述之间播放一段小短片，主持人在录制串连语句的时候，要感受这些短片的存在，有与观众一起期待，一起观看，一起思考的心理过程。

10. 旅游栏目主持

旅游栏目的主持人，可能活跃于一个地区，可能奔波于全国各地，还可能来往于世界的某个范围内；可能是行走于自然风光山水林园，可能是沉浸于文化历史追踪探寻，也可能是深入某一领域扩展视野……

因此，旅游栏目的主持人一定是一个热爱旅游，喜欢到处奔走且乐此不疲的人。置身广泛天地，看天云栩栩如生，看地似万物有灵，看山山生风，看水水有趣，看殿人还在，看林能对话，对世界充满好奇，有着比常人更强烈的探求精神。

旅游栏目的主持人地理知识要丰富，自然地理、文化地理、历史地理、经济地理，各方面的地理知识都要知晓。目前各学校还不能以此为目标设置学科专业，这就需要主持人自己在工作中强化学习，为每一期节目查阅资料，探求寻找，自觉补脑。久而久之，主持人就成为某一地区，某一范围，某一领域旅游的小“活字典”。

在节目中要带领听众、观众观山观水观景观物，同时还要边走边看边指边说，向听众、观众讲解各个领域各种知识，说明古今中外相关的文物、人物和事件。主持人只要出现在节目镜头中，从头到尾都在不停地走着看着讲述着。

不仅如此，主持人还要让听众、观众看到自己迈着坚实脚步，以矫健的体态出现在旅游的环境中。主持人有站立讲述，有边走边说，有登高望远挥手呼喊，有华丽转身回眸而言，有环顾左右凝视诉说。主持人的话语要与行走动作协调，要与手势体态的节奏一致。有张有弛，有动有静，有言有行，让听众有听也有所观，让观众有听也有所思。

电视画面的大小是固定的，而拍摄的内容有远近，有的时候人们不容易从画面中看明白某个事物究竟有多大，就需要主持人用自己的身体做尺子，一下子就丈量出来了，或用身高相比，或用手掌示意。有时静态的主持人在热闹环境中对比，强调周围的热烈气氛；有时活跃的主持人以自己的跑跳来显示大自然的秀美广阔。有时，主持人要亲自触摸，亲自手持，亲自操作一番，甚至拥抱大树，温泉泡脚，乘车乘船，滑索道，走吊桥，饮山泉，吃小吃，主持人的尝试，其实都是代替观众而为的，让观众有更深切的身临其境之感。言行之间不要忘记摄像机镜头，要随时与镜头后面的观众交流。

广播的主持人，要有更多的描述现场的话语，以此呼唤听众头脑中的经验系统，把听众带入他们想象中的旅游环境。有时要讲到大小的比喻，有时要讲到色彩的明暗，有时要讲到远近的距离，有时要讲到高低的视觉……这里面有许多主持人自己的直接感受，主持人要敏感，更要善于把感受转化为真切的话语及时说出来。在旅游现场，不可避免地会有各种声响，主持人要不失时机地及时伴随解说，让那声音在听众头脑中有明确的指向，使其迅速理解，继而化为对旅游环境的想象。

总之，旅游栏目的主持人踏着诗一般的步履丈量大地，带着诗一般的体态感受环境，讲着诗一般的话语介绍景物，要奉献给听众、观众的是自己组织出来的现场全方位的综合信息。

此外，旅游栏目的主持人还要在现场与人交谈询问请教。

要向有关专家请教，向当地知情者询问，让旅游的收获能够从外观到深入，从当今到历史，从形象到价值，从欢乐到知识。当然，提问咨询要有明确的指向，一是自己不问离谱的问题，二是能够与听众、观众衔接，这是要认真研习资料并做充分准备的。

要与旅游的同行人交谈，主持人在众多旅游者身边，大家一起高兴地前行，一起领略风光，一起感受自然，一起享受旅游的快乐，其实就是要把听众、观众也带进来，成为此时旅游现场的一员。

第七章　对象类栏目主持

社会上的群体有不同的划分，各有特征。群体有大有小，广播电视栏目服务于数量比较大的群体。有从年龄划分的，有以性别划分的。

这一章要讲的是以不同群体为对象的栏目主持。

对象类的栏目主持人，面对具体的节目对象，面对不同群体的心理特征，要在一般主持人语言表达的基础上，有更多的语言风格，适应栏目的需要。

1. 少儿栏目主持

少儿栏目历来是广播电视中不可缺少的栏目，目前有主持人的少儿栏目有两种类型。

一类是由节目主持人给孩子们讲故事。说道理，教画画、唱歌、游戏。那是幼儿园课堂转移，是一种很好的形式，对于没有机会上幼儿园的孩子们，这种“最佳”幼儿园课堂是社会的需要。

另一类是在主持人带领下，在节目里营造孩子们自己的欢乐天地。

无论是哪种类型的少儿节目主持人，都应该是小朋友的大朋友。

做好孩子们的朋友，就一定要爱孩子，熟悉孩子。这是一名少儿栏目主持人的职业要求和职业责任，或者说是基本条件。

少儿栏目主持人，应该有幼儿师范教育的背景。学习幼儿教育学，幼儿心理学，幼儿卫生保健学，幼儿活动设计，幼儿园管理组织、环境创设，等等，还应该能歌善舞，能绘画会做手工。

一颗真正的童心，不是装出来的，不是仅靠理性支配就能表现出来的，而应该是自然而然地流露，这离不开平时经常和孩子们交往，了解他们的心，了解他们的表达方式、欢笑方式，甚至哭闹方式。当熟悉了孩子们的心灵世界之后，主持人自己会因孩子们唤起人类最美好的激情，这种审美激情会激发主持人加倍地爱孩子。

童心是少儿栏目主持人通往每个孩子心灵世界的桥梁。为了营造和孩子们在一起欢快的氛围，必须让自己在节目中更大程度改变内心，沉浸在童心里面。主持人是幼儿的“忘年交”，是孩子们中的一分子，用自己纯真的童心，积极参与孩子们的各种活动，和他们一起做游戏、讲故事、说“悄悄话”。在这种融洽的关系中和孩子们产生情感上的交流，在他们心中引起“共鸣”。广播少儿栏目主持人一出声就有让孩子们亲切的音频，电视屏幕上的少儿栏目主持人一出镜就是一张充满童心的笑脸。

少儿栏目主持人在给孩子们讲故事的时候，一定会慢慢说，一定会充满童真童趣，一定会有色彩更鲜艳、动作更灵活的形象，而这些形象又都是孩子们头脑中特有的形象，语言的夸张度会比较大，语言的节奏也比较舒缓。

在带孩子们做手工的时候，不但要慢慢说，还要注意和孩子们手上的动作同步，和他们的速度一致，注意动作的关键点，有观察，有重复，有等候，有强调，话语之间要有乐趣，有鼓励，有成功感，以此感染孩子们的情绪。

在和孩子们对话时，要说孩子们能够听懂的话，要听懂孩子的话，理解孩子的思维，要能够与孩子们在同一平台对话，能够引导孩子们在他们天真的思维天地中有活跃的想象。在与孩子的对话中不慌不紧不卡，想象丰富，情感丰富，话语生动，或许是对主持人对话能力的检验。

在和孩子们做游戏的过程中，话语和动作可能会很“热闹”，在成人看来会有“傻、狂、癫、憨”的感觉，但是孩子们会很高兴。要能够彻底放开表演，不怕可笑，不怕冒傻气。这样一种精神是因为爱孩子而产生的。这样制作出来的节目效果，就是让孩子们认同，让他们感到是自己的伙伴在说，在笑，在耍，在闹，没有成年人的感觉，只是他们中的一员。

有人曾经认为，这样做出的节目太滑稽。没有意思，乏味。这正是成人和少儿心理的区别。据观察，虽然成人不是都喜欢这样的节目，但是孩子们都能坐在电视机前非常有兴趣地观看，并且十分活跃。

有的时候，主持人在公共场所被孩子们发现了，孩子们会极为热情地拥过来，目光相视便哈哈大笑，他们大声讲着曾经看过的节目内容，就好像是老朋友之间发生过的事情。每当出现这样的场面，该是主持人最感欣慰的时刻。

了解孩子，熟悉孩子，从而爱孩子，带孩子，扮孩子，演孩子，这只是直接的感觉。这一切的背后，都是为了孩子们的心智成长。

感觉到的东西我们不能立刻理解，理解了的东西我们能够更深刻地感觉。少儿栏目的主持人要在幼儿教育学、心理学的理论指导下，在与孩子们一道玩耍欢笑中，时时伴有陶冶和教育的用心，一点一滴地滋润，一丝一缕地编织。只有这样，主持人和孩子们说笑打闹嬉戏，才不失于盲目，不失于表面，不失于浮浅。

2. 青年栏目主持

青年是社会最活跃的力量。

青年栏目的主持人，是活泼快乐阳光的年轻人形象，他甚至是有跳跃感地、生龙活虎、机智地进入栏目的，他和听众、观众中的青年人一样，有着积极向上的进取精神。他的笑容充满朝气，他的眼神充满希望，他的表情有强烈的青春气息，他一举手一投足，一迈步一回眸，都带有欢乐。他应该是青年们的好伙伴和知心朋友。

声音一定是明亮的有力的，发声位置稍稍靠前一点，节奏一定是生动活泼略带动感的。谈吐有快人快语之感，目光伴随话语，神采飞扬，符合青年人的性格特点。

青年有三大课题：学习、就业、婚恋。这三个方面都是敏感的，又都是让年轻人极有兴趣的。讲到这三个方面，话语之间，都有好奇，都有探求，都有追索，都有发现，都有困惑，都有磕绊，都有思考，都有向往，都有期盼，都有成功，都有喜悦……主持人围绕这些表达时要语言色彩鲜亮，形象刻画鲜明，思考敏锐快捷，要让撞击的火花更为耀眼，要使对比更强烈一些，要能更有力地使话语冲击年轻人的心……

当然，节奏也是相对而言，不能一味地快，一味地急切，快捷中也有稳步，敏锐中也有定神，热烈中也有冷静。

有时，年轻人会有更时尚的语言，不拘一格的话语搭配，更多的网络新词新语，青年栏目的主持人也在同样的年龄段，也在同样的语言环境中，肯定也不陌生。有些经过筛选已经由撰稿人写到主持词里，主持人要把这些新鲜的话语说好，说准确语音，说明白意思，说出趣味，说到与年轻的听众、观众产生共鸣。

3. 老年栏目主持

老年栏目主持人面对的是一张张老年人慈祥的脸，这些脸上写着岁月的沧桑，浮现着丰富的生活经历。他们的皱纹已经在脸上布满，头发白了，牙齿掉落，眼神耳朵也许不那么灵敏了，可能身体已经有了一些慢性病，但是他们精神矍铄，乐观，内心仍然充满力量。

老年栏目的主持人可能有不同的情况。

如果主持人是老年人，那他是老年听众、观众的朋友，话语中会有一种老伙伴的呼唤感。

如果主持人是中年人，老年听众、观众比他长一辈，主持人话语透出的是关心和爱护。

如果主持人是年轻人，老年人是长辈，主持过程中更多以仰视的角度、尊敬的语气讲述。

在不同的心理定位下，主持人的话语有一些共同的表达特点。

话语要慢。老年人听力下降，相对年轻人，脑子反应也有些迟钝了，理解力差了一些，所以话要说得慢，句与句之间的停顿要比较充分，才能使老年人听懂听明白。

要有耐心。人老了，理解速度慢了，一个意思，主持词的撰稿人可能会写出不同的几句话，同义反复，主持人要不厌其烦地说明，有足够的耐心去讲述，耐心就是尊重。

要有文化感。老年人社会经历多，看过听过的事情多，对有些事件会有多重感受，主持人讲述的声音中要和老年人的理解共通，思想共鸣，自己内心有“正如您所知”的声音伴随。

要有青春感。老了更怀念青春，老了更需要振奋，所以主持人在适应老年人听觉和理解力的情况下，慢速讲述中要含有青春的兴奋，话语节奏时时有跳跃、有起伏，抑扬停顿变化多样，不觉得沉闷，更不能有压抑感。

要有快乐感。人常说“老小孩”！的确，有时候哄小孩和哄老人有些相似，主持人哄得老年人高兴、乐呵，就是栏目成功的基础。主持人话语之间要透出关心和关注，让老年人感觉到在栏目里受到更多关爱；要有肯定、赞扬意味，让老年人有心理满足的快感；时不时要有逗趣，让老年人在节目中多一些欢乐。

一句“您说是不是？”不同的语气有不同意味，面对老年人，可能更需要逗趣式地说。

4. 女性栏目主持

女性栏目主持人面对的主要是在社会上自立的女性，为人妻，为人母，还要孝敬老人。栏目中有时也有女青年和老年女性的内容。

女性栏目的主持人一般都是女性。要有明确的女性心理站位。

女性话语的特点是细腻、温柔、亲切、和蔼。女性的性格往往比较仔细，观察细致，同时，比较执着认真，有女性特有的睿智和敏感。女性特别容易动感情。容易高兴，容易悲伤，笑得快，激动得也快，平和得也快。高兴会掉眼泪，难过也要掉眼泪。

女性在生活中是很辛苦的。有社会职业，还要操持家务。要养老、育儿，要顾及生活的方方面面、里里外外。她们有一种顽强的力量，有一种特有的韧性和耐心。

女性栏目主持人要面对具有这样性格特点的广大女性，要与广大女性有情感共鸣，要体现出对广大女性的爱，要有对生活多角度、多层次细微观察思考的习惯。

生活中女性有各种各样的性格，各种各样的形象，少部分女性是女中音，是豪爽女，是大嗓门，也有女汉子式的。但是，女性栏目的主持人，应该有女性最基本的话语特点。

当然，主持人的语言表达还要有更多区分。讲到年轻女性的时候，话语要偏活泼；讲到中年女性的时候，话语要稳重；讲到老年女性的时候，语言要表达尊敬。

主持人不仅与广大女性要有共鸣，还要以自己的话语感动女性，引导女性，稳定女性情绪，扩展女性情趣。主持人的话语，节奏要平稳，形象要真切，情感要丰富。同时要伴随很会说话的眼神和相应的手势表情，适合女性的听觉习惯，要努力把话往广大女性内心深处说。

主持人讲生活道理的时候，在逻辑的基础上，更强调情感的力量。

主持人的服装要相对平和、朴实，鲜亮的同时更有家庭感，稍区别于娱乐栏目、文化栏目主持服饰，要让女性观众容易接受，容易心灵相通。

5. 各类群体栏目的主持

对广播电视来说，一个时期社会上哪些群体需要在媒体上表现，就会策划设计哪些群体的栏目，栏目主持人定期面对他们说话，在演播室里举办与他们有关的活动。

过去是这样，将来也是这样。

有的群体在一段时间内是社会关注的群体，那这一段时间他们就会在相应的栏目中出现。

时代变迁，有的群体已经出现变化，面向他们的栏目也就不存在了。

过去，有专门面向农村农民的栏目，他们的特点是人口众多，远离城市，文化水平不高，劳作的形式与城市相比有很大的不同。栏目的特点非常鲜明，尽量使用通俗的话语，简单概念，不用长句，多用口语，讲农家事，说农民话。现在，中国普及九年义务教育的重大历史任务已经基本完成，农村人口大量向城镇转移，农村生产方式有了根本性的改变，这样的栏目已经没有存在的基础了。

时代变迁，可能还会有新的群体需要广播电视为他们设置新的栏目。

无论关于哪类群体的栏目，栏目主持人的语言表达都有一些共同的规律。

首先，了解那个群体的状况，具备比较深入的相关知识。

然后，熟悉那个群体的心理特征和性格特点。

进而，设计和调整自己语言表达的风格。

总体上说，要对那个群体有热情，有关注，有爱心，语言表达和他们衔接，对应，融洽。

第八章　讲述类播音主持

在广播电视中，主持人独自对听众、观众讲述，是一种常见的形式。

讲述，是播音员、主持人的当家基本功。

讲述，要讲事件，讲矛盾，讲怎样解决，有什么结果。

讲述，要讲活人物，讲人物的动作和语言。

讲述，要讲出形象，讲事物模样，生动可感。

讲述，要讲明道理，指出是非曲直，倡导公序良俗。

讲述，要讲好评论，分析思考，指出关键，发出呼吁。

讲述，有不同的形态，有不同的讲法，有不同的要求。

讲述，有不同的领域，有不同的目的，有不同的社会作用和社会责任。

1. 广播通讯播音

通讯体裁的特点是细致深入地记述事实、刻画人物，有情感的涌动，有议论的力量。通讯播音好似说话，但其本质还是朗读稿件。虽然通讯播音处在念和说的交界之处。但还是要以朗读为基础，用较为规范的语言速度和节奏送达听众，不是生活中过于自然的话语。

通讯播音随着电台节目形式的变化已经不多见了。但是其语言表达的丰富技巧作为基本功是十分有价值的，可以运用在今天实际播音主持当中。

一、认识通讯播音

通讯是新闻报道的基本体裁之一，通讯以详细的手法，形象生动地报道新闻事实。通讯不仅讲人说事，更要通过言事进行政治、经济、思想道德方面的宣传教育，以事明理。通讯的篇幅有长有短，可分为人物通讯、事件通讯、经验通讯、概貌通讯、主题通讯、新闻小故事等。在处理手法上，还有配乐通讯、与录音音响材料组合的录音通讯、两人共同完成对播的通讯。播好通讯是广播电台播音的基本功之一。

通讯播音与新闻播音相比，形象要具体，过程要详细，感情要细致。广播电台中通讯播音以人物通讯和新闻小故事的数量居多。

通讯写作吸收了不少艺术笔法。如小说、评书的写作手法。但是播音不能超越新闻真实的规定性。通讯播音是“我来为您讲一件真事”，而不是“我给您表演一番”。

二、阅读通讯稿

接到播音稿以后，必然要从头到尾看若干遍。阅读的过程要完成对通讯稿件的理解和感受。首先，要像一名读者那样完整地接受通讯的内容。这当中有理解，也有感受。当然，播音员不能像普通读者那样一般地接受稿件就可以了，要比一般读者接受得更具体、更透彻。

要深入地反复阅读，认真地分析，以求深刻地理解稿件所包含的道理。看明白通讯稿件讲的是什么事物不难，还要继续进行分析，认识文章的结构特点，思考主题、分析背景，明确这一篇通讯的现实针对性，必要时要征求记者编辑的意见。

要循着稿件的脉络，努力地展开想象，深入感受稿件所述的情境。对作者重点描写的地方，要充分想象，细致感受。人的经历毕竟是有限的，记者所写的通讯来自生活的方方面面，许多稿件上写的事件播音员未曾见识，这就要利用自己的相似形象记忆和情感记忆来补充。对稿件的把握，是从理解到感受反复进行的。

把不认识的字，或者对读音没有把握的字词查明；不懂的名词概念要弄懂。

三、对比设计

当反复阅读通讯稿件并进行感受理解的时候，心里就已经在盘算如何播音了。通讯播音，处处都有明显的艺术对比。为此，从总体到局部，都要有播音的对比设计。这设计既来自理解感受，又要将理解感受充分地表现出来。

有的通讯写的是矛盾双方，双方的情况交错叙述。比如火灾形势和救火的人们。这就要将矛盾双方的内容划分开，表达时形成“魔高一尺，道高一丈”的阵势。不能讲矛使劲，讲盾也用力，胡乱一片热闹。气势上谁高谁低，谁压倒谁要清清楚楚。

有的通讯把场面描写、记者叙述、人物行为、人的语言和思想交错写在一起。这就要对几种语言色彩分别进行设计，对其中的动态和静态、紧张和舒缓又要加以区别，端庄大方与轻盈小巧，浓墨重彩和轻描淡写，不能拉不开距离。

通讯中讲述各个不同人物的相貌、动作、话语、心情时都要有明显的差别。要采用不同的声音形象，讲到一个人时用声厚实，另一个就要变化，或细、或闷、或哑……设计好的人物形象要前后统一，不能混乱。

通讯播音一定要有凹凸不平的合理反差，哪一句或哪几句要强调，哪个部分要突出，也是要设计的。精彩的部分，要强调的重点部分，播音员自己的感受是否准确，内在语是否恰当，对象感真切与否，都要有所设计。一般来说，表达主题的几处关键的地方要给予相当的力度。当然还要试试能不能与其他的句子形成对比，构成对比关系。

还要把各个部分的对比设计连接组合起来，看看是不是合理，必要的时候，得开口练练。这也是个反复调整的过程。

四、像说话那样播讲通讯

通讯播音和新闻播音相同的是，都是朗读由编辑记者写好的稿件；不同的是，新闻播音的速度快，语言概括，句子比较长，是以朗读的形式播报出来的；通讯播音的语言更具形象性，有些接近生活口语，句子较短，更像生活中说话。通讯播音像说话，指的是要遵照说话的规律，像与人交谈那样，不要故作腔调，特别是要打破某种固有的腔调。

但是，要求通讯播音完全与生活口语等同是不现实的。通讯播音不是像生活中说话那样零碎、断续、无序，而是具有一定水平的经过提炼的文稿，通讯播音也不是像生活中说话那样脱口而出，而是经过一定理解感受和设计的播讲。通讯播音强调播时注意力集中，未成曲调先有情，感动自己，再感染他人。

要特别防止播音员刚一张口自己就被感动得眼睛热热的，声音浑浑的，带一副哭腔。通讯播音的基本状态是“我讲那件事情来感动你”，在播音和接受的过程中出现的是三者关系。因此，播音情感的冲动是有分寸的，只有自身的感动，忽视把这感动告知他人的意识不行。

五、人物语言

通讯播音中，人物所说的话要重在表现他的语言目的。他是在什么语言环境中说的，为什么说，说给谁听，其中可能有的多重含义都要明确传达出来。

表达人物的语言要像这个人说的话，要让人听出通讯播音中说话的人物是男还是女，要体现出他的身份、年龄、职业、职务。限于篇幅有时人物的性格并没有交代，播讲时要赋予其适当的性格。这些都只要稍有一点点变化就可以了，不需要太多的声音化妆。在播音员本人的声音基础上，男性的声音稍偏低一点，位置靠后一点，粗犷一些；女性的声音稍高一点，位置靠前一点，委婉一些；年龄大的人稍慢一点，稍有含糊；年轻人稍快一点，显出利索。职业、性格及身体强弱的情况复杂一些，也只是稍有意向其靠拢即可，只要体会恰当，“神似”就行。

有时通讯中有两个以上的人物对话，要设计和区别各个人物的声音形象，前后统一。还要注意表现各方人物对话的矛盾推进过程。

通讯中人物的所思所想，在播音中就是人物的语言表达。不过在表达时，人所想的与他说的相比，稍有一点静默感。

六、用语言描绘环境场面

通讯中关于环境场面的介绍都是要靠语言来描写的，靠播音的语言在听众头脑中画出来，首先播音员要在自己头脑中呈现。

优秀的通讯稿件，语句描述也具有鲜明的镜头和镜头组接之感。不论稿件写作怎样，播音员头脑中要像演电影似的，有自己想象的画面蒙太奇连续呈现。要有远景，交代大的环境；要有全景，展示人的全貌体态；要有中景，表现人的动作；要有近景特写，表现人的内心情感。进入一个环境，画面要由远及近，由宏观到局部细微。两人对话，要有各自的画面，也有双方共同的空间。有了这样比较贴切的想象，才能使说出的话具有相应的形象感，也才能将听众头脑中的形象调动出来。虽然听众各自经验不同，一千个人心目中有一千个“林黛玉”，但是总体上是相差不多的。

不能将画面想象得太碎、太零乱。比如：“‘啪’的一声。一叠人民币甩在了眼前。”这一句，可能讲成一个画面，也可能讲成两个画面，还有可能讲成三个画面。显然，讲成三个画面（“啪”、人民币、甩）的感觉是不妥的。最好是讲成一个连贯动作画面。

有的场景由若干句子描写，在播音员心目中显现并且到达听众眼前的应该是一个画面？还是几个画面？由需要而定，宜少不宜多。

七、动作感强

通讯中讲述的许多内容都是表现人的运动状态，大到人创造事业，小到人的细小动作。有很多具体而又形象的描写。

通讯播音的语言要体现这一特点，有较强的动感。动感是什么呢？就是内心对动态的感受，以及发声吐字的弹性，带有动作过程中力量的变化感。

通讯播音的动感往往表现在句中的动词表达上。要重视句子里描写动作的动词，语句中作为重音的主要动词要按照动词的原意赋予其较强的动感。也许句中的动词不是重音，在不加以强调的情况下也要有动感，只不过要弱一些。

有的时候，句中的形容词、名词、代词是句中的重音，也要根据情况强化其动感。比如，人物的第一次出场，名字要有一个“亮相”动作感，让听的人“认识”他，以后就不必了。

八、抒情议论

通讯中的抒情部分比例不是很大。但大都处在事物发展的高潮时，起着深化主题的作用。仔细观察通讯中抒情的文字，我们会发现直接诉说喜怒哀乐的不多，多数是借景借物，以及以景物的变化来抒情；还有在描写人物的举止动作过程中抒情。即使直接诉说情感状态的内容，也往往是指物体而言的。比如，心都碎了，借物体的破碎而言；高兴得跳起来，是借跳的动作来表现；满面春风，是借春风而喻的。所以，播读通讯稿件中的抒情部分，对可感的事物动作有充分的想象和感受，是唤起内心真情实感、引起听众共鸣的好办法。

情感贯穿通讯播音的全篇，只不过抒情部分的表达更集中、更强烈。表达情感的时候，播音员会不由自主地同步出现面部表情，这有助于使声音形象更生动。不过也别在话筒前过于活跃，以免成为干扰因素。

通讯中的议论多为夹叙夹议，作者常常在关键之处加上“批注”议论。事物的好坏喜忧已经摆出来了，评说就会顺其自然说出。篇幅不长的议论，一定要说明播讲人的看法，表明播讲人的态度。议论的声调要注意加以对比控制，不能越拔越高。

九、表现时空

人常说，说书的嘴快，唱戏的腿快。意思是时间和空间的变化在他们的表演中变换得很随意。这是语言传达信息的优势。通讯文稿的时空描写也能够这样随心所欲，通讯播音也要在时空表达上用心。

通讯中有关时间长度的表达一般都是缩短时间的过程，如：“一晃十年过去了。”“人们在山谷里寻找了整整一夜。”“眼看着时间一分一秒过去了。”都有“说时迟，那时快”的情况。语句中有个适当的停顿就把这过程体现出来了。

通讯中方位的表达非常普遍，有前后左右，天上地下，里里外外，远近宽窄，以及不同速度的方位改变。

通讯中有过去和现在的时空对应。有久远的时空，有近前的时空，还有虚幻的时空。有从眼前回忆过去，再从过去回到眼前。有这一区域和那一区域的“平行”叙述。

生活的经验能够告诉我们怎样体会和感受这些时空的变化，在此基础上。对应调整播讲声音的明暗色彩、高低声区、刚柔力度、虚实强弱等要素，就可以将不同的时空相对表达得贴切些。

齐越老师①的著名通讯播音《谁是最可爱的人》《县委书记的好榜样——焦裕禄》等名篇，曾经在一代人心目中产生过重大影响。

① 齐越，于1946年毕业于西北大学俄语系，同年10月参加革命，在晋冀鲁豫人民日报社担任编辑，1947年担任陕北新华广播电台播音员。在中央人民广播电台期间，历任播音员、播音组组长、播音艺术指导、播音部副主任。1975年调北京广播学院任教。1978年被评为教授。

2. 电视讲故事

电视屏幕里主持人讲故事，与广播中的通讯播音讲故事很像，讲的都是真实的故事、新闻故事。

电视主持人讲故事，同样要遵循广播通讯播音中讲故事的要求。对故事进程的总体把握，对矛盾各方对比设计，对时空的表现，对环境场景的描绘，对人物语言思想的表现，对夹叙夹议和抒情，在电视主持人讲故事的时候，都同样适用，都有必要，都应该做到。此外，电视主持人讲故事，还有一些进一步的要求。

要有表情。讲故事人的神态就是故事的一部分。随着故事的进展，故事的起承转合，讲故事人的脸上，要有喜怒哀乐、轻重缓急的表情，但是不宜夸张，要适度。

故事中人物的语言，人物所想的心里话，讲故事人不仅耳朵要“听”到，还要显露出听到了、听清楚的神情，同时，还要有听到后的反应、判断的相应神情。

要有生动的眼神。那也是故事中的一部分。故事中的形象场景，讲故事人的眼睛要“看”得到，目光中要有这样的形象，远近高低，形状颜色，质地轻重，大小多少，都要有明确的眼神。对故事中的人物，要能够看清他的面容，他的喜怒哀乐，他的诉求，他所面临的矛盾，讲故事人的眼睛要有所“观察”。

电视中讲故事，讲到矛盾、冲突、疑问、悬念、思索、喜悦、宽慰……讲故事人的表情、眼神都要很自然地随之表现。

讲故事的时候，主持人可能有三种身份，脸有三个朝向，嘴里有三种语言。一是讲故事人自己的话，二是人物甲的话，三是人物乙的话。讲故事人的话，是面对镜

头——电视观众说的，大致在中音区。人物甲的话，面向左侧30°，脸略向上抬一点，声音可能略高扬一些；人物乙的话，面向右侧30°，脸略向下低一点，声音略低沉一些。

表演艺术强调人物说话要入“壳”——想象中的人物躯体，说这句话的时候你就进入这个人物了，是这个人物的表情，这个人物的声音造型。甲入甲的壳，乙入乙的壳，壳与壳之间还有对话，就是要更生动地刻画人物，着意人物性格形象。这有点像带引号的直接引语，人物语言说完了，讲故事人再出壳，回到自己的身份。

真实的新闻故事中人物的语言和表演艺术的语言不太一样。电视中讲故事的主持人讲出来的人物语言或对话大致是一种“半入壳”状态，即一半是在人物壳里，一半还是讲故事人自己，不十分刻意模仿人物声音，只要有那人物的态度意向、表情且声音大致神似即可，好像不带引号的间接引语。①

因为是在电视屏幕上面对观众表达，所以采用左中右三种话语为基本架构。如果故事中有三个人物四个人物之间的对话，可以分别以三种话语形式为基础展开。

会有一些手势动作。一般来说，手势不宜太多，一个句群有一个动作，或者几个句群有一个动作。手势幅度也不宜大，多数在胸前，不能遮挡脸部。讲故事人的电视画面一般是近景，要注意手势不能伸出画面。

要讲得事大于人。讲的主要是事件，重点不在塑造人物，除十分必要也不需要细致刻画人物形象，因此，主持人不必在人物性格、人物形象上下很大的功夫。只要区别人物的立场，略显人物性格即可。重点在于展示人物之间的差异，表现人和人的冲突，突出人和环境的矛盾，传达人物的意志愿望，重要的是要把事情的始末由来、来龙去脉、是非曲直说明白。

在戏剧中，每个演员扮演人物是循着那个人物性格表现的。电视主持人讲故事是站在故事整体的视角和立场上的，更注重故事总体的走向和完整性。

讲故事的过程中会伴随音乐，断断续续，一段有一段没有。一般都是后期编辑时加入的，主持人可以不考虑，只管生动地讲好自己的故事就行了。讲故事的过程中，还会时不时地加入短片，形成视觉故事的节奏。主持人要有伴随观众一起看各段短片的感觉，一段一段看完后的感觉各有不同，讲故事的话语要有和短片衔接的语气。

① 引用别人的话有两种方式，一种是直接引用别人原句，这叫直接引语；另一种是用自己的话来转述别人话，且不用引号，这是间接引语。

3. 电视专题片解说总体把握

解说电视专题片（后文简称电视片）是播音的一个重要项目。播音员为电视片解说，虽然看不见电视观众，但仍是在对观众说话，是跟随着画面与观众交流。这种伴随与交流受到电视片结构的制约和风格的影响，解说创作虽然在这个局限中，但仍有很宽阔的天地。同时，解说创作也为电视片添彩。

相当数量的电视片解说词衔接的变化大，间隔处多，跳跃性强，需要播音员熟悉多种表达手段。

一、电视片解说的准备

电视片解说的准备包括广义和狭义两个方面。

广义的准备是日常的学习和积累，包括国内国际政治、经济、军事、文化、艺术、体育、生活等诸多方面，以及对社会发展近期和长远规划的了解。

狭义的准备就是对具体的每部电视片解说词的分析准备。接到播音稿件，要遵循一般的备稿的六个步骤进行准备，弄清层次、主题、背景、目的、主次、基调。并且将不认识的字、不懂的概念都查问清楚。

在此基础上，还有一些要特别用心的地方，可能的话，应该尽量事先看过将要录音的片子，在看片的基础上，分清层次段落，了解全片编排的线索，明确编导的中心意图，以及围绕中心意图的各个层次之间的关系，何处是铺张，何处在抒情，高潮在哪里，要做到心中有数。这对于驾驭不很连贯的解说词十分重要。如果音乐已经做好，就应该了解音乐的种类、风格和节奏特点。根据电视画面的特点和音乐的情况来感受电视片，准备播音。

如果有机会参加所要播音的片子的构思、拍摄、编辑和写作的过程，则是更充分的准备工作，能使播音创作更自觉地、有创造性地体现电视片的“本意”，并为电视片增色。

二、解说处于“侧面”位置

电视由画面、语言、音乐音响和字幕几种主要符号表现既定的内容。一般来说在电视专题片中画面和以语言为主的声音是缺一不可的。

电视主要是让人看，伴随着让人听。人们在看电视的时候是“一心二用”的，既看又听。语言只是接受的一部分，播音不能太往前抢，不能干扰观众接受画面信息。

在这个认识基础上，电视片的解说应该处于“侧面”的位置。也就是说在旁边说话。通常称之为“旁白”。

新闻播音时，旁白的意思就是电视机旁边的喇叭，新闻词与画面并肩一起面对观众。

电视片解说，旁白的位置在画面与观众之间，他有时站在旁边指着画面对观众说，有时看着观众背对着画面说，有时看着画面侧对着观众说，有时也会进入画面直接对观众说，有时会躲在画面后边对观众说。

电视片解说处于侧面，就好像在展览会上解说员站在陈列的展品与参观者之间，面向参观者讲解。解说词的作用主要是将画面没有表达的内容说出来，互相补足。播音要能使电视观众留出一部分注意力去理解画面，而不是去和画面争夺观众的注意力。

电视专题片播音的其他技巧处理都立足于这样的“侧面”位置。

三、解说的主观色彩

电视片、纪录片是对大量事实系统的、有分析的报道。电视片在选择事实上，对事实的抽象和提炼；在编排组合上，对发展线索的安排，都十分明显地显露出作者的意图和看法。解说词写作时的抒情、比喻、议论等都是编导的思想感情的抒发。主观态度和个性特征都比较强烈。同一主题，此一编导与彼一编导的选材范围、结构方式、表现手法、切入角度都不尽相同，甚至相去甚远。

电视片、纪录片播音要把编导的立场观点和种种感受以及深刻浓烈的情感色彩表现出来。要以编导的思维方式来理解片子，以播音员自己的个性讲述。当然，播音员要向编导靠拢。

过去认为，解说是在客观的观察角度来向大家讲解的，似乎是来自“上帝”的声音。播音员也把自己的理解认同为完全正确、真理般的表达，义正词严。其实这位“上帝”不是别人，正是电视片的编导，播音员体现的正是他的思想。尽管是这样，也因每位播音员的声音特色、理解程度、表达个性差别，形成不同的解说风格。

后来，有人希望“上帝”的声音也要有强弱轻重的区别，淡化上帝色彩，化成平民风格，显露更多的个性。

现在，人们在多种多样的电视片种类面前，在有些解说中融入了强烈的个性色彩。

我是谁？不再是“上帝”，而是某一角度的观察，一种个性的见解，一个特定的品位，更具体，更多样化。由于电视片的解说心理的个性化，会产生千姿百态的解说风格，张扬、沉稳、轻盈、厚重、温婉、刚健、流畅、凝重……

因表现内容不同，因创作风格不同，因各自追求不同，而有不同的选择。

四、不甩不唱

由于电视片有大量的音乐背景的衬托，解说播音很可能“唱”起来，也就是“念”稿子，且念得悠来荡去。若是没有音乐作衬，这种播法的缺点很容易暴露，而在音乐背景上“唱”则不易被人察觉。这样的播法，滤掉了思想感情的真诚，失去了畅达，把传达话语思想感情的作用大大削弱了。电视片解说词的播音仍应遵循对观众“讲”“说”的播法，不能一甩一甩地像唱一样地念。

当然，播音的讲和说，是经过艺术加工的，不是生活中自然形态的讲和说。但终不能违背自然的讲和说的规律。即使某些带有朗读意味的解说，也应尽量靠近讲述。

为电视片作解说，播音员心目中也应“面对”电视观众而讲述。电视观众的状态是：两眼注视画面、耳朵竖起来在听，时不时转眼看一下播音员。如果播音员有这样直面观众的心态，那么就不会“唱”起来，而会在心里“盯住”观众播音解说。

五、解说与画面对位

有一种电视片制作是以解说词为主，先有解说词定稿，再着手画面的拍摄剪辑。因画面调整解说词的可能仅是偶尔。

更多的情况是，画面与解说穿插呈现。电视片解说要照顾到声像对位。解说的话和电视画面要对应一致，说到的话正是看到的内容。多数情况下对位的要求不那么严格，只求在一段画面内把某段解说词说完。有的时候，要求解说准确地对应相关画面，解说词要等待一下，画面出来再说，甚至为了对位把一句话分解成几个语节，断断续续说出来，这些要按照编导的意图去做，要使断开的语气能呼应衔接，没有隔裂感。

有时画面短而解说词长，这就需要适当加快解说的速度。速度加快不等于改变解说的基本色彩。虽然语速加快，但是并不应该变成局促不安的样子。欢乐悠扬的解说若要加快，应该变为欢乐轻盈的，前后基调没有质的改变；缓缓介绍的解说若要加快，应该变为热情介绍，仍然不失介绍的口吻。

语速加快，应该快在句子内部加快，意思接近的两三句话之间不再有明显的停顿。而完整的句群之间还是要有较充分的停顿。这样可以快而不失从容，快而不显急促。相反倘若要表现急促紧张的气氛，可以把句尾和句首连起来。

有时，文字多于画面，加快语速仍不能解决问题，可以考虑把这一段解说词的开头部分提前到上一个段落的画面中说，以保证这段话能在这一组画面说完。还可以考虑“下延”的方式，把话说到下一组画面。这种“上提下延”的方法，还能制造一种以声音转场的效果。如果文字实在太长，就要考虑删节一部分解说词，或者添加镜头延长画面了。

六、根据画面确定重音语气

电视片中，许多解说词都与画面有密切的联系。解说词重要的功能是补充画面未能表达或难以表达出来的时间、地点和其他背景信息。解说词还就画面中的形象加以发挥，抒情或者议论。这时播音要特别小心地注意语句中的重音位置。

一般说来，画面上已经明确表现出来的内容，解说词应该尽量避免做重音处理，不再吸引观众的注意力去接受重复的信息。当然，解说词毕竟是语句，而不是词或词组，为着语句的完整，有些画面表现出来的内容也要说及，在说的时候要适当削弱其强度，而把那些补充画面和引申发挥的词语给予适当强调。

解说词的语气随电视片的情绪而改变。有时，电视画面激烈，解说也情绪激烈；电视画面静雅舒缓，解说也轻柔温馨。有时，也有相似状态，画面变化幅度较大，而解说虽然波动一致，但是上下幅度变化小，趋向平和。甚至有时，解说相反相成，画面惊心动魄，解说却是在宏观角度上举重若轻；画面平静，解说能在静态下联想到激流涤荡。

我国电视第一位男播音员赵忠祥为电视片《动物世界》解说，是他电视片解说的艺术顶峰。他的情绪，他的诉说，他心中对那个自然世界的憧憬，都淋漓尽致地表现在解说中，技巧融在其中，不留痕迹。

著名播音员李易创造了深沉、凝炼、思考、判断、收敛、坚实的电视片解说风格，有着独树一帜的鲜明特征。

七、全片连贯

很多电视片的解说词都不是写满的。画面连续不断，解说词留白的地方很多。

播断续的解说词特别要小心保持全篇的文意贯通。要在心中明确全片的编排线索，布局的章法，这是做到全篇连贯的前提。作为创作的结果，解说词虽然是断续的，但使人感到播音员的思想脉络始终是连续的。整个片子是完整严谨的。

有时，完全由画面表现，没有解说词。必要时前面的解说要把句尾递进画面，后面的解说要从那画面衔接过来。

有的解说词离开了画面便不能明白是什么意思，只有看到画面才能懂得解说词在说什么。比如，画面是海浪冲刷的沙滩上，两个小孩子跑了过去，留下两行脚印。解说词是“将来，他们还会记住这脚印吗?”这样的解说词，就需要与画面对位，不仅是时间对位，还要情感呼应，要把话轻轻“贴”上，“贴”住。

要弄明白这里是以画面为主，还是以解说为主；要理解某一句解说词是仅仅为一个画面服务的，还是统领若干画面的。有了这样的理解，才能真正把话说得指向明确，语气得当，轻重有数。

有时电视片还有其他声音，风声、水声、钟声、机械声、人群混杂声，解说要有所避让和衔接。有可能在剪辑台上把解说和现场声音调整位置，不需要播音员再关心。但是如果播音员知道这样的混合，要自觉地与之协调。

4. 电视专题片解说语句表达

一、开头和结尾的语句处理

开头的语句多种多样，有的是讲个故事，有的是介绍地理环境，等等。但是作为开场白，都有一个共同的作用，就是启动作用，或者称起势作用。因此在播音处理上应努力引导观众，语气上预示后面要展开表现的内容。

电视专题片（后文简称电视片）的解说一般都在画面出现后一点时间出现，在音乐背景中进行。解说词出现的时候应该尽量避免和背景音乐冲突，力求做到自然地加入背景音乐当中。为此，开场白或较长停顿之后的段落开头的第一个字应该是弱拍说出，第一个词应该比较弱地说出来，像淡入画面一样渐入音乐。如果不是这样，就有一种冒冒失失、很突然地“闯入”背景音乐的样子，破坏了声音之间的和谐。

解说词结束的地方，最后的词或者词组也应该较弱，逐渐“脱离”背景音乐，像淡出画面那样渐隐。

二、说明交代语句的表达

解说词随片中内容变化，有各种不同的写法，播音的处理方式也各有不同。因解说词位置不同，播音也会有不同的播法。

说明交代的语句一般不是电视片中的重点部分，不必着意强调，只求交代清楚即可。因此，语句起伏不大，波形比较平缓。

说明交代的语句要与画面对应，要说得准确，说得明白。语句中情味不可少，这情味表现出来的虽是淡淡的一缕，可它是全片情感发展的一部分，失去了它，便失去了生机和灵魂，失去了前后的联系。

三、概述语句的表达

电视观众观看画面得到的信息是有局限性的，需要用解说词把编导了解的有关情况和背景直接用语言告诉观众，补充画面的信息。这种概述语句在电视片中是常见的。

概述的语句往往是概括全片的内容，或扼要地介绍地区、单位的总体情况，或对不重要的事物进行简述。

在表达时要有一种总括感，不拘泥于细微之处的刻画。要注意区分轻重主次，看看总括在什么范围，总括到什么程度，概述的部分在片中的地位。不同的情况，给予的分量不同，表达的色彩不同。

四、情节叙述语句的表达

电视不能拍过去，不能拍未来，只拍现在。片中叙述往事的情节过程只能靠播音员的画外音讲述。

情节叙述就是讲故事。需要把情节发展的各个阶段讲清楚，也就是要把故事的层次讲清楚；还要把发展变化的关节点说明白，也就是把事物转折发展的原因强调出来。

讲故事要有节奏的张弛交替，要有相应的环境气氛渲染。故事的波澜起伏，人物的动作、语言、神态，需要播音员进行一定的想象，并做相应的刻画。

叙述情节时，播音员要与伴随的相关画面有情感的沟通呼应。播音时心里“看着”画面，内心想到“就在这个人身上发生的事”“就在这个地方发生的事”“就是这些物品当初在事件中被使用”等。

情节叙述不能只是很热闹、很生动地讲故事，还要注意叙事的目的。

五、比喻、比拟语句的表达

解说词的抒情有相当一部分是寓托在比喻和比拟句中的。比喻句中有明喻、暗喻和借喻，比拟中拟人的手法也经常被使用。

一般说来，电视画面提供的是比喻和比拟中的喻体或者本体。这里播音员的形象思维并不因为画面提供了形象活动而停止，而是要积极地去塑造电视画面未能提供的比喻和比拟的形象。要加强对所比喻、比拟的事物的想象和感受，情感正是在这当中传达出来的。这一类的抒情语句，只有心里的感受到位，声音才有可能被赋予情感色彩，只在声音上使劲是徒劳无功的。

六、抒情语句的表达

电视片的解说词里抒情部分很多，是播音的重点部分之一。

播好抒情的语句，关键是自己心里对电视片中所表现的人和事有真实的评价。评价什么？评价自己的感受，这一评价要与解说词一致。为有真实的内心情感，播音员首先心里要静。心静才能有感受，才能有评价，才能体验到些什么。

有的播音员一说到抒情的语句，就强迫自己的内心呈现激动之状，这是枉然的。倘若心中浮躁，则内心已经是充盈之状，就会“油盐不进”，难以引出真情实感。情感是一种体验，不是拖长声音，不是用力大声说话就能行的，心里的感受没有到位，只是在一个个字音上使劲是没有用的，只有心体会到了，声音才有可能有情味。

解说词中的许多情都是借景而抒的，景中含着情，情化在景中，在用语句描绘景的时候，要使景的色彩、景的动态中渗透出情，以景托情。

七、议论说理语句的表达

议论、说理的语句几乎在每个电视片中都有，无论是政论片、纪实报道片，或者艺术欣赏片都会有一些说理性很强的语句，一般篇幅不长。

播议论说理的语句，要看它们是引论，还是主论；是缘事而发，还是先事而发；是阐述规律，还是感叹生活。

如果仅是为引出他事而论，则不能着意论说，而要在论理的语气中处理得较为平淡。如果是主论，即全篇的中心论题，要给予较强的力度。当然，要分清是核心观点还是围绕核心观点的分观点，从而分别处理主次语气。

先事而发的议论要对后面将要说的事情有所“预示”，因事而发的议论要带着对刚刚说过的那件事情的思考来说理，语气中显出有根有据。这两种情况都需要注意故事与道理的相互呼应。

播阐述规律的语句是要用道理“征服”电视观众，努力求得一致的看法。播感叹生活的话语，更多的是要引起电视观众共鸣，呼唤观众一起感叹。有时，感叹与“征服”两个方面是并存的，播音也要兼顾这两个方面。

八、警句、格言、诗词的表达

播读带有警句、格言的语句，与一般讲道理、说明事物的语句差别较大，需带有朗读或朗诵的语气，有时还比较庄重。

但是，不论读什么样的警句、格言都不要板起脸来唬人。故作深奥反而显出浅薄。播音员内心深处不要把电视观众当作完全一无所知的对象，要在与电视观众共同思考领悟的氛围中把警句、格言读清楚。

警句、格言的朗读分量要依据在文稿中的地位决定。

有时，解说词中的诗文、警句、格言都是编导特意强调的内容，要有核心、重点之感。播音员的心理位置是在屏幕的中间，正对面向大家朗读的。

录音时并没有音乐，但在播音员心中要有音乐伴随，想象中的音乐，或者是悠长的，播音随之深情；或者是快节奏的，需要播音有弹性跃动之感。

九、两人对播

大型电视片的解说常常是男女两人对播。两人对播可以避免一人长篇播音的单调，还可以相互鼓舞，相互带动。这时，两人的播音要和谐统一。

两人要共同准备稿件，在把握层次、主题、主次关系以及情感起伏的线索等方面达到理解认识一致，思路情感相通。

播音时，犹如两人共“舞”一只“狮子”，自然协调，你前我后，你起我伏，你摇我摆，你腾我跃，共同创作一部作品。千万不能是“两股道上跑的车”，两种不同色彩，那样的电视片就有被播音撕裂的感觉。

有时，两人的解说词衔接不是在段落间的划分之处，而是在上下句之间。这是一种特殊的处理，播好了有一种特别的呼应效果。在这样的地方，更需要衔接得连贯紧密。

两人说话的轻重、起伏、语气要能够衔接得自然，为此，两人都要认真听对方播音的内容，跟上对方播讲的思路，这样才有可能使二人思路连通，恰到好处地承接。

如果只是一味地想着自己要播音的词句，等待自己开口的位置，实际上是思想的游离，难以共同完成播音创作。

两人对播，男声和女声的语音和谐是播音成功的一部分。男女播音的语音和谐有两个方面。一是男声和女声之间衔接的音应该是和谐音。和谐音是音乐的概念，如三度音、五度音是和谐音，两度音就不是和谐音，不好听。播音并不要求像音乐那样严格控制音高，但男女声前后衔接的音要听来悦耳。其实，只要听来悦耳，两音之间就是和谐的了。

二是男声和女声之间的音高应该接近。一般说来，男声与女声之间差五度听来舒服。如果男声过低，女声又很高，这两个声音对播就会让人有冲突感。倘若工作安排如此，可以由前一播音员在最后一句句尾根据自己习惯的音域范围提高或降低一些，以适应后面一人；也可以由后面的播音员在衔接时的第一句降低或提高一些，到第二句时再过渡到自己习惯的音区。这样的声音衔接就比较自然，不会有突兀感。

十、处理好与同期声的关系

电视片中常有人物的同期声，包括记者或主持人采访的同期声。遇有同期声，一定要分析同期声在节目中的地位和作用，据此相应调整解说词的表达方式。

有的同期声是回答关键问题的，说明某个概念的定义，说明某个主题，作为片中的权威表态，等等。对表达中心观点的同期声，解说词在其前要起到烘托的作用，在其前后适当收敛。同期声的前面渐扬，是引导语气；后面可以稍低起调，是顺接语气，相应地突出同期声讲话的内容。对片子要强调的概念、命题，要在其出现前给予一种期待和预示的语气。

有的同期声是作为引导，要引出解说词中的核心观点、主题思想。解说词在其后要渐扬起衔接，尔后稳健地阐述。

有的同期声是为了证明解说词某个观点，是观点的例证或者补充。解说词在其前要论证完整，有统领感。

这样，方能使解说词与同期声成为一体，组成电视片的完整语言链条，连贯一致完成对思想的阐述。

5. 实况转播

广播时代，重大事件，人们看不到现场，就听广播的实况转播。现场人们的欢呼声、音乐声、讲话声和各种音响，都通过广播传递出来。

但是仅有这些是不够的，还要有播音员进行现场解说。人们听着现场的音响，理解着现场解说的内容，脑海中凭自己的生活经验想象出一幅幅现场的画面。

1949 年 10 月 1 日，在天安门城楼和广场举行了庆祝中华人民共和国中央人民政府成立大会，简称“开国大典”。北京新华广播电台负责转播这场大会，向全中国和全世界传播大会实况。

当时的播音员齐越和丁一岚①负责播音，可惜没有留下他们当时播音的照片。

从 1953 年“五一”劳动节开始，齐越和潘捷②在每年的“五一”和“十一”都搭档做天安门广场现场活动的实况转播的播报。

1953 年齐越和潘捷在天安门城楼进行实况转播

---

① 丁一岚，1945 年 10 月开始从事广播事业，那时的电台叫延安新华广播电台。任陕北新华广播电台播音组组长，在广播工作岗位上 40 年，历任播音员、编辑部主任、北京人民广播电台台长，1982 年至 1985 年任中国国际广播电台台长，中国广播电视学会理事。

② 潘捷，新中国第一代女播音员。曾二十四次站在天安门城楼进行“五一”劳动节和“十一”国庆典礼直播。

后来，有了电视，人们可以直接从电视屏幕上看到大型活动的现场。但是，仍然很需要实况转播的播音。

人们能够看到现场，但是对现场很多事物不一定都很了解，对很多现场的人也不一定都认识，对很多事物的背景也不一定都知道，现场解说要随时为观众提供这许许多多的信息。现场转播的播报为人们所需要，是现场转播中不可或缺的一个部分。

直到今天，每当有盛大活动，比如阅兵式、大型体育开幕式、大型展会开幕式等，精彩的画面外，还有重要的转播解说，介绍背景，说明情况，讲解细节，分析前景，渲染气氛。

现场实况转播的播音，责任重大，播音质量要求高。不仅要与现场的气氛、气势一致，还要能够与现场转播的画面配合一致，有时说，有时不说，准确对位。一般来说，播音文稿已经提前写好，但还是需要播音员反复熟悉，临场不慌张，适度紧张，精神饱满，聚精会神，全神贯注地播讲。要注意在高昂的气势下，仍然有起伏，有张弛，有对比，不能只是一味地高腔高调。男声与女声之间注意衔接，不要一个赛着一个拔高调。

在各方面的支持下，白岩松在广州亚运会和北京奥运会转播时，与其他主持人同步，进行了另一风格的实况播讲，做了风格变化的尝试。他采用的是轻松的，较自然的，谈话式的解说。当然，他同时也有各种语气色彩的变化，并不失大型活动的气势和风度。这样的尝试是成功的。

6. 主持人短评

在新闻栏目里，有时需要主持人有很短的评说。这样的短评，往往没有编辑写稿，由主持人自己夹叙夹议，一般也就 5~7 句左右。

怎样能把这样一个简短的评论，评得一针见血，入木三分，深刻醒目？

首先是要善于捕捉听到事件时自己瞬间的感慨。就是第一反应，需要马上抓住。

这个瞬间的感慨仅仅是一个词，主持人要把这个词转化成为一个观点。一般来说，这个评论的观点是比较切合实际的观点。

这个瞬间的感慨有稍纵即逝的可能，不抓住有可能顿时就想不起来了。如果再想，就可能不新鲜，就可能落入一般化的评论观点了。

有了这个观点，就可以组织自己的短评了。比如：

多年前，有一件怪事。大家在海岸热闹聚集，看一个七岁的孩子创吉尼斯纪录，这个孩子要驾驶飞机横渡英吉利海峡。可是，当飞机飞出去以后，孩子和飞机都失踪了。这是一件不幸的事件。

当看到这个故事，人们的第一反应各不相同。

有人脱口而出："这不是要孩子玩吗?!"

有人马上说道："这事太不靠谱!"

有人立即就问："这也能进吉尼斯纪录?"

其他人还会有别的直觉反应。

"要孩子玩"这个感慨就可能是一篇短评的观点——"别拿孩子要着玩"。

"不靠谱!"这个感慨就可能是一篇短评的观点——"不该做不靠谱的事!"

"这也能进吉尼斯纪录?"这个感慨就可能是一篇短评的观点——"吉尼斯不应该支持这样的纪录!"

当短评的观点确立，需要从观点向后退三步，退到事物的起因源头，退到事物的背景处。从后退三步的位置，向着观点前进说，说到那观点就可以了，只有四句话。

以"别拿孩子要着玩"为例，从这个观点退三步，退到事件的源头，然后开口说。

①七岁的孩子驾飞机横渡英吉利海峡，其实他什么也不懂。

②他的父母和新闻界懂。

③他的父母和新闻界要做什么？他们要挣钱!

④观点：你们要挣钱，别拿孩子要着玩!

再以“吉尼斯不应该支持这样的纪录”为例，从这个观点退三步，退到事情的背景，然后开口说起。

①吉尼斯纪录是人类最有价值的美的挑战纪录。

②吉尼斯纪录不应该以人的生命为代价。

③这样的纪录非常有可能毁掉孩子的生命。

④观点：你们有责任也有义务不支持这样的纪录。

在这样的基础上，短评还可以再向后退一步，从更远的源头说起，更远的背景说起。还可以再向前进一步，说完观点之后，再进一步说希望。

比如，“别拿孩子耍着玩”，在前面可以加一句：⓪有些地方稀奇古怪的事情实在让人难以理解。在观点后可加一句：⑤他们的家长和新闻界应该受到谴责。

再如，“吉尼斯不应该支持这样的纪录”，在前面可加一句：⓪吉尼斯纪录是全世界都关注的纪录。在观点后可加一句：⑤吉尼斯应该以此为戒，永远不要再支持这样的纪录。

相信，以此为模板，针对各种各样的事件，栏目主持如果想评论几句，应该有方法了。

这里，最核心、最关键的是，主持人心中的直接瞬间的真实感慨，要由这感慨形成有独特视角、有力量的观点。

这个短评的思路，是5句左右的基础结构，其实每句都有可能再膨胀成为两三句，整个短评就有可能有十多句的总量。

7. 主持人评论

新闻评论，是新闻媒体表达的重要组成部分，评论往往由媒体的专门撰稿人撰写，或者团队共同策划。

新闻主持人的评论，有些是宣讲撰稿人的文稿。如“本台评论”“新闻锐评”类。有些新闻栏目中，主持人会有些夹叙夹议，一般也都是由编辑写作。

新闻评论的专项栏目，则是主持人自己或者以主持人为核心的团队所作的评论。主持人是评论的撰稿人，甚至是直接口头撰稿人。可能有助手帮助查阅搜集资料，协助整理提炼要点，但是确定论题，提出观点，立论与驳论，思辨与论证，逻辑分析，都在显现评论主持人的思想水平。

主持人评论，千变万化，千说万议，千言万论，总是有一些共同的规律。归纳起来，就是从四个领域认定判断、从八个方位分析说明，形象地说，就是“四面八方”。

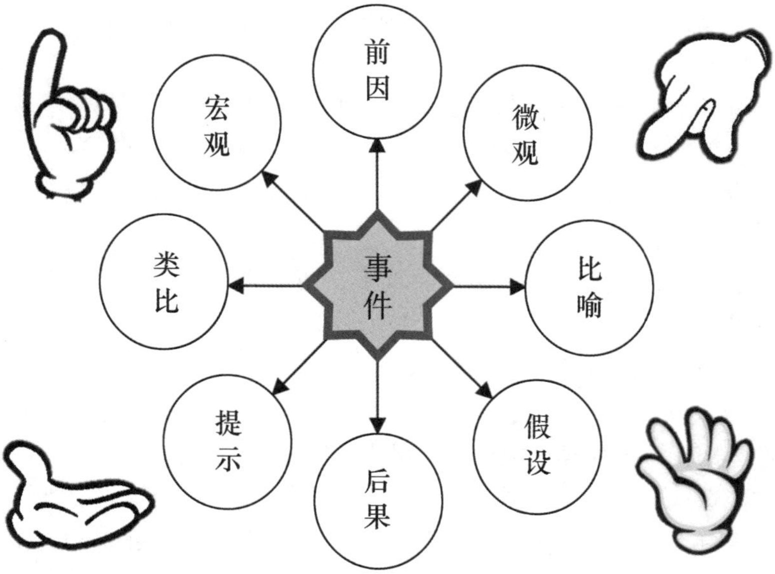

四面，是从外围的四个领域认定判断所评论的事物，从而能够推动事物的发展。其实，就是立论的论点。

1. **好坏**。要分清是与非，好与坏，正确与错误，真善美与假恶丑，态度要鲜明。指出此事物是正确的，为什么正确；说明此事物好，好到什么程度，是正常，是很好，还是极好。指出此事物的性质是不正确的，为什么不正确；说明此事物坏，坏到什么程度，差、糟糕、坏、很坏，还是极坏。为好而肯定喝彩，为坏而担忧气愤。

2. **性质**。指出事物的性质、本质、意义。表面看到的是现象，现象背后是规律和本质。有些现象背后的本质与现象一致，有些本质被某些现象掩盖。要透过现象看到规律，揭示本质，要指出事物真正的性质属性，要指明事物真正的意义所在。是美好？善良？真诚？是缺点？不足？粗心大意？是错误？违法？指出哪一点，指出得是否准确到位，取决于评论主持人的思想水平和认识水平。

3. **必要**。希望此事物向哪个方向发展，指出应该做什么，一定要做什么，必须做什么，坚决做到什么！为什么一定要这样！有时很坚定，甚至有类似命令式口吻。

4. **不可**。警示告诫不能做什么，明确阻止做什么，制止做什么，坚决禁止做什么，谴责做什么！指出做什么有哪些危害，为什么不能！有时规劝，有时比较严肃，有时严厉警告。

八方，是从相联系的八个方位分析说明所评论的事物，从而使人深刻理解事物的性质。其实，就是论证中的论据。

1. **前因**。分析事物发生的原因。说明前面发生了什么情况使得事物有了这样的现象。

2. **后果**。说明事物发生将会产生的后果。分析事物再发展下去会有什么结局。

3. **宏观**。把事物放在宏观的环境中观看，看事物在环境中的位置、地位、分量、作用。纵向看历史背景，横向看环境背景。

4. **微观**。把事物置于微观放大察看，看事物的细微之处，观察某些局部、细节、具体动作。

5. **类比**。把此事物与发生过程相类似的彼事物相比较，看看它们的相同之处，看看相异之点，以此看出规律，说明走向。

6. **比喻**。把与此事物有相同特点的另一事物与其相提并论，那个事物通常简单易懂，通过对那个事物特点的认识来理解此事物。常说的就是“这就像……”

7. **提示**。指出此事物的某些未引人注意之处，或者其附带出的效应，提醒大家注意这些地方的重要性和特殊意义。

8. **假设**。预测条件变化，分析事物将向哪个方向发展。假设条件向不同方向变化可能产生的后果。

四面八方之间关系的说明，就是论证。

这个“四面八方”的公式，仅是个空壳，具体内容要靠评论主持人自己填充。评论主持人要像运用代数式那样，把现实情况代入这个公式，才能“运算”。评论主持人的思想才华才能在这个公式里得到升华。

如果评论主持人缺乏生活的经验和智慧，仅有这个公式，那将是无源之水，无本之木，也难以发出有见地的评论。

如果评论主持人有很多想法看法，但是混搭杂堆在一起，评论也可能不够完整，不够系统，不够有力。希望这个“四面八方”的公式能够给新闻评论主持人相对明确的思路。在评论中灵活运用这个公式，有助于把自己的评论迅速有序地梳理清楚。

试以评论“检察机关就赵宇见义勇为案作出纠正”案例说明“四面八方”公式的应用。

2018年12月26日晚，李某和邹某酒后一同乘车到达邹某暂住处，在邹某暂住处发生争吵。李某将邹某的门踹开后，便提出留宿。看到屋里还有其他女子后，又提出要和邹某出去过夜，再一次遭到邹某拒绝后便上前打她，还用水壶砸向邹某的头部。楼上正准备休息的赵宇听到呼救声，下楼看见李某正在殴打邹某，便上前制止，拉拽李某，赵宇和李某一同倒地。两人起身后，李某打了赵宇两拳，赵宇随即将李某推倒在地，接着上前打了李某两拳，并朝倒地的李某腹部踹了一脚。后经法医鉴定，李某腹部横结肠破裂，伤情属重伤二级。2018年12月29日，李某报警，赵宇因涉嫌故意伤害罪被警方刑拘。2019年2月21日凌晨，福州市公安局官方发布案情通报，公布了该案案发经过。检方认为，赵宇的行为属正当防卫，但超过必要限度，造成了被害人李某重伤的后果。鉴于赵宇有制止不法侵害的行为，综合全案事实证据，对赵宇作出不起诉决定。2019年3月1日，在最高人民检察院指导下，检察机关对福建省福州市晋安区人民检察院就赵宇见义勇为一案的处理作出纠正，认定赵宇的行为属于正当防卫，依法不负刑事责任，对赵宇作出无罪的不起诉决定。最高人民检察院表示，严格依法对赵宇一案进行纠正，有利于鼓励见义勇为行为，弘扬社会正气，欢迎社会各界监督并支持检察工作。

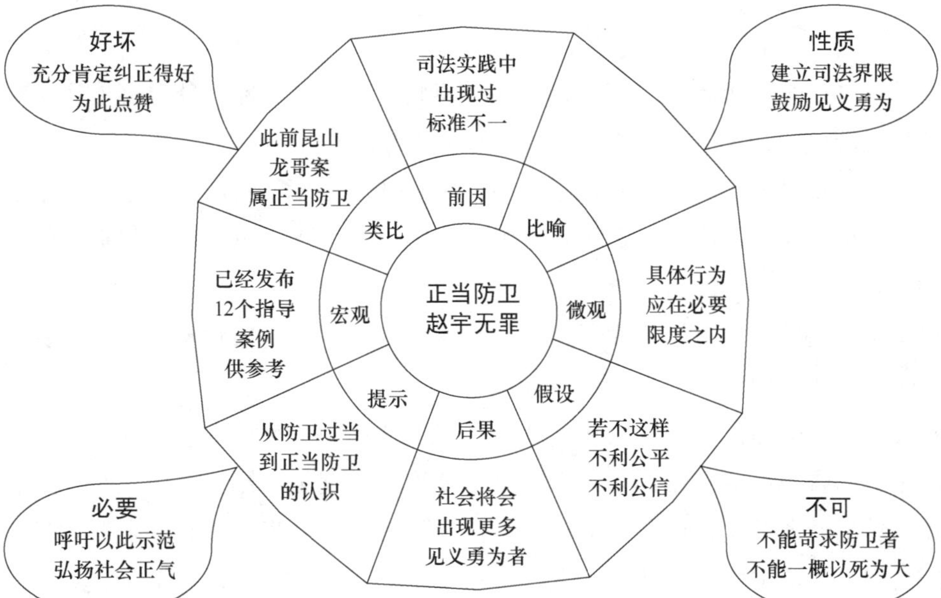

再以评论“清华大学从2017年起不会游泳不能毕业”为例，说明“四面八方”的应用。

从2017级开始，清华大学学生的毕业证书将与游泳挂钩，不会游泳者不能毕业。新生入学后，体育部将对所有新生进行游泳测试，测试通过可以免修游泳课或参加游泳提高班的学习，测试不通过或未参加测试者必须在大一和大二两年内参加游泳初级班的学习并达到课程要求。当然，如学生确实存在不适合学习游泳的情况，在递交医院和相关单位证明并经学校教务部门和体育部审核确认后，可用其他体育课程替代游泳课程。

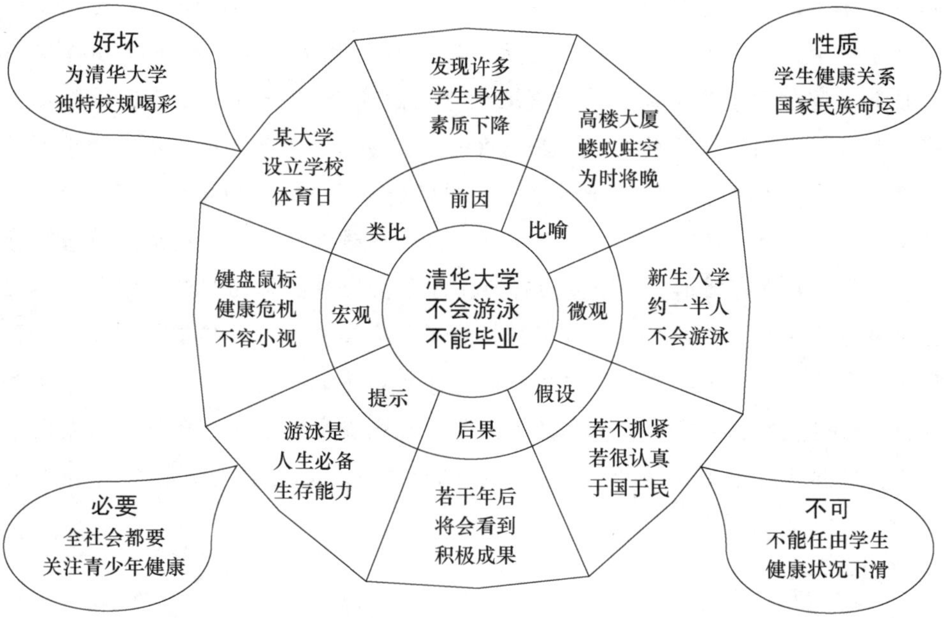

捧着这样一个“罗盘”公式，面对一个事物，评论的思路可能已经有了大概，评论的架构可能已经初步搭起，评论的话语也就可能流畅地说出口了。

当然这“四面八方”不一定也不必要一一都用到。一篇评论，论点可能只是一个，论据可能也就三五个。使用四面八方的哪一面哪一方需要评论主持人根据所评事物的现实和背景把握。

要特别说明的是，这个公式不是唯一，这个公式也不能僵化地硬套。要具体问题具体分析，灵活运用。

新闻评论有强烈的个性。同一事物，不同人从不同角度、不同高度、不同层面观察会产生不同观点，立场不同、态度不同，评论的力度也不同。人们论是非曲直，论真善美丑，论爱恨情仇，论荣辱廉耻，论得失利害，论明暗清浊，论高下优劣……众说纷纭之间，评论主持人要有自己独到深刻的令众人称道且眼前一亮的评论。

评论什么，怎样评论，向哪个方向评论，评出什么，论出什么，评论主持人都在影响社会生活，都负有对社会的责任。只有对生活认识透彻才能准确把握评说的靶点，产生推动社会生活前进的力量。

在社会重大事件发生时，新闻评论要能够不缺位，不失声，及时发出声音，作出评论。而且，一位成功的评论主持人，要能够保持自己前后一贯的评论定力，同一出发点的评论基点，一脉相承的评论立场，统一一致的评论风格。

评论的新闻性、科学性、严谨性决定了主持人的评论有明确的观点，有逻辑的分析，深入的思考，独到的见解和犀利的锋芒，能够让听众、观众信服、信任、信赖，这取决于他的知识、阅历和对生活的深入思考。评论主持人的真知灼见、远见卓识是根本。

有些评论带有辛辣的讽刺，甚至含有嬉笑怒骂，或许对某些令人愤慨的事物，这样鞭辟入里的评论更有力量。

有些评论带有一定的趣味性。往往针对的是比较软的事物，评论的风格与所评事物应该是一致的。

对生活的评说要看得准，讲得清，想得尖锐，辨得分明，剖析得透彻，指向得犀利。评说的力度、分寸要适度，深刻的评论都是缘于评论主持人深广博大的思想境界。

评论主持人不能高高在上、颐指气使，要防止训教的面孔，呵斥的腔调出现。

热爱生活是评说的基点，与听众、观众同呼吸共命运是评说的根本，渴望美好的未来是评说的目标。

新闻史上，有的人一生致力于评论。许多年后，人们看到，他当初的评论大多数都评得切中实际，对社会生活有预见，有引导，有呼吁。新闻评论能经得起历史检验，这是难能可贵的。

截止到2022年，中央电视台主持人白岩松致力于做新闻评论二十多年，始终坚持不懈。他的评论触及生活的各个方面，有锋芒，有见地，有理有据，有情有义。在有关各方的支持下，在广大听众、观众的关注中，他的评论是我们当代坚持广播电视新闻评论的难得的里程碑。①

① 白岩松，1989年毕业于中国传媒大学新闻系。2010年，获得“优秀播音员主持”奖。2016年，获得中央电视台十佳优秀播音员、主持人奖。2018年3月，当选政协第十三届全国委员会人口资源环境委员会委员。从1993年到中央电视台《东方时空》，就不断地发表评论，直到2019年，共26年。从2003年开始，央视论坛正式打出“央视评论员”的称号，专题评论栏目《新闻1+1》创办于2008年，白岩松在其中进行新闻评论，一直发展到2022年。

8. 天气预报

天气预报是广播电视收听收视率最高的栏目。

天气预报主持人由两部分人组成：一部分是气象专业人士，一部分是播音主持专业人士。好的天气预报主持人应具备这两个方面的知识和能力。没有专业知识，很难说好气象专业用语，而播音主持的能力又是表达的需要。

天气预报的表达简洁而又专业。简——似乎时间不长，语言量不大；洁——听起来话语几乎没有技巧感。其实不然。天气预报的话语要一气呵成，一次连续的话语量并不是很短；快速的播报里面，含有多重话语技巧。而且还有天气预报的特殊要求。

广播的天气预报速度比较慢，播音员要注重预报话语中地区的方位感，以及重要天气的警示感。

电视的天气预报，主持人要同时掌握好几个方面。

1. **播报的话语**。天气预报的话语很像新闻播报，层次结构明确，速度语气都差不多，只是天气预报的内容比较集中，专业性比较强，要讲得流畅连贯，自然大方。总体来说，天气预报的话语要明确，不含糊不迟疑，要有直接指向的交流感，要含有一种责任感。

2. **站立的体态**。一般天气预报都是站立讲述，要两脚平分重心，脚的开度小于肩的宽度。需要转身换步的时候，脚下的步幅要准确，好像在地上已经画好了脚印，踏稳那既定的位置。

3. **指向图板的手势**。讲述地理位置时，主持人要用手掌指向地图。指得要准确，要与口中的话语配合一致。指的时候，要与脚步形成一定的体态展开收回节奏。

4. **与镜头——观众的交流**。开始和结束的时候，主持人是面对镜头说的。讲述过程中，主持人要手指地图，目光就要随着手指转向地图，讲的过程中，一个句群的句尾有可能再看镜头。这很像在生活中指一个板上的字或图讲给对面人听的状态。但是，目光方向的分配是很讲究的，要精心设计。时间久了，就习惯成自然了。

这四个方面，要组合协调，似乎自然而然，其实有其特殊之处，需要设计、练习。

天气预报主持人实际是站在一块绿色的板前，采用键控①的方法与地图合成为一幅画面呈现给观众。

---

① 键控，吸取画面中的某一种颜色作为透明色，画面中所包含的这种透明色将被清除，从而使位于该画面之下的背景画面显现出来，这样就形成了两层画面的叠加合成。通过这样的方式，单独拍摄的角色经抠像后可以与各种景物叠加在一起，由此形成新的合成画面。这一方法俗称“抠像”。

主持人在绿色背板上指点，眼睛同时还要看着左侧的电视监视器上合成的画面，让自己的指示表达准确。这时要一心四用，做到四个一致。

1. 话语要与手指示的的动作一致，口中说到哪，手要指到哪。

2. 手指示的位置要与地图合成一致，手指的同时，要注意合成画面，在合成图像中指准位置。有可能在绿板上做一点不显露的标记，更有利于指得准确。

3. 手势要与身体动作一致，伸手时必然要转身，转身之后，手势还有收放，手势与身体的节奏要协调。

4. 目光与话语、脚步和手势一致，哪些话对观众说，哪些话是看着合成画面说，目光在伴随话语时，要随着转头的动作，落点明确，分配合理。

参观气象台的天气预报演播室

主持人手指向绿色背板，即指向地图时，伸出的手形多种多样，要避免单调。

有用手指指点，有用手掌指示。手掌指示的情况比较多。

手心向上，好似托住那个位置。

手心向下，好似控制那个位置。

手心向内，用手掌盖住那一小片位置。

手心向外，用手掌示意那一小片位置。

在上下内外之间，手掌还可能略有倾斜的角度，都是很自然的，位置指向准确是最重要的。

离身体稍远一点的位置，手臂要伸直指向。

离身体稍近一点的位置，手臂要屈肘指向。

在示意一个纵向区域的时候，手可能要上下摆动。

在示意一个横向区域的时候，手可能要左右移动。

当主持人面对观众的时候，随着话语，主持人自然地有单手的手势，有双手的手势，有上下运动，左右运动，斜向运动。有手掌翻转，有手掌左右收拢展开，有左右手上下同步，有左右手上下不同步。

天气预报主持人站立时，有面对观众讲述，还有大量的转体动作，边动边讲。动作要与话语协调一致，有一定的节奏感。

按照人们的视觉规律，主持人一般都转向自己左侧。转向侧身 80°、90°，转体的时候，脚步移动要自然稳定。

主持人还有可能背身 180°，往图板上插旗、贴标。在转体时要注意体态端正，不歪不斜。

9. 购物带货

打开电视机，也许能看到电视屏幕里面有一百多个频道，其中有若干个是电视购物频道。购物主持人永远不知疲劳地工作着。有的是录播，有的是直播。手机的屏幕上也有大量的直播带货者。这个时代已经有大量成功的直播带货购物主持人。

屏幕上能够用镜头表现出商品，画外音也能够把商品介绍得特别清楚，为什么还需要一个购物主持人出现在大家面前。人和人的交流是最亲近的，有一个具体的热情的人向你推荐商品，总是比看不见人的声音文字要更有影响力。同时，主持人是观众的替身，他们要代替观众去抚摸商品，去操作商品，展示直接的体验，观众更愿意接受。

屏幕上的购物主持人面对面地和每一个家庭交流，和每一个人交流，要充满热情，充满对大家的爱，自己心中有喜悦，面对大家有热情。未成曲调先有情，在这里特别明显。人们接受了你这个人，才有可能接受你介绍的各种商品。如果对这个人没有好感，那么商品也就难以推荐了。一个满心欢喜热情洋溢的购物主持人是大家需要的。

热情的主持人要用语言，用体态，用操作来介绍自己的商品。购物主持人要用滔滔不绝的语言介绍商品。

一、购物主持人的语言

介绍商品的话语有总说、分说、细说。总说要有概括的感觉，分说要有结构的感觉，细说要有刻画的感觉。主持人自己心里的逻辑结构要清楚，表达的语气各不相同。

有主说、次说、叠加说。也就是在某一商品中，哪一部分功能和作用是主要的？哪一部分功能和作用是附加的？哪一部分是最新增添的？哪一部分需要不断重复？主持人心中要有主次区别，话语要有轻重之分。

有正面说、反面说、侧面说，正面说好商品的功能特点和优势，反面要说到以前的或者其他商品不足的地方，侧面要提及其他类型的商品。主持人心中的视角和方位要清楚，语气对方位和角度的“标注”要清楚。

有对比说、举例说、感悟说。有新旧商品的比较，此商品与彼商品的比较，要举一两个甚至更多的事例来说明商品的功能，同时说好主持人自己的感受感悟。对比的时候，话语的重音要突出对比点，举例的时候，强调商品优点的重点语句要赋予重彩，感悟的话语，要着意于情，以情带物。

有指向说、劝导说、呼唤说。指向说就是“请您看这里”“请往这里看”，劝导说就是“如果你家里有这样的商品就会很方便”，呼唤说就是“请你抓紧时间赶快打下面屏幕上的电话”。这三种话都是面对观众说的，各有各的作用，语气的力度不同，不要说成同一种语气，同一个层次。

有的时候是两位购物主持人共同主持。两人主持要注意互相衔接，有互补式，有互攀式。互补，是你主说这一段，我来补充。互攀，是你说一段精彩的，我要说一段比你更精彩的。双方之间有问答、重复、承接、补充、递进、齐声、同步、提醒、纠正、惊叹、评说……

有的时候是购物主持人与嘉宾共同主持。主持人不断提问引导，请嘉宾主说，主持人或者补充说明，或者引申添彩。注意主持人不要抢话说，不要冲击了嘉宾的风采。

有人觉得主持人的话太多了，翻来覆去地说一个意思。有简单重复，有细化重复，有变异重复，是不是啰唆了点？其实这样做是以观众为导向的，购物主持人面对的电视机前的群体是家庭主妇和老年人，他们细致认真，不讨厌啰唆。相反，你多说几遍，他们多听几遍，才能听进去，他们容易在反复验证后动心购物。主持人自己心里不烦不急不躁，就能说得好。

当下的很多电视购物栏目的语言都是急急火火的，生怕人家不懂啊，生怕人家不买。以呼唤式和招揽式的语气为主，有千人一面、千人一腔的感觉。能不能换一种说法？以静态的心境，以观赏的目光，以耐心的说明，以稳重的分析，平心静气地推荐商品，引导人们对商品关注，对商品喜爱，实现购物节目的目的。

二、购物主持人的动作

主持人在讲述的时候，要用目光观察商品，有整体的大致观察，颜色、形状、结构，有局部的仔细端详，按钮、开关、商标。主持人的目光要真看，而不是似看非看。真看了才能有真切的话语。在认真观察商品的同时，还要不断抬头与观众——镜头交流，要注意两个方面合理的目光分配。

主持人在讲述的时候，手上要不断地操作。指向商品，打开开关，测量温度，放水点火，切开分解，掺和搅拌，拆分组装，拿起放下，放进取出……一步一步演示给观众看。有时为了说明，还要举起或者指向一个有文字图表的板，借以说明更多的数据，这时主持人的注意力是在手上或者板上，嘴里的话，也要连贯流畅自如；还要注意伸出的指形、手形、掌形；同时，要时时抬头看镜头，与观众交流。

主持人有时还有购物的个性化体验，要试吃、试穿、试用……同样要求主持人边试边说，试得明白，说得清楚，购物体验的时候，不要忘记与镜头交流，对观众说话。

购物主持人面对镜头站立，要不断地低头、抬头、转头、回头、弯腰、转身，需要注意体态端正，动作稳妥，不慌不忙。主持人出场和现场走动踱步，要有步伐的训练，一步一个脚印，不能乱。

三、其他购物主持形式

网络直播带货主持人能够看到谁来到直播间，谁在提问留言。主持人都要有所反应，对刚刚看到自己的网友打招呼，回答网友的问题，与网友共同讨论某个关于商品的话题。这些话不仅是对这一个网友说，更是借题发挥说给天南地北无数的网友听的。机敏的反应，生动的话语，递进的内容，多重的视野，都要能够吸引住人，带动起人，激发人共鸣，引导人下单。这些都是事先深入研究资料，花费大量心血准备构想而来的，在此基础上主持人随机应变，产生不尽的智慧火花。

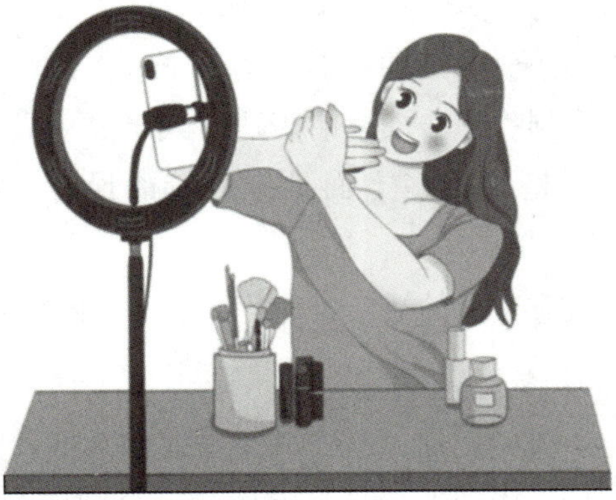

广场上直播带货的主持人要直接面对现场关注自己的群体，滔滔不绝和他们讲述，吸引他们；还要想办法让路过的人们能够驻足，让远处走来的人们产生兴趣。话语中有功能用途的商品介绍，有人情世故的滔滔诉说，有呼唤招揽的不尽热情，话语的气场能够覆盖远近，神情的交流能够拢住左右，节奏的变化能够推动情绪。这些都需要事先的方案和设想，以成就主持人即兴临场发挥。

无论怎样的购物主持人，怎样的推销形式，怎样的表达风格，怎样的语言形式，带什么样的货，面对哪一类购物群体，都要有共同的社会责任，都要符合共同的社会期待，都具有共同的成功之道，那就是要认真说明每件商品的真实价值，要引领发现商品的艺术美感，要能够挖掘大众生活的实际需求，要善于激活每一个人的购买欲望。

10. 广告演播

广告演播是播音工作的一个方面。广告演播虽然短小，但是种类繁多，技巧精湛，是很深邃的一个领域。

广告篇幅短小，不可能逐渐引导人们进入意境，必须一开口就能吸引住自己的诉求对象。所以在演播准备过程中要有充分的心理准备，经过较长时间的酝酿，出口便有极生动的形象，极强烈的感受，极动人的情感。

广告创意的手法多种多样，广告演播的表达方式也要求具有独特的个性，在语调、速度、节奏、情趣、韵味、格调等多方面具有独特的设计，甚至有声音化妆、性格造型。

广告演播已经远离一般意义上的播音，变化无穷、不断创新、异彩纷呈。

一、写实真切风格的广告语言形象

说明和讲解功能、性状、用途、厂址、电话等内容的语句属于写实风格。带有写实风格的广告语言要求说清楚、讲明白，让人听懂、记住。

当然，写实风格的广告语言不能是静态的，一定要饱含播讲人的热情、倾向性、肯定性。写实风格的广告演播也会带有趣味感、幽默感，或许还有悬念、浪漫色彩。不过这都应不影响写实风格的基本形象。

二、写意夸张风格的广告语言形象

写意夸张风格的广告语言形象并不十分在意说明什么，而力求渲染一种氛围，制造一种意境，宣扬一种情味，并非意在说明厂家和产品，而是追求在连续发出的音节串中，显现一种流动、一种顿挫、一种格调、一种韵味、一种印象，激起语音带来的审美的共鸣。内心的感受要有整体性，不拘泥于局部。心目中可能是变化的色彩和多样的形体，可能是流动的幻影和美妙的声音。

要注意的是，柔情似水时不要矫柔造作，甜得发腻；坚毅刚强时不要虚张声势，张狂逼人；幽默滑稽时不要以丑为美，以酸为趣；思索探求时不要故作聪明，别把机智妙想说得深沉凝重。

夸张要与夸大区别。比如，广告词：“今年二十，明年十八。”很明显，这不是真实的。这条广告语的意趣在于曲折指向产品，而不是实话实说。

三、对比与层次

对比，是艺术表达的基本手法。广告演播中也存在着多种因素的对比，如，语言和画面的对比，语言和音乐的对比，说明类的表述和情节性的讲述的对比，角色的话和非角色的旁白的对比，男女声音的对比，排比、对仗语句的对比等。强调这些对比，会使广告演播产生较强的韵律感。虽然广告的时间短暂，短小篇幅中也有层次的安排。有递进，有波折，有互衬。各种对比要素组合在多层次的整体里。

四、多重表达样式

丰富多彩的广告语言，有无穷的创意，也有不尽的表达样式。

（一）呼唤招揽式

开口要有强烈的播讲愿望，要有胜券在握的信心，要有能够把人们唤得回过头来的勇气和愿望，用自己的语言把人们扯住，让人们驻步定睛，被热烈的气氛所笼罩，被不容置疑的情绪所征服。

（二）侃侃诉说式

以一种个人独到的感受方式把广告词说出来。有娓娓动听者，有感慨万千者，也有铿锵朗朗者。讲出的话常常带有无限感慨和不尽的情思，把自己的感受尽量传递给别人，变成他人的感动。

（三）热情赞颂式

较之侃侃诉说式更向诉求对象逼近一步。对产品有更为强烈的热爱，是一种从内心迸发出来的热情之火，不带有任何虚伪不实的假心假意。赞颂的语音中包含的是真诚，没有一丝浮滑的油腔之调。热情赞颂之源应该是先说服自己。

（四）朗读朗诵式

围绕诗文在广告中的位置和作用设计朗读或朗诵，带入某一文学意境之中，或作引，或渲染，或点题，或附缀，不同的诗文要给予不同的色彩、不同的韵味、不同的分量、不同的力度。

（五）情节叙述式

向大家讲一个极简单的故事，有发展、有转折、有变化，广告中的故事只是长故事里的一个横断面，省略了前因后果，播讲人已经被故事吸引，处于兴奋状态，一张口就进入故事的关键时刻、高潮之处，用最有兴致的、悬念最强的语气讲述故事中最精彩的这一片断。

（六）说明讲解式

像内行人、知情人那样自如地讲述产品的性质、特征、表里关系、因果关系，才能解释得使自己明白，他人明白。讲解人都被广告创意设立了具体身份，或是医生，或是专家，或是家人，服装、年龄、举止、神态都有明确的规定性，向大家讲解的语音、语调都要符合特定的身份。

（七）推理论证式

以逻辑推进的方式引导大家认同。在篇幅短小的广告词里，省略推理的步骤是必然的，有的省去前提，有的省去结论。广告语的逻辑链环有显有隐，而广告播讲人心中，逻辑链环一定是完整的，不可断裂失落。

有的广告创意设计在结论之后还要说明产品，推理的结果是下一步诉说的基础。此时要注意思维的连贯，把握住广告创意的核心意图。

（八）角色对话式

给“广告电视剧”中的人物配音，扮演“广告广播剧”中的人物。剧中的人物各有不同的背景、身份、年龄、心愿，走到广告故事里的行为目的也不一样。把握住这些，在具体环境氛围里，方能体会角色的语气、腔调、说话的分量、情感状态。还要考虑到人物的动作特点，站、坐、躺、弯腰、挺背、伸头、转脸等，都决定了角色语言的微妙变化。

第九章　舞台类主持

舞台类主持不一定就是在剧场的舞台上。

很多节目是在电视台的大演播室里进行的。

有时还在室外露天场地进行。

对主持人来说，这些节目的共同规律都是舞台主持的感觉。

主持人要面对数量比较多的观众。要与观众呼应，要能带领观众，要活跃场上气氛，要衔接前后节目，从而实现艺术的设计、导演的创意、观众的期待、节目的效果和目的。

1. 晚会主持

一、电视晚会的性质

电视晚会一般表现重大主题，都是现场演出，不是分镜头拍摄。

晚会现场有大量的群众参加。对现场观众来说，就是在看一场正常的演出。电视台在不干扰现场观众的情况下，把晚会录制下来，在电视上播出。

电视晚会的艺术形式多样，有音乐、歌舞、技艺、曲艺、语言、短片、采访，还有舞美、灯光、道具、服装等，当然还有观众和晚会主持人。所有这一切，要通过电视采集并且编辑加工后呈现给观众。有些晚会是在充分准备后现场直播的，现场直播的晚会更具挑战性。

电视晚会的主题要通过晚会中一个个节目的艺术表演来表现渲染，主题也会在晚会的某些段落中直接表达，更多的要通过主持人的语言相对完整地表达出来。

广播晚会虽然只有声音，其实制作过程和主持人表现与电视晚会很相像。

二、晚会主持人的作用

晚会主持人是重点元素、关键符号，作用好似报幕员，又不同于报幕员。他不仅要说明节目，介绍演员，还要将前后的节目串连起来，结成一个整体。

晚会主持人体现着晚会的主题形象。他的相貌、服装、声音、情感都与晚会主题一致。

他要出场开局收官，他要串连承上启下，他要穿插画龙点睛，他要勾挂调节气氛，他还在表达着看不见摸不着的格调，韵味、风采、印象……

晚会将要在电视上播出，所以晚会主持人要面对现场的观众，更要顾及屏幕前的观众。

三、晚会主持的语言特点

如果没有电视播出的情况，主持人与现场的交流不受约束。然而，当要录像或者直播，兼顾屏幕前的观众时，晚会主持人的表达要有所收敛。过于强烈的对现场观众的高声调，在屏幕前的观众看来，就觉得会有点癫狂，那就不理想了。具体的把握尺度是，可以让自己的心覆盖全场，而语调以屏幕前的观众能够接受为界限，在这两者之间寻找最佳的语言表现力度，在寻找中有所心得，形成风格。让现场观众不会觉得没有对我主持，让屏幕前的观众也能够接受。

晚会主持的话语风格是多样的。有高声朗诵式，有大方宣讲式，有认真诉说式，有轻松活泼式。选择哪种风格来主持，要看晚会的主题，晚会的规模，还要看一段段主持词在晚会中的位置和在晚会中的作用与功能。

重大晚会在开场和结束的时候，往往采用高声朗诵的形式。有些中小型晚会不一定如此，可能稍平和一些。

晚会开始，主持人开场的话语有强烈的呼唤性，要醒目，要有力量，主题作用非常明显。

在晚会的中间部分，主持人介绍节目内容，介绍嘉宾或者表演者，或者对某些事件进行说明，就不可能是高声朗诵了。对道理，可能要大方地宣讲，对事件，可能是侃侃而谈地认真讲述。还有一些晚会，根据内容，可能是轻松活泼地表达。

主持人要在一个个节目之间衔接报幕，对比之下语言要显平和，要把故事或者道理讲到人们的心里，要敲开大家的心门，让人们随之想象，随之心动。

主持人要在某些段落处抒情，主持人要有一定的语气起伏夸张度，但不能脱离讲述的基础状态，话语要唤起人们真实的共鸣，一同激起人们的情感波澜。

主持人可能会对参加晚会的重点人物采访，这段采访就是晚会中的一个节目。采访的提问都是已经设计好的，主持人需要在执行过程中随机应变。对方紧张，说得过于简短、过于啰唆，对方说远了，主持人要及时巧妙地调整。

主持人在语气上要能够控制全场。主持人的许多话语都有语气的暗示，暗示大家鼓掌，暗示大家期待，没有明说的话要在语气中表达。语气热烈上扬就是希望观众鼓掌，气口紧密，一句接一句，就没有要大家鼓掌的意思，主持人自己心里要有设计。特别要注意的是，一段主持词中，现场观众鼓掌的次数不宜过多，要适可而止，是不是要大家鼓掌，甚至鼓掌的热烈程度也应该能够通过主持人的语气示意。

晚会主持人的话语要产生节奏美，要与音乐意境有融合美，要与现场气氛构成协调美。因此，主持人要理解晚会的策划和主题，领会导演的风格和追求。

一场晚会，一二十段主持词，有不同的作用和功能。有不同的主次轻重、色彩形态、节奏变化，都各有章法，各有功能，各有其趣。

当两人或多人共同主持晚会时，一大段主持词分配给每个人若干句，大家轮流表达。这时，在每个人心里，要以自己完整表达这篇文稿的理解来驾驭自己的部分。不能只是想着自己这几句词。试想，如果这些主持词由自己一个人说，起承转合到自己这几句应该怎样？明白了全篇，也就明白了自己这几句的表达方式了。在这样的基础上，再来考虑与前后主持人的衔接，就能妥帖了。晚会主持，前后主持人声音的对接，特别要注意音的和谐。前高腔，后高接或者后低接，前低回，后低续或者后高起，都有可能。前面主持人怎样“送给”后面的主持人，也很有讲究。大家要在一起研究探讨，导演统筹，共同完成。

两人共同主持时，有些主持词写得前后对应，有些写得互相攀升，有些写得互相补充，还有些拆开语句结构，你是主语我是谓语，也有些对话一问一答……两位主持人要把撰稿人的良苦用心充分表现出来。

多人主持或者双人主持，话语之间的互相接续大致有“抢”和“让”两种方式。抢，就是咬住前一主持人的句尾，自己的声音紧紧接上来。让，就是在前一主持人的话之后，有一个呼吸和理解，然后再挑起自己的话头。何时抢？何时让？何时“让抢让让抢”？何时“抢让让抢让”？都在晚会主持人的艺术理解和追求之中。

极少的时候，晚会主持人有小小的口误、错词、结巴、滑音。最好的解决办法是当场解决，等半秒或一秒后，及时重复一遍，讲好正确的话语。这样处理，场上气氛是一致的，主持情绪是连贯的，声音的音色也是统一的，能够为后期剪辑创造较好的条件，能避免晚会结束后补录时的瑕疵。

四、晚会主持的其他要求

一场晚会的主持，看似只是一晚上的辛苦，实则是长时间心理和艺术准备的结果。

一次次排练，抵近时的彩排，主持人都要认真投入，让自己更为熟练。

有些大段成篇的重点主持词，主持人要下功夫大声朗读、背诵，并且反复琢磨表达技巧。

晚会当天，主持人要有充分的心理准备。要场前静心，既不给自己盲目施加压力，也不让自己精神松懈，保持良好的精神面貌。不能在晚会主持的当天给自己安排很多事情，那样一定会影响主持时的表现。正常情况下，人在一段时间里，一周之内、一天之内，只有一次最好的状态，晚会主持人要把这次最好的状态留在晚会正式主持时段，不能早了，也不能晚了。早了，在彩排时进入最佳状态，或者开场前练习得特别好，就浪费了。晚了，到晚会进行到三分之一才来精神、有感觉，就来不及了。主持人要学会这方面的自我调整。

默场很重要。因为已经经过了排练、彩排阶段，主持人只需要在心里回忆、默想主持词、主持过程和要点，直到上场。

在开场前和每一次主持前的最后一分钟，主持人要整理好自己的台词卡片的前后顺序。

晚会主持人要有摄像机机位的意识。虽然对现场观众来说，晚会录像在他们不知不觉中进行，但是对晚会主持人来说，应该有一定的摄像机镜头意识。多数情况下，晚会主持人按照舞台演出的规律进行，不必过多考虑摄像机。有些时候，主持人要找到拍摄自己的那个机位，面对那个镜头讲话。有经验的晚会主持人都能够明白，初学者要潜心研究，也不难。

晚会的主持人相对于一般栏目的主持人，对形体表现的要求更高一些。如果说没有受过形体训练的主持人尚可以主持小型节目，但登上大晚会的大舞台，就要求有较好的形体训练。站有站的姿势，走有走的姿态，手势要恰当，动作要优美。严格地讲，这要通过健美类的形体训练才能获得。为能在电视晚会的舞台上更美，更具风采，主持人要将自己的形体训练尽早列入日程。

2. 娱乐游戏栏目主持

娱乐游戏栏目基本情绪都是欢乐的。欢乐的心情挂在脸上，欢乐的心情踏在步履之间，欢乐的心情散发在一举手一投足，欢乐的心情带出欢声笑语。

游戏娱乐主持人，在场上要彻底放松，要真心笑出来，要从心底乐出来。若自己不放松，如何打动他人，感染大家呢？

在自己真心快乐的基础上，主持人要带领观众的情绪和现场气氛。偏理性一些的娱乐节目，要求主持人在欢乐中略显端庄；轻松活泼的节目，希望主持人欢快而又风趣；快乐热烈的节目，期望主持人能够“疯”起来，闹起来。不同主题的娱乐游戏节目，要求主持人的欢乐中带有不同的风采。各个栏目的娱乐游戏设计不同，栏目的格调也有差异，主持人的欢乐心情也随之各有色彩，与节目吻合一致。

主持人的情绪要适度夸张。乐要乐得开怀，想要想得奇特，动要动得奇特，说要说得伶俐。以此来把观众带入欢乐，带入忘情，带入激情。

主持人的话语要活泼机敏。语速快，反应快，对答快，声音脆亮，音节跳跃，节奏轻盈。还要有挑战性、鼓动性、煽动性。

主持人的神态要有幽默感。要善于找到趣点逗趣，要善于制造悬念生趣，要善于跟着笑点凑趣，要乐于自己在趣点中被点燃，能够以自己的快乐感染大家，带着全场笑点不断，笑声不止。

主持人既是娱乐游戏的组织者带头人，又是“执法”的裁判员，还是喝彩的啦啦队员。三种身份交替出现。三种身份随时变化，并且要转换得自然、流畅。这三个“岗位”，主持人要尽职尽责，不能“失职”，不能“失守”。

主持人既要面对娱乐游戏的参加者，又要面对现场的观众，还要面对其他主持人。三方对话中，主持人都有说、有笑、有问、有答、有想、有猜、有疑、有解，有呼唤，有激发……

主持人要发挥很强的组织能力，要带动现场观众鼓掌、喝彩、猜谜、呐喊、歌唱、打分，要约束现场观众安静、整齐、等待。要带领参加娱乐游戏的队员们眼睛观察，头脑思考，手上操作，身体互动，集体协作。

主持人话语有时快，有时慢，有时急，有时缓，有时大呼小叫，有时轻声细气。

主持人凭经验，凭感觉，要做到不紧、不抻、不抢、不拖，符合现场和屏幕前的观众们的心理节奏。

主持人要能歌善舞，多才多艺，开口能唱，起步能舞，浑身都带魅力，处处都有幽默，能激情主持节目，也能抒情演绎故事，一个人也能撑好一台戏。

主持人在节目进行过程中，面对某些情况，在必要的时候，要及时评说。评说中，有涉及价值观的阐述，有对生活现象的不同议论，还可能对场上活动现象提出看法。评说一般都是点到为止，可以正式说明，可以风趣讲出，但是都要观点鲜明，对社会、对观众、对自家媒体负责。

能够做好娱乐游戏栏目的主持人，都是自身有一定功力和能力的。都是打拼了多年，才能够驾驭娱乐游戏欢乐多变的节目现场。

每一个娱乐游戏栏目的设计都是个性的，每一个娱乐游戏栏目的主持人的风格能力也都是个性的，别人是难以复制和模仿的。

如果想通过教学课堂学会主持娱乐游戏栏目，似乎不现实。教学讲的都是通则，而每一个娱乐游戏栏目都有极为突出的个性设计，主持人是在大型节目现场历练出来的。

简单地模仿别人的主持风格，可能会有邯郸学步的感觉。只能通过观摩，反复揣摩，悟出自己的主持个性。只可意会，难以言传。

有心有志于娱乐游戏栏目的主持人，要在独具匠心的栏目中，努力创造自己独有的主持能力，主持风格，主持形象。

3. 主持知识竞赛

知识竞赛曾经在一段时间内非常盛行。不仅电视屏幕上出现，各地各单位也都大量举办这样的活动。

知识竞赛的主持人，按照策划设计的程序，担负着现场竞赛组织的职能。知识竞赛是比较严肃认真的活动，规则明确，过程严谨，竞赛的名次也很受重视。主持人的主持过程中，有一部分职能是裁判。因此，对知识竞赛的主持人要求很高。

知识竞赛主持人与其他主持人相比，工作量更大，讲话更多。大多数节目中主持人都隔一会儿出面讲述一段，唯有知识竞赛主持人是在整个竞赛过程中从头一直说到尾。

知识竞赛主持人讲解规则要清楚明白。话语正规，速度中等，给人正式比赛的感觉。但不要刻板，更不要僵化，正规之间要有活泼与轻松。

知识竞赛主持人大量的话语是提问与判断。

一、知识竞赛中的一般提问方式

提问在知识竞赛节目中占有重要地位，是知识竞赛节目设置悬念的主要手段。节目是否成功，很大程度上与提问有关。

很多人从小学到进电视台做主持人，经历过无数考试，总是被人考。当有一天自己拿着答案来考别人的时候，就难免会有一种“媳妇熬成婆”后的严厉态度，这是不妥的。

要以鼓励场上参赛选手有积极正常的发挥为衡量主持人提问的尺度。为此，主持人一定要以温和的口吻提问；一定要用“相信你一定能够回答正确”的眼神予以鼓励；一定要把信任的态度、轻松喜悦的心情传递给选手，让他们头脑清醒，精神饱满地回答问题。

如果以一种咄咄逼人的神态出现，就有可能使选手由于赛场过于紧张而出现暂时思想空白，将已经掌握了的知识忘记。

对选手在场上是否发挥出正常的水平，主持人也要问一问自己有没有责任。

二、抢答题的提问方式

抢答题的规则是谁先按响抢答器铃谁先回答问题，回答正确加分，回答不正确就要减分。选手一定要在主持人提问之后，说声“开始”再按铃，如果抢先按铃，将会被视为违例，要减分，并且取消该题。这样的情况不能多，否则将使竞赛失去应有的趣味性和气氛。

要使选手不违例，一方面要提醒选手注意，另一方面要求主持人的提问恰当。

主持人在提出抢答题的问题时，句尾语调不要上扬，最后一个字不要说得太全，只说半个字即可。然后抢先半拍提高声调说“开始”，这样能在很大程度上避免选手违例。

如果主持人在问题的问号地方把句子的语调扬起来，“开始”二字不及时说出，就可能诱导选手提前按铃，结果是违例受罚。

然而，有的选手可能利用主持人这样的提问方式，提前半秒按铃，多次抢在其他选手前面得分。为了公平，也为了场上的节奏，当一家选手采用提前按铃得手若干次以后，主持人可以考虑使用常规方式提问，造成这一家违例，给别家的选手一定的机会。

三、怎样判断知识竞赛的答案

知识竞赛节目中的答案判定是节目的关键，是主持人的主要工作之一。答案在手中，但主持人还要认真判定答案。知识竞赛的答案判断语有 6 种类型。

1. “回答正确。”这是最基本的判断语。一般不说“回答得对”。要用双音节词，用正式词语。

2. “回答不正确。”这也是基本判断语。一般不用“回答错误”，要用软化的词语。还有一种选手回答不出来的情况，主持人应该说“没有回答”，不使用“回答不正确。”

3. “回答基本正确。”规则规定回答出答案中的部分要素就可以得分，当实际回答达到了规定的数量时，主持人应该使用这样的判断语，并且给分。主持人要严格执行规定，不得任意苛求。

4. “回答不完全正确。”规则规定答案中的要素缺少一项也不能得分。当实际回答不完整时，主持人应该使用这样的判断语，不予加分，或者减分。主持人要严格执行规定，不得任意放宽尺度。

5. “回答完全正确。”回答中有答案中三项以上的要素或实际回答完整，一项也没有缺少，可以使用这样的判断。其他情况不能滥用这一判断语。

6. “回答非常正确。”这是不常使用的判断语。主持人要谨慎使用，只有问一答二答三，而且都正确的情况下才使用。回答得非常出色，才能使用“非常正确”。

以上 6 种判断语，要根据实际回答判断使用，要符合提问与回答之间的逻辑关系，切不能不分情况乱用，更不能用模棱两可的词语。

其中，第三种和第四种判断，涉及竞赛的公平，如果主持人难以判断，可以请在场的专家或者组织者给予指导判定。

四、知识竞赛的语言色彩区别

知识竞赛节目中，主持人始终是场上的主角。语言量很大，不同语句要用不同的色彩。主持人的话语有三个类型，要分别用不同语气色彩区别开：

1. 竞赛的正式问题。问题的题面要以朗读的语气读出来，稍稍慢一些，显得正规，不过，注意不要装腔作势。

2. 讲解规则的话。要以比较正式的口吻说出来，语句要端正。

3. 其他解释的话，说明的话。要比较轻松随意地说，千万不要一字一板地说。

三种语句，三种色彩，加上选手回答问题的声音色彩，构成了知识竞赛场上语言错落有致的色彩节奏。

无论选手回答问题的语调是什么样的，或高或低，或快或慢，当他回答正确的时候，主持人要给予肯定判断。选手回答的语调可能很高也可能很低，主持人判断语的语调要比选手回答的语调高一点。无论选手的声调高低，主持人接话的声调音高要与之衔接。之后，主持人宣布加分的语调要再加高一点，并且扬起，引导场上的掌声。

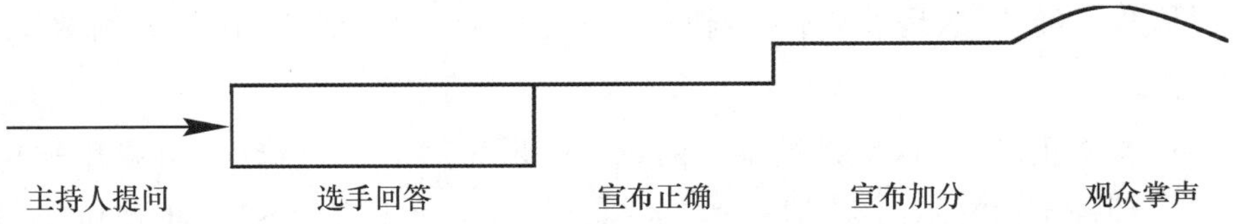

知识竞赛的每一个问题都有这样一个波澜，就形成了全场的层层波澜。偶有回答不正确的遗憾，又给全场波澜添加了低回的节奏变换。

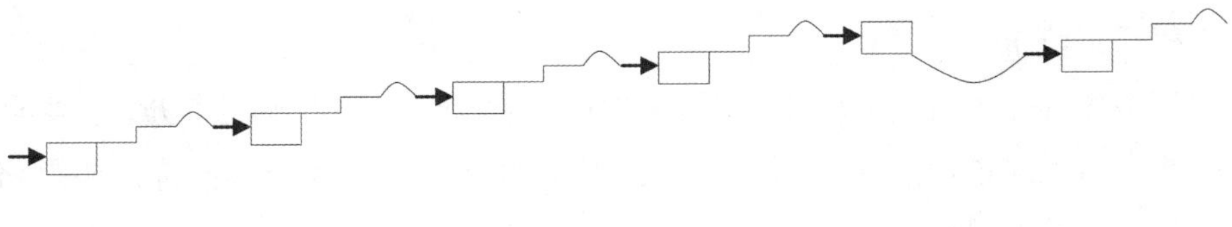

主持人心中要对知识竞赛的全场结构胸有成竹，从而把握好全场的节奏。比如，前半场先是必答题，再是抢答题，后半场是共答题、风险题、加试题等。节奏是层层推进的。每一轮竞赛中又有其内部节奏的变化。如图所示：

这些层层的节奏变化主持人都应该心里有数，在各个阶段制造不同气氛，或张或弛，或急或稳，推动一轮一轮节奏的波澜。

五、知识竞赛场上的步伐

在知识竞赛场上主持人可能多次行走，必答题提问时，可能会从一个参赛台走到另一个参赛台，可能走到场中主持抽签，可能巡视各参赛台的共答题答案。

行走是节目的节奏要素之一。主持人要设计行走的时机，行走的速度，行走的路线。不能过于频繁地走来走去，也不宜完全不动。

主持人在场上的步伐要准确，不能混乱。该走几步就走几步，该站定时一定要站定，不能没有章法。特别是不能在原地无目的地踱碎步，那样会使电视画面有不稳定的感觉。如果我们把竞赛现场看成是雪地，主持人的脚印应该是规则而清晰的，不能胡乱一片。

4. 主持文化竞赛

在大众媒体上进行文化竞赛，是传播文化，繁荣文化的非常有益的活动，主持人是其中亮丽的文化符号。

电视文化竞赛，有歌手大赛、舞蹈大赛、各类技能大赛、知识竞赛等。如，《开心辞典》《幸运 52》《赛乐赛》《中国汉字听写大会》《中华诗词大会》《大专辩论赛》等。

• 歌唱类竞赛、舞蹈类竞赛都是由竞赛组织部门预设规则，赛场上选手们按照规则程序逐一展示自己的艺术才华，由评委分别打分，相比高下。为增加比赛的乐趣，也为了促进并引导社会学习风气，比赛增加了专业知识的竞赛内容。

主持人在这类比赛中的主要功能就是执行程序，主持人的语言表达有比较强的仪式感，因为是艺术的比赛，还要有一定的文化艺术感。比赛过程中还穿插对嘉宾的采访，提问通常都是设计好的，问的问题比较简单。话语总体感觉应该一致。

•《中国汉字听写大会》《中华诗词大会》这类竞赛的对抗性表现为静态，以各自的知识储备为基础答题。

主持人在此类比赛中有一个重要任务就是负责出题。主持人出题的语言，即对题面的朗读，要有与赛题内容相对应的文化感、美感，准确表达题中的文化含义。在节目准备过程中，主持人要认真学懂比赛题目，防止一知半解、似懂非懂闹笑话。

主持人的话语要有多层次的区别。主持人所说的关于程序的话语，现场采访某选手的话语，与现场点评专家交流的话语，诗情画意的话语，都应该分别有不同的语气和节奏，要有明显的变化反差。主持人在表现自己的文化气息时，要注意不能有卖弄的心理，若意欲突出表现自己，有可能适得其反。

在《中华诗词大会》中，主持人开场时有开场诗，有主持词，中间要讲解规则、执行程序、出题朗读、评判结果、挑起悬念，还要鼓励选手、点评专家的话、采访百人团成员、烘托场上气氛……多项话语交替出现，丰富多样，表达得形态多变，色彩各异，恰到好处。主持人的诗词文化修养更使其在大赛中游刃有余。

•《幸运 52》《赛乐赛》这类竞赛，参赛的有个人，有团队，有家人团队，有朋友团队，有少年团队。这类竞赛设计了各种对抗环节，其中的抢答环节并不是像知识竞赛那样严格的抢答，比赛中抢答了还可以再抢，你抢过后我还可以抢。

这样的文化竞赛带有娱乐游戏的成分，主持人不仅要执行程序，还要不断鼓动气氛，添加趣味，找幽默点，挑起幽默话题，形成竞赛中的节奏变化，使知识在竞赛中传播，不枯燥、不单一。活泼有趣的主持过程中，别忘记程序要准确，竞赛要公平。

主持人语速有时要快，反应要机敏；有时要慢，强化悬念，引起期待。很多话都没有稿，由主持人随机发挥。变化多端，话语得体，修辞恰当，是主持人的魅力。

- 辩论赛是很热门的文化竞赛。辩论赛很像乒乓球、羽毛球、网球、排球的比赛，在同一场地你来我往隔空激烈对抗。主持人的作用就是在快速辩论的过程中，严格执行比赛程序，分毫不差，准确无误。辩论赛的进程中，有起承转合，有快慢节奏变化，主持人话语也要有一定的节奏转换，避免过于单调。

主持人在辩论赛中的话语，要特别注意左右公平，用词语调对等。相对于辩论选手的激烈，主持人的话语要冷静。还要注意不要煞有介事，故弄玄虚。

在所有的文化竞赛中，比赛的公平是第一要义。主持人的核心功能是执行程序，要求主持人对规则及其细则都非常清楚，临场时头脑清醒，执行程序要明白准确，表达果断肯定，遣词造句准确无误，关键的主持词要一字不差。

同时，每位主持人在比赛中的话语也都有鲜明的个性。仅一句“请听题”，就有无数种说法。不同的赛项，不同的场次，不同的主持人，都有不同的表达方式。文化竞赛主持人在传播文化时，也在不知不觉地显示着自己的文化修养。

5. 礼仪活动主持

主持人是各种礼仪活动的一部分。礼仪活动离不开主持人，主持人要为礼仪活动增光添彩。

主持礼仪活动，主持人都要尽可能参加策划，或者更多了解策划。对每场礼仪活动设计的风格特点，对参加礼仪活动的人，对礼仪活动中涉及的物件，要尽可能有更多的了解。

不同的礼仪活动要有不同的语言风格，面对不同的对象要有不同的个性表达。主持人要做到对每一场礼仪活动都心中有数，对礼仪活动的格调有准确的把握，能够把活动引导到人们的内心深处。

礼仪活动有很强的仪式感，对主持人的美感要求高。主持人的形象要与仪式相匹配，声音要明亮，语句要规整，身材要高大俊美，服装要正式，站姿要端正庄重，举止要优雅，目光要明亮清澈，气场要饱满。

在每一场的开场时，主持人表达要开阔畅达，有坚实感；结束时，主持人表达要稳稳收住，不草率。

主持词的关键语句字字都要准确，多字少字都不宜；句句都要流畅连贯，没有断碎裂痕；段段都有落实感，不虚空轻飘。但是并不僵硬刻板，要有恰当的语言节奏变化，朗声的话语前后要有推进的起承转合，稳健的话语之间要有鲜明的抑扬顿挫。

主持人要充分利用好话筒，把自己的声音以最佳的效果传递给大家。

主持人面临的场面可能很大，也可能比较小，无论人多人少，主持人的话语要覆盖全场，掌控全场。不是要主持人在人多时大声呼喊，声音可以借助话筒放大，重要的是主持人的心要到达全场每一个人，伴随真情的目光送达全场每个方向。

礼仪活动中，有时要宣布参加者的名单。主持人要在开场前最后一分钟确认名单，防止疏漏，并且确认名单读音准确，防止出错。

各种礼仪活动中都有音乐播放，还可能有灯光闪烁，有的还有大屏幕视频播放。主持人话语的情绪和声调要与这些震撼人的视听环节和谐衔接，话语表达要与在场的人们有一致的感受。

一、庆典活动主持

庆典活动的特点是隆重热烈。庆典活动场面一般比较大，主持人的话语速度要随人数多少有所调整。

庆典主持人的声音是一场活动的连接链环，他的语言连接各位嘉宾的演讲，以及场上的揭幕动作、剪彩动作、启动动作；他的语言召唤出现场音乐、礼炮、礼花；他的语言引导现场人们的行动，如颁奖、授旗、授勋、献花等。

主持人的声音控制不都是一个样式，昂扬的声音要略有低回，要含稳重；高亢明亮的声音要略有胸腔音，要不失厚实；洪亮的声音要略有收放，要形成节奏。

庆典主持人要把握好活动的重点高潮，带着全场的情绪逐渐达到最高点，不能过早，也不能迟到。

二、商务活动（产品推介）主持

商务活动的一部分是庆典活动，还有一部分是发布新产品，最新产品的推介。发布新产品活动的特点是新、特、热情。

主持人要带着新奇情绪、期盼的心情开始，伴随着现场的布局，瞬间唤起大家的期待。主持人要有一定的专业知识，话语之间不能让人觉得不专业。

主持人要介绍一位位嘉宾，要负责说明新产品的形象特性，每一次引导时，话语有不同的特色。主人客人不同，男女嘉宾不同，介绍产品与说明背景不同，对产品的文化理解和欣赏赞美不同，介绍时要随之有相应的形象感。

直到产品最终推出，达到全场活动的高潮。

有些产品的推介活动在第一时间推出商品。此后，主持人每一段话语感觉都在围绕那商品，声音中透出商品的美感。

三、婚礼主持

婚礼主持的特点是喜气洋洋，喜气之间还要有郑重。

婚礼有大家共知的一些程序，每一程序都要由主持人引导。主持词应该说得连贯，说得流畅，说得热情，说得动人。

婚礼主持人在表达每一段主持词时都要有“第一次”的新鲜感觉，因为婚礼对当事人来说，是人生极其重要的时刻，主持人要认真，要投入，要有真情实感，要让欢喜与郑重并存，要给新人留下美好的记忆。无论那些主持词说过多少次，婚礼主持人每一次说出，都不能“油”，不能“水”。

婚礼上主持人可能要讲到生活的哲理。这类话语要有一定的厚重感，但不能冲淡欢乐气氛，也不要过于煞有介事，小心过犹不及。生活哲理是你我大家共知的，而不是我教导你的，在这样的心理指导下，在婚礼上讲哲理，就可能不做作。

每一场婚礼的新人都会有不同的个性特征，主持人要设计与他们相吻合的更新颖的主持词，为婚礼添彩。

四、殡仪主持

殡仪主持的特点是凝重、深情。

葬礼的程序通常比较程式化。人们在《哀乐》声中向遗体告别，三鞠躬，送上鲜花，绕行一周。

简单的仪式上，主持人的话语要投入感情。虽然殡仪馆天天都有逝者，但是对每一位逝者的亲友来说，都是独有的情感冲击。主持人要以自己的真情投入与逝者亲友产生共鸣。

同时主持人也要克制情绪，遇到极为悲情的送别，主持人可能也会被深深触动，但是要明白自己的身份和任务，不能沉浸到难以自拔的状态。主持人要用既温暖又稳定的状态与亲友一道送别逝者。

葬礼仪式，有时参加的人很多，各方人士都来表达送别之意。有时人很少，只有亲人挚友到场。

主持人的声音在响亮的同时要有沉静感，二者不矛盾。一般来说，句首为中音声调，句中略有扬起，句尾收音要稳、要轻。

主持葬礼，语速要慢，句中停顿稍多，句间停顿要长，句群段落之间要有充分的呼吸，以适应在场人们的情感和呼吸节奏。

当今，越来越多的家属希望把逝者葬礼办得个性化一些。有人提议，不播放《哀乐》，改为播放逝者生前最喜爱的歌曲、乐曲。有人提议，将告别厅布置成书房、花园等场景，将告别厅的黑白两色纱幔换成逝者生前喜欢的颜色。

如果可能，葬礼主持人提前与家属沟通、协商，策划有个性的葬礼。或许悲痛并不是表达对逝者情感的唯一方式，如果能多一点温情和感恩，可能会让逝者走得更加平静。

6. 群众活动主持

群众活动的特点是热热闹闹，高高兴兴，快快乐乐，喜气洋洋。主持人也要向着这个目标。

通常的群众活动是一个单位、一个部门的活动，也有两个单位的联谊活动。大多是年会活动，还有各种庆贺活动，特殊节日的活动等。

做群众活动的主持人在现场首先要和大家很亲热，见面熟，自来熟。要自然而然地就和现场每个人都有熟人、亲友的感觉，脸庞上带着亲切笑容，眼睛里含着亲情目光，话语中洋溢着亲热语调，在喜乐的气氛中完成好主持的程序。

主持人的话语不需要十分正式，但声音要兴奋，要响亮，要对现场人的情绪产生聚集和催化作用。

主持人在活动中要不断地有说有笑有幽默。只要是健康的，都可以随手拈来，幽默说笑。可以用自己的语调构成幽默，可以卖个关子形成幽默，可以装傻充愣带出幽默，可以谐音演绎引出幽默，可以两位主持人之间打趣化成幽默……不过，要注意幽默不要含有对人的不尊重成分，注意人们能够接受的程度，可小心尝试着来，随着场上的气氛来，不要让好心变成了不愉快。

主持人自己要能歌能舞。主持过程中，说着说着开口能唱几句，说着说着转身能舞起来，甚至可以为大家演唱一首，跳起一舞，然后再继续主持。

群众活动中往往会有组织抽奖的程序，抽奖是活动中引人关注的环节，主持人在这个过程中要制造悬念，渲染气氛。一场活动会有多次抽奖，主持人话语要多样，避免每次抽奖都是同样单调的话语。主持人的热烈要有层级，多次抽奖的气氛要逐渐升温，注意欲扬先抑，防止都是一个高度。

主持群众活动，有一种是在庙会，或者类似庙会活动中的舞台主持。

主持人面对的是流动的群体，讲出的话语要含有一种“黏性”，能够把人留住，让人们能驻足聆听，驻足观看是最重要的。主持人要注意眼前出现的群体，观察这些群体的特征，如年龄、身份、经济条件等。讲好相应的话语，吸引人们的注意力，让在场的人脚步能够放慢，停下来，站得住。

主持人的话语要有很强的招揽性。停住了脚步的人们，还要进一步被主持人的热

情“圈住”，主持人的话语要带“钩”，勾着人们的魂，主持人语调里要有一定的强迫性、约束感，似乎不听、不看、不为其所动，你就不好意思了。

主持人的话语还要有说服人的理性力量。主持人不仅使人能听进耳，听进脑，还要讲好道理打动人心，这些道理是一套一套的，主持人要十分熟悉。让人们不仅被主持人的话语强迫着驻足听着，还要被主持人的理性推动，感觉到很有必要做点什么，认为自己应该去做点什么。

这三重话语，互相关联，互相交错，随时调整，不仅要将事先准备的话语遣词造句变化多样，语音语调也是色彩闪动多重翻涌。

第十章　朗读朗诵

好诗词，好文章，人们在看的时候，会忍不住出声念起来。

阅读，是个人静静地理解体验。

朗读朗诵，是要把自己的理解体验传播给大家。通过声音的表达，把文字作品诉诸听觉，把超出文字表达的更多更丰富的人间事物、情感哲理融在一起传播给大家。

朗读朗诵，让文字作品站立起来，丰满起来。

1. 朗读故事、散文、诗歌

朗读，一般读得比较慢，一边读一边品味其中的情感。

朗读，就是放慢了说话。朗读的基本规律和认真说话是一样的。只不过朗读时附加了更多自己的理解、自己的情感、自己的评价、自己的经验。朗读时要含有更深切的感受、更浓郁的情韵、更多彩的色谱，所以语速必然会慢一些。

当然，朗读还在认真说话的基础上加入了一些技巧，吐字清楚，用声悦耳，快慢变化，抑扬起伏，有时还附带表情、手势。朗读的话语要比自然说话更规矩，朗读的声音比自然说话更好听一些，更显正式，略有一点仪式感。

这样看来，朗读与自然说话相比更注重形象、细致、准确，技巧更多，更有美感，主题更明确，思想更深刻。

千万不要把朗读看成异样的表达。在生活中说话，每个人的话语里都会含有自己的看法、态度、情感，也有轻重缓急。朗读只是在这基础上，运用话语技巧，使文字作品通过声音变得更生动、更形象、更深刻、更完美。

慢慢地朗读，把作品的深刻内涵挖掘出来，把人带进一个故事，带入一个意境，让人信服一个哲理，让人沉浸于一种情感，让人得到启发。

一、朗读故事

故事朗读与通讯播音非常相似，通讯播音某种意义上说就是朗读。通讯播音讲的是真实的新闻故事，朗读的故事多种多样，有新闻故事，也有文学作品虚构的故事，还有历史故事、寓言故事。朗读故事时通讯播音的技法都能够借鉴。

朗读的各种故事都需要有景物描述，有人物言行，有人际关系，有时间经过，有因果推进。朗读的叙事过程中，还有许多心理的深入描述，许多情感的直接抒发。这些都要顺着故事的线索，纵横展开，一五一十说清楚。

朗读故事并不十分刻意强调人物性格形象个性的刻画，而更注重故事的发展过程，更注重故事主题的体现。

因此朗读故事相比播讲通讯故事，显得更平稳，更安静，更细腻。

二、朗读散文

在各种播音体裁中，散文朗读驾驭起来难度最大，是最需要功力的。

人们常说，散文要形散神不散。朗读散文，也同样要求形散神不散，形散情凝聚。散文朗读速度缓慢，要做到声缓意不散，声缓形不僵。

散文的语句多样，朗读的方式也不同。

散文中多见写景的语句，景总是带着感情的，情在景中，景要朗读得真切，情也就渗透出来了。

散文中也多见写人的语句，要写人的相貌、衣着、形体、动作，人的形象，要朗读得形神兼备，侧重人的整体面貌。

散文中也多见写物的语句，写出物的大小、形状、颜色，整体、局部，都要朗读得形象准确。

散文中会写事件发生的过程，这些过程中有场景、有人、有物，人和物在朗读时要放在景里。事件过程要有前后顺序感，步步清晰。

散文中写人物的话语思想的句子，是人的精神品质的体现，要朗读出一定的个性，更要朗读出爱恨情仇，语言节奏略有变化。

散文中有直接抒情的语句，要顺着那情感朗读出相应的情味，读表示情感的动词、形容词要能够把字音拉开，用声音充分表达。

散文中有诉说哲理的语句，要在思索中朗读哲理，哲理的排比句要层层推进。

散文中关于时间的语句，朗读时每个时间点都要赋予特殊的含义，有过去、现在、将来，久远、刚刚、明天，用声音显出那个时间的人文环境气氛。

散文中关于地点的语句，朗读时每个地点都要附加那个地区的地方色彩，山野、江河、平原、大海、桥梁、街道、楼群……用声音塑出立体的构图。

散文中还有过渡、照应的语句，朗读时要明确过渡的走向，明确勾连的对象，把要联系的部分“黏合”住。

无论语句如何划分，无论不同的语句怎样不同表达，朗读者本人心中要有整体，朗读到每个局部，每个段落，每个语句群，都是整体的一部分，都在朗读者心目中某个位置。散文朗读结束的时候，是整体形象塑造完成、整体情感表达尽意的时候。

三、朗读诗歌

诗歌有很强的节奏感。人类喜爱节奏的美，人类生活充满了节奏的美，音乐表现了极美的节奏，诗歌的节奏美与音乐的节奏美相似。

诗歌有句尾的押韵，韵律的和谐与语义的呼应产生强烈的韵律美。

诗歌的语句比较凝炼，句中有鲜明的意象①，给人以意境和意象的美感。

诗歌的语句里，有形象特点的强调，有特异奇险的夸张，有时空环境的跳跃，有

---

① 意象，是中国古代文论中的一个重要概念。古人以为意是内在的抽象的心意，象是外在的具体的物象；意源于内心并借助于象来表达，象其实是意的寄托物。意象通常是指自然意象，即取自大自然的借以寄托情思的物象。有时，诗中所咏叹的社会事物，所刻画的人物形象，所描绘的生活场景，所铺陈的社会生活情节和史实，也是用来寄托情思的，这便也是意象。

反复渲染的浓情。

诗歌语句之间，有对比，有延伸，有腾跃，有跨界，有化开，有升华。

诗歌语句组合，有事理之悟，有情理之殇，有豪情满怀，有徘徊惆怅，有直抒胸臆，有含蓄委婉。

由此不难理解，诗歌诸多类型的语句，与散文的众多语句相似，但有所不同。朗读者要在散文语句的理解基础上，把握好诗歌的朗读特点。

要朗读出与听众、观众心理节奏同步的动态，略快略慢，略高略低，跳跃，平稳，扬起，落下，显现，隐去等。

要朗读出与听众、观众听觉共享韵律的和谐，感悟韵之美，感慨韵之巧，更要感受韵律与内容、意象之间美妙的联系。

要朗读出不同语句的不同特点，朗读好语句组合构成的更进一步的意象，酿成更深一层的情感。

朗读者要把诗歌作者的情感，自己的理解、评价、态度，诗歌的节奏美、韵律美、情感美、理性美，综合在一起表现出来，送到大家心里。

朗读者随着朗读的内容要有一定的表情和神态，喜悦、庄重、严肃、舒心、惊讶、认真、专注、质疑、好奇、意会、奥妙等。

2. 朗诵诗文

朗诵与朗读有相同之处，都是朗声把文字作品表达出来，在这个过程中由朗读者或朗诵者进行立体的艺术再创作。

朗诵与朗读，一字之差，也的确有所不同。

这个表格，能够说明朗读与朗诵的不同之处。

	朗读	朗诵
音量	中等	较大
声音	平实	高亢低回多变
音域	正常话语范围	张弛幅度大
语句	起伏平稳	起伏跌宕
形象	句为单位	句中还有分解
景物	写实	夸张
情感	平和	激昂深沉
速度	中等	快慢变化多
手势	小幅度，随意	大幅度，排练
表情	轻缓	放开
对象	人数不多	人数较多

然而，万变不离其宗，朗诵也应当是以人们日常交流说话形态的自然表达为基础，肯定不是另类语言，这是根本。多重技巧是在这样的基础上放大的。

朗诵，以朗读为起点，表达的力量要加强，语气要进一步放大，要扩展表达的幅度，形成朗诵的气势。

朗诵时有些语句比朗读更慢，需要一个词一个词地努力，一个词一个词地表达形象。一定要注意，不能让每个词的形象孤立，每个词的形象虽是各有鲜明形态，但一定要统一在语句中。而句子连接起来，曲曲弯弯形成更大的轨迹形态，是全幅的画面，整体的形象。或是波浪腾跃，或是山峦奔涌，或是陡起跌落，或是凌空飞翔。

朗诵的语言节奏节拍[1]变化应该非常明显。朗诵中有正常语言的四二拍，有慢四二，也有快四二，还要有四三拍、慢三拍、快三拍，当然也少不了舒展的四四拍。句首可能有空拍，句中也可能有空拍，句中还可能有切分拍，都要有设想，还要不断地很自然地进行节拍转换。

朗诵的速度是多变的。有慢速高亢的长腔，有急急切切的前行。根据需要，语句有可能突然加快，突然放慢。有些语句会很慢地行进，缓缓地、娓娓地倾心诉说，稳稳地、朗朗地昂然宣告。有些语句会以很快的速度前冲，要注意快速中吐字的清晰，语义的明晰。快中仍不失疾徐的对比。

朗诵需要很强的发声吐字功夫，高腔时要能顶得上去，低沉时要能沉得厚重，中音要能扬能收。朗诵情绪的最高处，有的字音可能突然放慢，或者在慢中再慢。最慢的，或许某一个关键的字音能够拖长 3 秒、5 秒，气息要饱满有力、持住，字腹的元音彻底打开。有的句尾，可能一个字音发出长长甩腔，最后能重重地收住。

有些语句被设计成反复递进的形式，从低音处起调，音高一句攀一个台阶，速度渐快，向上推进，直到把朗诵的情绪推向高位。有些排比语句，排比结构，也可能这样设计，这很像音乐创作中的“模进[2]”。有时段落之间的内容和情感有重大变化，前后段落可能需要音调有明显调整，类似乐曲的转调[3]。

要特别防止的是朗诵时看到有光彩的词加深呼吸，有情感的词就加大共鸣，有鼓动意味的词就加强力量，有动感的词就激动不已。一定要从语句的全句来理解，一定要从段落篇章的整体来理解，从宏观的理解中确认每个词的分量和色彩，而不要盲目。要特别防止的是朗诵时只会一味地高腔高调，只会单调地大呼小叫。

一定要在语句、句群、段落之间的反差和对比中显出朗诵的力度。有时若干语句重如磐石，坚实矗立；有时若干语句轻如丝绸，飘逸滑爽；有时若干语句像一簇簇绽放的焰火礼花；有时若干语句闲庭信步走来，坦然自信漫步前行；有时若干语句一路连贯奔跑，气喘吁吁冲上顶峰；有时若干语句站在高山之巅向长天大地昂首呼喊，有时若干语句在天涯海角静静独处轻轻感叹。

朗诵的表情要随话语的强弱而生，适当放开，要适可而止，不宜过分张扬，不能干扰了朗诵的内容。

朗诵的手势，不能没有，也不宜太多，一般在关键之处做动作。需要反复精心设计，基本固定下来，但也不排除有临场发挥。

---

① 节拍是指音乐的强弱规律，节奏的重点主要是音的长短。

② 模进，将旋律的某个片段作为原型，移到不同音高上进行重复。它能使旋律在保持音调统一的基础上产生新的变化，增添新的色彩。模进与完全重复相比较，能使乐思进一步发展。

③ 转调，音乐进行中，脱离原来的调性而进入另一调性称转调。转调是通过合理的和声来完成的。

3. 双人、多人朗诵

双人、多人朗诵与单人朗诵基本上是一致的。对诗文的背景、内容的理解，结构的把握，基本色彩的认知，两人或者多人要一致。声音起伏跌宕，抑扬顿挫，张弛急缓，这些艺术处理，双人、多人都与单人朗诵一致。

然而双人、多人朗诵又有更多的艺术表达方式，整体上统一，而又各有区别，能够有更多层次、更丰富的呈现。

诗文语句按照语义，划分的方式多种多样。双人、多人，男女声音特点不同，朗诵时方式不同。

1. 句中词或词组的划分。一个重要的句子，句中的每个词或词组都给予强调，都要赋予不同的色彩，双人、多人共同构成一个多角度的空间，共同组织一个多维度的天地，共同描绘一幅多形态的画面。

2. 单句划分。你一句，我一句；你、我、他、她，每人一句，共同完成一个语段，然后必然有齐声合力的收拢。

3. 问答划分。你问一句数句，我答一句数句；我们问一句数句，你们答一句数句。前面质疑和后面解疑的勾挂，语气有抑扬的承接。

4. 诗文对仗的上下句的划分。前者上句，后者下句；前者上两句，后者下两句；多人间两两相对，形成对仗的节奏。

5. 语义结构的划分。前者两句或者四句；后者两句或者四句；前者一个句群，后者一个句群。双人、多人共同完成一个有色彩差异衔接的完整段落。

每个朗诵者一定要明确自己的语句在全篇中的功能作用，是概括？是主题？是局部？是延伸？是衬托？是渲染？是背景？是组合中的一部分？是自己独立的一个形象？要服从整体，不能只是以自己这一句内容孤立表达。朗诵时既要有全篇统一的风格，又要有自己的音色节奏风格的特点。个人风格的突出要服从整体的一致，同时突出的个人风格构成整体风格的一部分，个人的风格为整体创意增添光彩。

前后语句衔接，有各种不同的方式。

1. 逗号感觉的衔接。语义顺着从前者承接过来，呼吸和情绪前后贯通。就像击鼓传花那样，从前者接过来，再传下去，或者收拢在自己这里。

2. 句号感觉的接续。前者完成了一个句群或者段落。接下来，语义有变化，情感有转折，后者要重新启动情绪，重新起调，或低回，或高昂，或舒缓，或急切。这之间可能有充分的呼吸，充分的停顿。朗诵者自己需要酝酿积蓄情感，听众、观众也需要心理接受的过程。

3. 稳健衔接。以慢节拍停顿，哪怕是一个词或词组都稳稳当当地一板一眼地推出。前一人结束，充分呼吸后，后一人再起。

4. 推高衔接。一人一句，前一句在1，后一句在2，再一句在3，又一句在4，还一句在5……音高频率逐渐提高，力量逐渐加大，你我之间，层层推进。可能进两步退一步，在高强后又低弱一步，然后再推到更高更强。

5. 急切衔接。语句的速度稍快，快节奏地行进，逗号的空间很短，一人快，双人快，多人一起快。有时快中略有慢，快中更加快。双人、众人之间，快的方式也要有点区别。

6. 紧紧连接。当上一句结束时，下一句就要跟上，中间的逗号非常短暂，句与句之间比较紧凑。这样的连接，往往伴随音高攀升，双人时你我互相对攀，多人时依次接攀。

7. 咬尾衔接。上一句最后一个字刚一出口，下一句的第一个字已经诵出，形成两字叠音的效果。这样的衔接，可能多句推高，一气呵成，互相攀进，逐渐加快，推至高峰。直到最后有一个长长的高亢的、嘹亮的扬起收拢，形成朗诵的高潮。

多人朗诵，还有一些处理形式，这些形式是集体努力的结果，需要大家互相配合，达到更有冲击力的效果。

1. 齐诵。全体齐声，整齐划一的声音，表现同心同德，团结一致，步伐坚定。齐诵时，要保持好声音的整齐，节奏的同步，情感的共鸣。

2. 领诵。一人领诵，众人衔接。领诵的效果是突出某个形象，某个理念；众人接诵，是肯定，是跟进，是集体意志的力量。有时，为了突出某一特别之点，在众人齐诵之间，某一句或几句由领诵表达，或高声，或深沉，都会产生醒目的效果。

3. 轮诵。同一句词、同几句词，由男声女声之间错开两拍朗诵，一般为二轮诵，有时也可以三轮诵。有一种反复推进的感觉。情绪和声音也不断攀升，速度不断加快，最后稳稳地坚定有力地齐声朗诵，类似歌唱的轮唱。

4. 叠诵。这一组朗诵的同时，那一组也在朗诵，双方或者三方的声音叠加在一起。此段、彼段内容不同，但互有联系，是形象的叠加，是意境的升华。彼此间有呼应，有竞争，起起落落，像各路人马聚集，像各方激流汇集，推高到一定程度，再聚合共同表达。

这样的处理要小心翼翼，不能乱，要让听众、观众听明白。实际上是这一段起头，大家听到了，听明白了，下一段再起，错开节奏，错开力度。

众人朗诵的处理方式多样，犹如音乐中交响曲的各种变化，更似某些合唱歌曲的演唱设计。向音乐借鉴，围绕着诗文内容，可以尝试找到更有力的，更打动人心的表达形式。集体朗诵还可以根据内容变化队形和站位。

4. 古诗文诵读

古诗文的朗读朗诵与现代诗文的朗读朗诵的基本方法相同。

不能将古诗文诵读理解为脱离今天语言表达的另类声音和腔调。虽然古诗文的词汇句式和今天的表达方式有很大差别，但是古今文化思想相通，古今诗文章法相承，诵读也是同样的思维逻辑，同样的情感抒发。只是要因诗文的特点而表现出一定的韵律节奏的特征。

以日常自然说话为基础，提升到认真规范讲述，进而朗读好现代诗歌、散文和故事。在这样的基础上进一步朗读好古诗文。

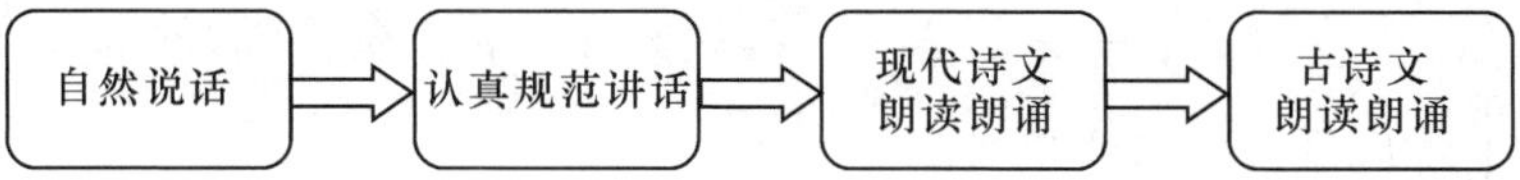

一、准确理解文意

需要非常准确地理解古诗文的语义，诵读者要有丰富的古汉语知识。

古代汉语与现代汉语有些词的意义用法不同。

比如：

请——请你给予，请允许我做某事。

兵——兵器，武器。

池——护城河。

访——咨询。

乘——shèng 一车四马，chéng 驾车。

再比如：

夫——在句首，表示要发议论。

其——委婉，加重反问。

唯——希望。

也——表示判断句。

是——主语，谓语。

古代汉语与现代汉语的语法也有不同之处。

比如：

名词、形容词、数词活用如动词。

动词、形容词、名词的使动用法。

宾语前置，用“是”或“之”复指。

古文是没有标点符号的，今天已经有学者为古文标注了标点符号，对诵读方便多了。诵读时，要表现出对标点符号的理解。

诵读前，如果能够获得准确的关于古诗文的现代汉语译文更好，诵读者需要逐字逐句对应理解。在充分理解的基础上，诵读时，口中是古诗文，心中对应所想的是现代汉语的意思。每个字、词、句，都像讲述现代汉语一样，要有相应的情景再现，相应的内在语，相应的内心感受，相应有情感起伏。

这样诵读古诗文才能心里踏实，心中有底，才能够准确地诵读诗文中的历史场面；人情世故；人物命运、情感、立场、态度；山水田园；诗情画意。

例如《前赤壁赋》的第一段：

口中诵读	壬戌之秋，七月既望，苏子与客泛舟游于赤壁之下。
内心所想	壬戌年秋天，七月十六日，苏轼与友人在赤壁下泛舟游玩。
口中诵读	清风徐来，水波不兴。
内心所想	清风阵阵拂来，水面没有波澜。
口中诵读	举酒属客，诵明月之诗，歌窈窕之章。
内心所想	举杯向同伴敬酒，吟诵古人赞美明月的诗文，歌咏月下美人的辞章。
口中诵读	少焉，月出于东山之上，徘徊于斗牛之间。
内心所想	不多时，明月从东山后升起，徘徊在斗宿与牛宿之间。
口中诵读	白露横江，水光接天。
内心所想	白茫茫的雾气横贯江面，清凌凌的水光连着天际。
口中诵读	纵一苇之所如，凌万顷之茫然。
内心所想	任凭这条小船在江上随意漂荡，越过无边际的苍茫江面。
口中诵读	浩浩乎如冯虚御风，而不知其所止；
内心所想	情思浩荡就像凭空乘风，却不知道在哪里停止；
口中诵读	飘飘乎如遗世独立，羽化而登仙。
内心所想	飘飘然好像遗弃尘世超然独立，飞升成仙，进入仙境。

二、诵读总体速度要慢

因古诗文的文字简洁凝练，字句蕴意丰富，慢速才能在语音中传递出那众多含义。

1. **字音要慢**。重点字的字腹要能拉开立起，略有拖音，在慢中表达其语义和语义中含的情感。当然，不是所有的字音速度相同，因语义不同而有快有慢。

2. **语句要慢**。语句中字与字之间速度比较慢，词组之间也略有停顿，以便朗读者充分表达，人们充分理解意会，之后再继续听。

3. **停顿充分**。句与句之间要有略长一些的停顿，句群之间也要有充分的停顿。

三、要有明确的较为缓慢的节奏感

节奏感是通过句中的平仄形成的，诵读者要对平仄有特别的感觉。

1. **古诗**。有五言，有七言。有二三结构，有二二三结构。诵读要以语义为基础，以表达语义为目的。在语义明确的基础上，平仄之间形成鲜明的、缓慢的、稳定的节奏，有强拍、弱拍。要特别防止把古诗读成快板式。

2. **古词**。要找到每句的自身节奏，词是长短句，三个字、四个字、五个字、六个字、七个字、九个字的都有。不同词牌，不同的字数。其实，不论多少字，都有平仄之美，既要有单句的节奏感，还要在长短句之间造成错落有致的节奏，产生“大珠小珠落玉盘”的美感。

3. **古文**。文章的语句中自然有平仄，也有长短句，不过没有押韵。表达文义的同时，也必然有节奏之美。虚词、实词之间，动词、名词、形容词之间，主语、谓语、宾语、状语之间，都自然形成了节奏，诵读者要意识到这些节奏的存在并且表现出来。

古文中的骈文，诵读有一定困难，全部都是四字一句，要避免节奏单一、乏味。

四、要有歌唱式起伏，在起伏中获得平衡感

1. **古诗中有大量的对仗语句**。两两出现的对句应该是一起一伏，但起伏不都是在同一音高；各起伏之间，不宜在同一音高，要升高一步，或者降低一步。

2. **古词中，有对仗的语句，也有不对仗的语句**。要根据语义、情感、平仄产生起伏。可能有起，再起，又起，尔后伏，再起，又起，伏，再伏，又伏……变化多端。要善于把不对仗的语句通过节奏的变化使之产生对仗的起伏感觉。

3. **古文中，要以段落为单位起伏**。一段话，开始时通常要有推开感，一般要扬起舒展；结束时必然有结束感，语句要平稳回落；段落内部，可能不仅是起和伏，应该还有更多的起承转合变化。

吟 讲到古诗文诵读，不能不说到“吟”和吟诵。

“吟”有感叹、歌颂的意思。古诗题目中带有“吟”的，比如《石灰吟》《游子吟》《秦中吟》。

吟诗，指作诗，也指诵读诗。

吟诵，是与朗读朗诵相通又有所不同的一种方式。中国古代诗词吟唱是中国五千年传统文化中遗留下来的瑰宝。

吟诵是古代诗词文赋的创作、传承、学习的语音方式，有一些基本调，这些调相互之间有一定的联系，这些调来自师承家传。吟诵时要运气发声，采用腔音唱法，音高、音强、音长不固定，始终以情而定，随时在飘动，同时还要随情而动，摇头摆身。

吟诵，当今有许多人积极传承 。

5. 诵读与音乐、画面

朗读朗诵常常有音乐相配合，有时还有大屏幕画面配合，配乐配画诵读会给诵读增添光彩，增添更感人的力量。

➢ 朗读朗诵相伴的音乐，大部分播放录音，高层次的是乐队现场演奏音乐。

朗读朗诵之前，音乐起。20 秒到 30 秒，诵读开始进入，到了一个段落，诵读声音停止，音乐继续。然后，诵读再次进入。如此这般，直到诵读完成，音乐再持续 10 秒至 15 秒结束。

音乐的选择要与诵读的内容一致、情绪一致、节奏一致。一般来说，相辅相成。有时可能还需要相反相成，就是诵读的声音是快节奏，而音乐是慢节奏，或者相反。这样有一种紧拉慢唱的效果。音乐选择要有宽松的量，诵读的前后及中间过渡，都要有音乐衬托。

诵读之前，要与音乐组合排练，以求达到与音乐的最佳配合。要检查音乐的长度是否适当，要审视诵读的节奏是否能与音乐合拍。

当诵读结束，音乐未结束时，诵读者要等待音乐结束再谢幕。

➢ 朗读朗诵有时也会在配乐的同时伴有大屏幕的配合。现场大屏幕的画面伴随音乐呈现，与音乐合拍，更与诵读的内容一致。

诵读所配合的画面需要认真选取编辑，可以是照片，也可以是视频影像，不拘一格。

有时，诵读的内容是具体的人或者事物，那人、那事物会直接在屏幕上出现；有时，诵读的内容是抽象的理念，屏幕上会出现显示理念的画面，理念也是通过具体的人和事物呈现的，画面由编导人员根据诵读内容而定。

制作的时候，音乐与画面已经组合在一起了，既要注意画面与内容一致，还要注意与音乐的节奏一致。

音乐与屏幕画面还可以根据练习的情况调整。诵读者要注意诵读内容要与屏幕同步，不能错位，练习心中有数，上场才会自如。

第十一章　播音主持艺术考试

18 岁高考，是人生一次重大的选择，要自己一个人独立面向社会，接受考察。参加艺术考试是很多青年学生的梦想。音乐、美术、影视戏剧表演、播音主持等许多学科都需要面试。

艺术考试的面试是考察考生 18 年来的基本情况和某一艺术领域的学习基础。

播音主持面试，首先要看考生的相貌、身高、体型等基本的条件；其次还要听声音的音色、普通话的水平，在此基础上要看考生的表达能力、表现能力。

播音主持面试必考的是朗读，其他项目每年都有变化，都是围绕播音主持发展而设定的。

1. 精神面貌

面试应考的总体精神面貌是阳光青年。无论是什么类型、什么相貌的年轻人，都应当是阳光大男孩，阳光大女孩。

来参加面试要有坦然的心态，避免患得患失。

不要把自己人生的得失利害都押在某次艺术考试的面试上，人生路很长，怎能一次定生死呢！成败不在于是否通过考试，而是应考能力是否有所提升，是否有最佳的努力和发挥。

在意识深处应有的面对考试的态度是，保持积极的心态，认真准备，认真学习，以自己能够发挥的最佳水平来面试。认真努力不僵化，积极自信不慌张，适度紧张不木讷，当然也要注意放松不懈怠。

早上，要洗好澡，换好刚刚洗好的衣服，梳理好头发。

见到老师，要有礼貌，开心自信，不要拘谨。推门进来，转身关门，再回转身，定住神后，与老师目光交流，然后向老师问好。这个过程，可以在家练习十几次。

老师要求的第一件事就是考生介绍自己的情况，包括自己，自己所在的学校、班级，自己生活的地区，还有自己的家庭。自我介绍一定要个性化，多样化，文无定式，自我介绍也要争取与众不同。不能只背一段话，别的不会说了，在家练习的时候，也不能千篇一律，一个模式，只有僵化的一套话术，那肯定要失败。老师很可能根据自我介绍的内容问更多的问题，问街区邻里，问师生情谊，问大街小巷，问风俗人情……自己的一切都要能够说好，而且说得有乐趣，说得兴致勃勃，说得乐乐呵呵的。向老师介绍自己也是展示自己播音主持的表现能力和语言的组织能力。

要认真回答老师关于专业内容的提问，认真做好老师要求做的项目。要充分展示自己已经熟练的表达，要积极快速思考刚刚给予的考题，要努力表现老师即兴提出的要求。不急不火，充分表达。

要把自己的声音调整到最好的状态，面试的前几天要适度大声练习，面试当天早上要练习几段，到了考场估计自己进场之前半个小时再练几声，把声音打开，这样才能做到见老师开口说话就声音朗朗愉悦，朗读的时候，模拟主持报道采访的时候，观物讲述的时候，即兴评述的时候，辩论或者无领导讨论的时候，都能够声音正常，响亮悦耳。

考生见老师穿什么服装？也不要千篇一律。不要都是红色调的西装，也不要觉得大家都这样，我要是不这样，就会丢分，那样的理解，可能是个误区。试想，所有的考生都穿红色衣服，老师将会是什么感觉，如果你今天没有穿红色的，老师可能会是什么感觉。老师乐见的，是百花齐放，多种多样。

当然，要穿着得体，不能太随意，不能奇异，不能太暴露，不能离大众审美太远了，但是也不能太职业化了。要通过服装透出青春的活力，给人以亲近感。相信所有的考生都能有一个正常的理解范围，找出适合自己身材的有个性的服装。如果自己把握不好，可以请人帮助参谋。

不论什么样式的服装，衣服的整洁十分重要。

还要注意个人卫生，指甲剪好，头发修好，一切都得体。

化妆不宜太重。可以画一点点淡妆，让自己有阳光青春的气息，就可以了。最好的效果是画得让人感觉没有化妆。

老师需要知道考生不化妆的时候是什么样子，如果在脸上画得过于浓厚，当老师觉得必要时，会要求考生洗脸。

播音主持复试时会有录像，考生自己要问清楚录像时的化妆要求。

大多数考生没有录像的经验，可以在家用手机录几段试试，如果家里有家用摄像机，也可以架起来试试录几段。到了考场，录像时，身体要站端正，两脚平分重心，脚的开度小于肩的宽度，两肩水平。眼睛要看摄像机的镜头中心，与“那个人”有微微的眼神交流。

2. 回答老师提问

面试中第一项内容就是回答老师提问。

很多考生不知道老师问什么，感到准备起来很困难，心情也很紧张，其实大可不必。

老师要问的问题不会很离谱，不会离开考生报考的专业太远，通常老师会问为什么要考播音主持专业，会就当年或多年的本专业热点问题以及那些与本专业热点相关的问题提问；会问到某专业和考生自己生活的关系。

比如你怎么看春节电视晚会，你平常听哪些广播节目，看哪些电视节目，你觉得电视广告多了还是少了，你认为广播电视新闻有哪些需要改进的，你爱不爱看游戏节目，你为什么要学习广播电视，你喜欢哪位节目主持人，你认为什么样的电视画面好看，你喜欢哪位演员的表演，你喜欢哪个故事，你觉得哪部文学作品改编成影视剧是成功或不成功的……这些问题之后还要问“为什么”等。

那么谈话究竟会怎么进行呢？也许第一个问题是老师想问的，从第二个问题起，就有可能是考生想让老师问什么了。为什么这样说呢？因为老师将要从你对第一个问题的回答中引出下一个问题来问你。也就是你说到什么，老师就可能会顺着你讲的内容问到什么。比如，你说到《新闻联播》，老师的下一个问题就可能和《新闻联播》有关系，你说到娱乐栏目的主持很活泼，老师会接着问关于娱乐栏目的问题。

老师还会更进一步了解你对自己说过的某一点是不是能够知道得更多。比如，老师会让你为你刚刚说的道理举例，问你还有什么类似的事物，问你个人是否经历过，你认识的人中谁还这样想，你引用了谁的话就马上问他的情况。通过如此反复问答，老师想了解你到底是什么样的水平，是一知半解还是知道得比较多。

老师也会就你的言谈提出反问。告诉你有人持有不同意见，看你是如何支持自己刚才的意见的，又是如何反驳他人意见的。

有时，老师会问一些显得有些“刁钻”的问题，这时老师往往是感觉到考生在某一点上有潜力，故意激发考生，此时考生不要畏惧，要敢于迎接挑战性提问，这应该是好事。要像拍皮球，你拍得越使劲，我跳得越高。

总之，老师不会与学生为难，你能说什么老师就问什么，引导你进行充分发挥。

如果某个话题说得差不多了，或者说不下去了，老师会提出另一个问题，然后再围绕以上几个方面发问。因为考试提问的目的是看你能够发挥到什么程度，通过你的发挥看你的知识结构，看你观察、分析和综合问题的能力，看你的性格特征，看你的表达能力，总的看你适合不适合你所报考的专业。

了解了以上情况，你就会发现，这当中，有可能是你引导老师提问，而不是被动地等待老师考你，至少有一部分问答可以争取主动。

还会发现应该为回答问题做什么样的准备。其实，不必过于劳神费心，要相信自己平时对要报考的专业和有关问题的关注和思考，正常发挥就好，个人水平几乎完全依赖于多年学习获得的知识面及生活经历。事先可以对常见、常说到的个人、社会与某个专业有关的一些问题集中想想，整理一下自己的思路。

应当注意的是，在回答老师问题时，要说自己熟悉和知道的那些内容，经得起老师的深入提问。

每一问答回合中，考生回答的时间不要太短，也不能太长。不能是简单地说一两句“是”或者“不是”，“有”或者“没有”，当然，也不能回答一个问题就东拉西扯，长篇大论。既要言之有物，又要注意抓住主要内容，两分钟左右，适可而止。

在回答问题过程中，肯定有些问题自己回答不上来，那就大大方方地说现在不知道，别忘记，这也是老师在考察你。

3. 朗读朗诵

播音考试的面试要听学生朗读，通常是自选一篇和考场指定一篇。进入考场，一般都是先朗读自选的内容，然后朗读指定的内容。

一、朗读考察考生什么

1. **考生的音色**。这一般是天生的，还与自己在青春期对声音的保护有关。

2. **普通话的水平**。这是要在入学前解决的问题，发音不准的只能是个别字音，当时纠正就能立即改过来。如果按照普通话水平测试的等级标准，应该是一级甲等的水平。虽然面试时不进行普通话等级测试，但是老师们完全能够有相当的判断。

3. **口齿的清晰度**。这也是日常生活中说话养成的习惯，主要是字头的声母是否清晰，字尾是否归音到位。指定稿件里常常含有绕口的内容。

4. **语言表现力**。同一句话，有人说出来就生动，有人说出来就平淡，说话时相应的表情、眼神要有自然的流露。要能够生动而又准确地表达每句每段的意思，同时还要能为表达全篇的主题产生作用。

5. **可塑性**。老师们希望考生将来能够在学习和训练中领悟迅速，口舌反应灵敏，在考生有小缺点时，老师指出来后能否尽快改正是考察的一个方面。

6. **相貌形象**。因为一部分学生将来要做电视工作，所以在相貌方面有一定的考察，有相应的分数。

7. **全面印象**。老师有一种职业的、直观的、主观的综合印象。

有一部分考察内容是考察考生先天成长发育的情况，包括口齿、音色、相貌等，这是考生自己无法再改变的；还有的考察内容是相当长时间学习或者练习的结果，也不是一下子就能提高的。但是，有一些问题是可以避免的。

有的考生一进入考场就紧张，声音一下子就高了八度，显得尖利，不能表现自己的真实声音区域，给老师留下的是声音不很好的假象。还有的考生故意压着嗓子，装作低沉的声音，效果也不佳，给人不舒服的感觉，也不会得到较高的评价。最好是全身放松，声音轻松地朗读、说话。事先可以请家长或者亲朋好友们帮忙，进行模拟考试练习，认真多做几次就会适应。

过于紧张还可能使说话的声音过小。一定要保持正常的说话音量，才能把自己的真正音色表现出来，这个正常的音量是多大呢？一般是对 3 人至 5 人说话，一两米远的距离能听清楚为好。声音太大也不妥，因为过大的声音不可能有细微的情感表达。

有的考生希望让老师感到自己的语言有表现力，就努力一声高一声低地朗读，结果有可能表达不符合文稿内容，效果不佳。最好是让自己有这样一种心态：把我的理解告诉你，让你听懂，使你的头脑中准确复现我所说的内容，这样说出来的话一般要比故作姿态的声音效果更好。语速要慢一些，可以让自己有时间把话说得更清楚一些，心理更放松一些。

二、指定朗读

考场指定的朗读内容学生事先不知道，但可以推测，一般不再是文艺类的，是新闻类的可能性比较大。

新闻类的稿件，在考场上不要求像电台电视台报告新闻那样播音，应该说那是毕业以后的水平。也许有人会说，能够达到那样的水平不是更好吗？但是，考生通常追求的是一种表面形式上的感觉，并不能真正达到电台电视台的播音要求。正确的表达，应该努力去让别人听懂你所说的内容。不一定要速度，不一定要大家所习惯的那种新闻播音的腔调，要的只有一项，那就是把你所了解的内容尽可能地说清楚，说明白，让人听懂，唯有这样，才算是好的表达。

指定稿件中的有些语句比较绕口，也许这是考试特意选定安排的。考生在准备的时候要注意到这些地方，多练习几遍。在考试时，不要想着多么绕口，总是绕那些字音。要集中注意力想着要说的内容，想着要说的形象，就不容易出错。关注稿件的思路错误率能降低，放心不下绕口的字音反倒是障碍。

三、自备朗读

通常自选的这一篇要求是文艺类的内容，这在招生简章中已经说明。

选择什么样的篇章好呢？当然是自己最喜爱的篇章，最熟悉的篇章。但是，在若干可选的篇章中怎样选择呢？这就需要分析一下各类文章的特点。

一般青少年都特别爱选择散文上考场朗读。但是，专业人士都知道，散文朗读难度最大。虽然散文接近说话，但是内涵深邃，再加上年龄和生活的阅历等因素，把握起来有一定的困难，有可能出现失误。青少年的散文朗读能力好像有 50 斤的力气，要去挥舞 100 斤的兵器，那会力不从心。如果不是确实没有其他可选的文稿，或者特别偏爱等原因，一般不选择散文朗读。

有的考生热衷于选择新闻稿作为自选朗读的稿件，由于考场指定的文稿就是新闻类的，这样容易失去一次更多表现自己能力和水平的机会。

有的考生选择诗歌作为自选朗读的内容。但是朗读诗歌也有一定的难度，而且由于今后播音工作主要的形式是说话类型的，不是朗诵类型的，所以即使朗诵诗歌了，也许考场上的老师可能还要请你再朗读点什么。

最容易掌握的自备作品可能是寓言。寓言的篇幅较短，故事性强，结构相对简单，人物形象不复杂，容易表现得生动，寓言所包含的道理也比较浅显，容易理解。在表达上，能够讲清楚故事就可以说是成功了一多半，如果再能将其中情理的理解有所发挥，就更好了。

寓言中一般有三个人物，一个是讲故事人自己，一个是人物甲，一个是人物乙。三个人物的声音应该有区别。正常情况下，讲故事人的声音应该是中声区，人物甲和人物乙，依据故事中的人物特征，分别用高声区和低声区，快节奏和慢节奏。三个人物的音色要固定，不要互相串位。

寓言的表达要注意关键的话语。关键的话语有两类：一类是关乎故事发展变化的话，一类是说明寓言道理的那一两句话，要注意给予一定的分量，突出表达，力求让人记住那深刻的道理。

四、朗读技巧

无论哪一种朗读，都要注意以下两点：

1. 心要跟着朗读的内容想象，好似看见、听见自己所讲的内容，讲到动作时，自己身体的某个部位也要有相应的感觉。比如，讲到弯腰、回头、转身、举手、注目凝神等动作，自己的腰、颈、臂、眼睛等不一定有明显动作，但体内要有相应的感觉。虽然这种感觉很微弱，甚至不易觉察，但有了这种感觉，语言才能生动，有感染力。

2. 朗读的话要有主次之分。要分析一下哪句话使劲说，哪句话不使劲说。当然不只是使劲不使劲两个级别，语句表达的情感强度层次丰富一些更好。一般来说，表现本篇稿件主题和中心思想的话要给予强调。

有时，考生愿意准备朗诵的篇章，老师也愿意听，能够从中考察考生的水平。

偶尔，老师也会要求考生再进行一段朗诵，目的在于更进一步考察考生的声音表达情况，以便更准确地判断。考生的朗诵，声音要大于朗读，速度要慢于朗读，语气张度强于朗读。但是内容的描绘，思想的表达，主题的体现，情感的抒发，都与朗读是一致的。

4. 观物讲述

播音主持考试有时会有观物讲述的项目。考场上摆放一个物件，请考生观看后，随即开始讲述。

观物讲述可以讲三步，一般来说，第三步比较难，考生在考试现场可以只讲到前两步。即：

第一步，描述观察到的那个物件，它的大小、颜色、形状、质地……按照观察的顺序说，不急切，看到什么说什么，能说多少说多少。为了说明白，还可以用比喻、类比。

第二步，就这个事物的同类联想发挥。

比如，看到鲜花，讲到养花，讲到爱花，讲到插花，讲到爱情，讲到亲情，讲到秀美，讲到友谊，讲到和平，讲到花园，讲到国花、市花……

再如，看到足球，讲到足球比赛，讲到足球运动员，讲到足球技术，讲到足球成绩，讲到爱足球的人们，讲到足球经济，讲到足球文化……

又如，看到眼镜，讲到人的视力，讲到预防近视，讲到隐形眼镜，讲到老花镜，讲到眼镜框艺术，讲到墨镜，讲到风镜，讲到望远镜，讲到显微镜……

然后，就可以说结束语了，如：

我们要让生活充满鲜花；

希望中国足球早日创造好成绩；

让我们永远有明亮的眼睛。

三物讲述

有的考场的观物讲述，在现场放置三个没有直接关联的物件，让考生联系起来讲述。

比如：

再如：

又如：

考生有可能一下子被吓住了。其实，这也不难。

天下任何事物之间都是有关系的。只不过有的是直接关系，有的是间接关系。用一个人的行为线索，把三个物件联系起来就行了。

人可以做完一件事，再做一件事。

人可以从这个地方到另一个地方。

人可以想着什么，说着什么，做着什么。

人可以坐、站、走、转身、抬手……

这样，无论什么物件摆在面前，无论是多少个物件，都可以连成前因后果，形成连接的线索，讲出故事。

比如，戴上手表，穿好鞋，撑开雨伞，出门去上班。

再如，踢完足球，又戴上墨镜，到丽日蓝天下放风筝去了。

又如，鼠标点开电脑游戏，看到鲜花后面藏着手枪。

上面三个故事中的每句话都可以展开成为三五句。这样三个甚至五个事物都能很自然地组成故事，构成话题。可长可短，可繁可简，收放自如。

还可以根据三个物件的性质，物件的象征意义，进行人生哲理的分析阐述。

手表——时间，鞋——走路，伞——环境。可以阐述：人一生所走的路，经历的时间是同样的。我们要珍惜一分一秒的时间，穿好脚上的鞋，翻山越岭走好自己的路，路途中会有风雨，我们要撑好遮风挡雨的伞，最终走到人生的峰顶。

风筝——人生，眼镜——观察，足球——奋斗。可以阐述：人生总是有像风筝那样飘浮不定的日子，足球运动就更是瞬息万变，人们要借助知识的眼镜，让自己的观察更敏锐，能够在发展的社会，在风雨的人生中，走好自己的路。

鲜花——和平，鼠标——信息，手枪——战乱。可以阐述：今天世界上大多数国家和人民，都在有鲜花的和平环境之中，但是也有少数国家和人民仍然在战乱之中。科技信息社会让我们更多了解到世界，希望人类命运共同的道路都能铺满鲜花。

5. 模拟主持节目

依据指定材料主持节目是播音主持面试中的一个重要项目，主要考察考生对广播电视主持人和节目的理解，以及考生初步的思辨组织能力和语言表达能力。其中包括对节目表达的构思。

由于只是在考试的现场模拟进行，并非真的在演播室里或者现场主持，所以要求考生依据指定材料对主持的场景进行想象，并根据想象的情况来编排主持这次节目。考生的思想内容充实还是贫乏，应变能力如何，是考察的重要内容。

指定的文字材料，有新闻稿，有新闻故事，有通讯报道，多种多样，但都要将一个新闻事件说明白，有的写到了人物，有的写到了环境，有的涉及更多的事物。指定的材料也可能没有那么全面周到，那就要考生自己根据需要展开想象，给予一些补充。

考生要根据自己拿到手的指定材料来确定一个电视或者广播的栏目名称。比如，可以是法制栏目、青年栏目、旅游栏目、科普栏目、游戏栏目等。如果觉得与自己常看、常听的栏目一致，就可以用那个栏目的名称，以便于节省时间和精力考虑节目的构思。

一、首先是开场白

考生要像一个正式节目主持人那样面对大家，开始自己的节目。要说一段开始语，其中包括招呼观众、听众，说明欢迎您收看、收听什么栏目，用这样的办法来说明栏目名称，然后说明本次节目的主要内容，这里需要稀释和膨胀指定材料的原文。

原文是简洁的文字，考生如果照读下来肯定是干巴巴的，必须添加自己的话，使得节目的开场白语言自然，有意思，内容丰富。稀释和膨胀的方法可以有多种，实际上就是作文的扩写方式，可以解释名词，可以引用，可以说历史，可以说别人的故事，说事情的背景，说自己的故事和感觉，可以先说题外话，再转入正题。

二、根据材料提供的内容进入正题

进入正题后，考生要把材料内容讲述一番。

可以像一个评论性的节目，在讲述材料的同时，有一两句、两三句的议论，说说自己的想法、看法。

这当中有可能有扩展的要求，也有可能有缩编的要求。

扩展就要将指定材料按照上述开场白稀释和膨胀的方式进行，慷慨激昂或深情动人地讲述一番，并且有自己的几句评论，但要注意添加的内容不能违背指定材料的总体意思。

缩编就要注意抓住主要内容说，舍弃一部分不重要的内容，同时也要加入几句自己的认识和评说。

就这样，考生看着指定的材料，说着自己的话。有些话是指定材料的原话，有些话是根据指定材料自己顺口改了的话，有些话是当场现编的话，有些话是自己瞬间想起来评论的话。边想边说，边说边编。

一定要牢记，照着指定材料原文完整地念下来不是好办法，那样体现不出来考生的主持设想和主持能力。

三、结束语要精炼

模拟主持的结束语要很简短精炼。考生只需要对指定材料有一个很短的概括，提炼出对刚刚所讲述事件的总结。然后，别忘记向观众、听众说明本次栏目结束，欢迎下次收看等主持套话。

开场白和结束语加起来大约共占三分之一的时间，结束语的时间要比开场白少一些。

6. 模拟现场报道和采访

如果要将节目主持得更生动丰富，更充分地展示自己的能力，可以根据指定材料，有进入现场报道和采访的设想和表现。

一、进入模拟假想的现场

考生可以在说完了开场白之后，向大家说一句：“请看（听）我们的现场报道。”然后，向左或者向右迈一步继续，根据指定材料的内容，想象自己来到了什么地方，模拟进行现场报道。

考生进入报道“现场”，要想象主持人的行动线索，介绍环境背景。

在考场上进行模拟现场报道时，要说明自己假定在什么地方，说明好像“看”到的场景，“听”到的声音，说明事物的大小、形状、颜色，说明事物的材质，说明更多想象到的现场情况。

考生在描述场景时，要让考场上的老师能跟着想象，可以说：“您现在看到的是……”描述时，主持人要以自己为方位的中心，比如说“在我身后……”“在我的旁边……”“在我的头顶上……”

要根据考场指定的材料，加上一些现场不容易表现或者不能看出来、听得到的内容，向老师们介绍。

比如，用手比画着说：“这个奶粉罐上的生产日期印的是×年×月×日，这是下个星期的日子。能让人相信吗？”

又如，驻足凝视：“在我脚下的这座桥，是 1970 年修建的，已经有半个多世纪了。”

再如，把手伸向远方：“马路两旁的这些树，都是园林局的科技人员和工人们从几十个品种中筛选出来的，经过了 8 年的时间。”

考生还可以在报道时模拟说明现场的音响。比如，“呼的一声”“轰隆隆，轰隆隆……的声音”“吱——非常刺耳的汽车刹车声”。

二、在假想的现场模拟采访

想像采访一至三人：说明事件的始末原由和其中的情理。

根据指定材料的内容，可以设计用被采访对象来说明有关内容。采访的人物可以设计为老者、少年、妇女、中年人。根据需要确定不同身份：目击者、负责人、肇事者、顾客、执法人员……

要注意，采访的人物设计得要有区别，是事件中起不同作用的人。

比如，在交通事故现场，有肇事人、交警、目击者。

在菜市场采访，有管理者、有卖菜人、有买菜人。

在考试现场，有考生、有监考老师、有等待的家长。

由于被采访的人物是虚拟的，所以“他”对问题的回答，要由主持人巧妙地说出来。

比如，主持人向着一个方向问：“您在这里住了多少年了？”可以等待 1 秒至 2 秒，再对那个方向点头说：“噢，在这里住了 10 年了。那……”接着再提出另外的问题，然后也是用这种复述的办法，让考场上的老师知道虚拟人物回答了什么，从而能够理解主持人的采访思路。

有时，考生只模拟采访一人，问两三个问题。有时再变换方向，模拟采访“另一个人”。这里，重要的是表现考生自己的构思能力。

三、简要结束语

结束语同样是根据指定的材料来提炼。

可以设想从现场的主持、报道、采访回到演播室讲结束语，也可以设想直接在现场结束，讲结束语。

以这样设计方案主持的节目，时间安排上，开场白和结束语可以短一些，留出时间给现场的报道和采访。如果考试要求 3 分钟完成，那么，开场白不超过 30 秒，现场报道约为 1 分钟，现场模拟采访可以有 1 分钟左右，结束语用三言两语即可。

改编的方法多种多样，考生创作的天地很宽阔。多看几期电视节目，多听几次广播节目，都会有帮助。

下面是模拟考试的例子，我们可以看看，应该怎样把书面的报道改成生动活泼的主持人现场报道和现场采访的节目。

观众朋友们：大家好！欢迎您收看《人工智能》节目。今天我们要和大家说说人工智能养羊。小时候听幼儿园老师讲过放羊娃的故事，今天咱们就说说电脑智能系统养羊。（打趣地笑）活蹦乱跳的一群羊，能用电脑养吗？

今天我们就来到了阿英家的羊圈，看看人工智能养羊。（放眼看）啊，好大的一个养羊的圈。（转身）阿英你好。你家有多少只羊呀？（点头）哦，有 300 多只羊。

（边走边观察）阿英，我看到你的羊都很健壮。（弯腰伸手看）哎，每只羊的脖子上都有一个编号的牌子。（点头）嗯，照你这么说，每只羊都有档案，在电脑里记录着。（稍停，做倾听状）怎么？还都有羊脸识别？我们知道现在有人脸识别，已经在许多关键的地方使用了，羊脸还有什么不同吗？（指向）哎呀，你这么一说我才看出来，真是一只羊和一只羊的脸型不一样。我们到你的电脑前面看看吧。

（面对观众）观众朋友们，这里是阿英的电脑养羊管理中心。我们看到，电脑屏幕上不断显现羊圈里每个区域的情况，一目了然。这里还能看到每只羊的表情。（转身）阿英，我能选一只羊，请你说明一下吗？（俯身，然后指向）就这只羊吧。（稍停，点头表示听明白了）除了摄像头，羊圈里还有红外线测温，声音捕捉，综合了解每只羊的睡姿、站姿、进食、咳嗽、叫声、体温等数据，一旦出现异常能够第一时间发出预警。（转头听）还能知道羊的情绪好不好？（转向观众）怎么，还能看出来羊是不是怀孕了，太有意思了。

（转脸）阿英，这么多只羊的数据你怎么处理呢？（点头）噢，是由大数据管理系统处理分析，数据分析的结果会定时向你提供。不过，如果有困难了怎么办？（点头，面向观众）还可以把情况反映到云上，有专家帮助分析解决。（转脸）谢谢你，阿英。

（面向观众）观众朋友们，阿英告诉我们，她的这套人工智能养羊系统刚刚使用一年多，已经产生了很好的效益。下一步她想和几个养殖户联合起来，办一个更大规模的人工智能养殖场，养羊、养猪，并且还想尝试养养长毛绒兔子。

观众朋友，今天这个世界，一切皆有可能，只要肯努力，下一秒，奇迹就会发生在你身上。

这一期的《人工智能》节目到这里就结束了。感谢您的收看，咱们下次节目再见！

7. 即兴评述

即兴评述，也就是即兴演讲。是许多艺术类院校面试的一个重要项目。

即兴评述的考试方式一般是由考生抽签获得一个题目，根据这个题目进行一番演讲。这个题目可能是一个命题，也可能是一份材料。准备时间 5~10 分钟，演讲时间 3 分钟。

即兴评述要考察学生的思维速度、组织语言的能力、分析事物的能力、表达的条理性，以及一定的思想深度。即兴评述的特点是当时准备，当场考试，没有更充分的时间为抽到的题目查资料，进行深入的思考，当然更不可能写出稿来，要看及时和快速的反应能力。

对考生来说，首先是不要被即兴评述吓住。在场上镇定自若，从容发挥至关重要。这样临场不慌乱的状态，就是考察的一部分。

抽签拿到的命题有两类：一是既定主题，一是待定主题。这与高考的两类命题方式很相似，只是难度没有那么大。

对既定主题的命题，那就围绕这一主题进行思考并演讲。这样的命题，使考生少一步准备工作，可以直接进入具体的评述构思。

比如，抽到的既定主题题目往往是：《元宇宙的虚拟空间》《保护环境是每个人的责任》《遵守时间是一种美德》《快乐每一天》等。这类既定的主题已经很确定，就可以直接考虑从哪里切入，怎样组织演讲结构、具体细节组织和精彩措词。

如果抽到未定主题的命题，就要尽快立意。要根据命题立即确立一个要讲的主题，这个主题要具体明确。

比如，抽到的题目是《我中学时代的一个朋友》。考生要选择一个要讲的人物，并且要确定讲这个朋友的什么内容，哪一点或者哪几点，也就是要确定讲述的一个主题立意。

再比如，抽到的题目是《网购与实体店》，考生就要归纳一下自己的看法，并且凝炼成一句话。自己确立的主题可能是：

“网购冲击实体店不可避免”；

“网购永远不可能完全取代实体店”；

“网购与实体店并存”；

“新型实体店或许再崛起”。

不论是既定主题，还是自立主题，表达起来是“**戴帽—穿靴—三结构**”。

戴帽。就是开场白，就题说题。

穿靴。是结束语，把全篇概括一下。

三结构。“三”是人类自然生活中最小的完整和稳定结构，“三角形稳定”大家都知道，所以这样的短篇讲述，就以三结构表达为最好，自己也容易把握。

记住以下“戴帽—穿靴—三结构”的公式，上考场套用，就能够以不变应万变。

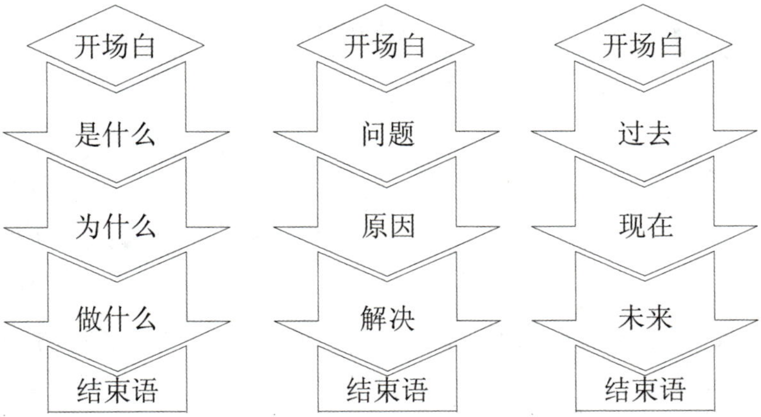

我们尝试以“过去—现在—将来”这个公式进行评述演讲。

主题	开场白	过去	现在	未来	结束语
电子游戏	电子游戏到处可见，伴随人们左右。	只有扑克牌、棋类、麻将等娱乐方式。	电子游戏种类多、场所多，有不少人沉溺其中。	希望规范电子游戏市场，管理电子游戏内容。	愿电子游戏给生活带来快乐，而不是烦恼。
环境保护	江河污染已经十分严重。	环境问题不突出，没有引起重视。	经济发展与环境问题严峻地摆在人类面前。	我们正在努力使二者统一，做好两方面。	人类需要拥有最好的环境。
足球	足球是人类热爱的体育运动。	旧中国被人称为“东亚病夫”，足球运动几乎没有。	今天的中国足球仍不理想。	希望中国足球早日走向世界。	那一天到来时，我会大声歌唱。
最好的朋友	中学生活有位同学难忘。	中学时代的友情，发生过的故事。	虽见面少了，但仍在联系，仍在互相帮助。	继续互相帮助，互相鼓励。	永远珍惜这份友谊。

如果不想与他人雷同，还可以有更多的“戴帽—穿靴—三结构”的公式可用：

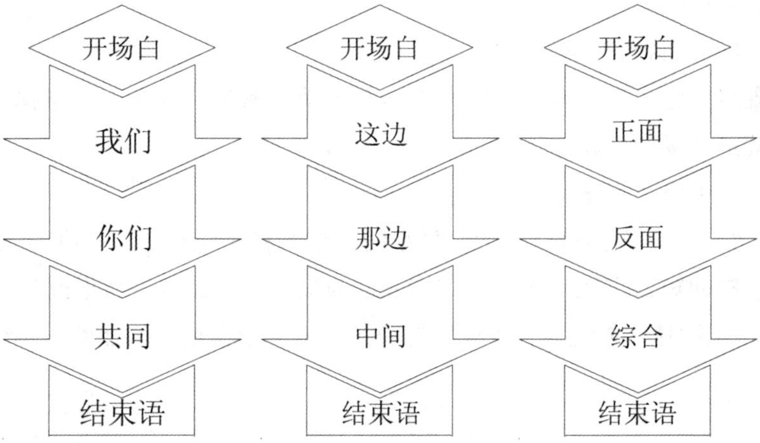

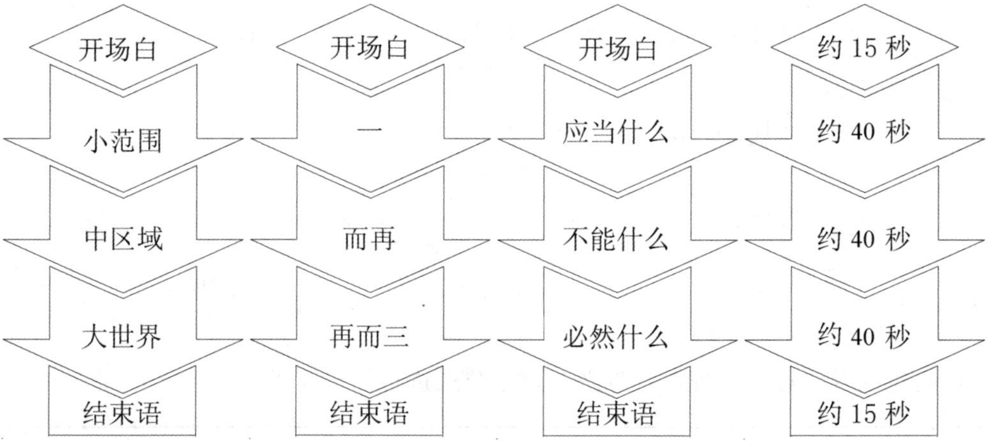

评述的三结构里，每个结构就像一个抽屉，每个“抽屉”之间要清楚，各个“抽屉”里面讲得乱点儿不要紧，甚至前言不搭后语都关系不大，重要的是各个“抽屉”很明确，能够有递进，从一到二，从二到三，给老师留下深刻印象。有了结构心中不慌。讲着讲着，金句有可能从嘴里冒出来，顺其自然吧，不要“为赋新诗强说愁”。

考场上的即兴评论一般不需要长，以不超过 3 分钟为好。

当想好了演讲的主要结构之后，就可以再花一点时间考虑开场白怎么说了，在 15 秒内说完。

开场白各种各样，在中小学阶段作文课上老师讲过的各种开头的方法都可以使用。比如用引言、用故事、用描写、用设问等。在没有资料可查或者实在想不好怎样有一个更好的开场白的时候，可以利用当天当时环境中的任何一个生动或者有趣的细节说起，然后过渡转移到自己的主题上来，进入要讲的第一个论点。

比如，可以上来就说：“今天我来的路上一直观望着车窗外，好像每个人都在向我投来鼓励的目光……”接下来就可以讲到任意一个主题里。

“世界是由人组成的，但是人也需要环境（进入环保主题）。”

“看到这个命题，不知怎的，我突然想到了一个熟悉的面容，他是我中学时代的一个朋友。”

“我突然感觉到，刚刚我听到的一句话，好像是和哪个电视广告相似……”

再比如，开篇就说：“刚才我进入考场时看到一盆鲜花，红花、绿叶，在阳光下分外鲜艳……”可以从花的象征讲到自己与中学时代朋友的美好友谊。可以从鲜花在广告中的运用，进而说自己对电视广告的看法。可以将花的天地与人的天地相比。

当第三个分论点讲完了，就该说结束语了，不超过 15 秒。

结束语要概括一下全篇所讲的内容，也有各种各样的方法。最要注意的是，一定要把抽签抽到的那个命题的原话结合到结束语中去，甚至就说那一句命题的原话。

想好了以上的几个环节，准备的时间也到了。一旦开始讲起来，就千万不要停下来，要不停地讲下去，直到第二个分论点，第三个分论点，直到说完结束语。

要大胆地讲，自信地讲，顽强也讲，好坏都要不停地讲下去。

有的人总是把自己分成“两个人”，“一个人”讲的时候“另一个人”在监督着，边讲边评判自己。讲几句感觉不好就停下来，打算重来，这是个不良习惯。停下来就会突然慌张起来，还可能因慌张导致完全进行不下去。

脑子里不要去评价刚刚所讲的话，没说好的地方已经过去了，也不要总在考虑怎样说得更好，更不必再自己和自己讨论是这样讲还是那样讲。不但时间不允许琢磨来琢磨去，而且那样一想，必然要陷入不自信的状态，容易导致思想空白，以至于不能继续讲下去了，越着急就越没有词了。

备考期间练习时也要这样要求自己。要选取不同类型的题目，让自己进行若干次的完整练习。练习时断断续续，到考场上也很难做到连贯完整，加上紧张，很可能出现窘迫失态的现象，最好是每次练习都按实际演讲的要求来做。如果想总结一下，也要等短篇演讲完成之后进行。要形成对时间把握的概念，要努力使自己做到习惯成自然。

家长和辅导者、旁观者也要注意，不要轻易打断考生演讲评述的练习，对其辅导和指教最好在一篇完整的演讲完成之后。

练习时要看着表，按照既定时间讲好每一小结构，逐渐建立起把握时间的经验，以期在考场上能把握好即兴评述的时长。

8. 辩论

报考表演艺术类和语言表达类的考生，面试的时候可能要考辩论。

辩论的考试会安排正方反方各 3 名同学或者 4 名同学。

这样的辩论并不要求最终辩出胜负，也不会因为哪一方的输赢为考生打分。

那么，老师考察什么呢？老师要从总体上观察考生，了解考生的思想深度和思辨能力。

现实生活方式是无穷的，思想内容是无限的，展开辩论是有规则的。

考生首先要能够立论，说明自己的观点。无论正方还是反方都要阐明自己这一方的基本观点，要从各个方面提出论据，进行论证，说明自己这一方的立场。

考生在辩论过程中还要有驳论，反驳对方的观点。正方反方都要反驳对方的观点，或者提出论据直接反驳对方的观点；或者反驳对方的论据，从而反驳对方的观点；或者提出对方论据不能支持观点的论证错误，反驳的目标在对方的观点上。

在立论和驳论的过程中，老师要观察考生的知识面、逻辑能力、运用论据的能力、组织语言的能力，从而了解考生的思想、性格、情感、待人接物的态度等。人的这些内心世界在快速思辨的过程中无法掩饰，无法装扮，都将一览无遗地表现出来。

在辩论中，正方反方都会不断地反问对方。

在面对反问的时候一定要“接住球”再“抛回去”，要先听懂对方说的是什么，回答对方的提问，再进行反驳，再进一步说明自己的观点。不要不正面回答对方的提问，而一味只说自己的话，也不要只是反驳，不顾及阐述自己的观点。

面对反问也不要只是回答，那样就有可能失去主动权，跟在别人后面，被别人牵着鼻子跑，要在回应之后及时回到自己的立论立场上来。

比如，有一个辩题是这样的：

正方：花钱多对成才有利

反方：花钱多不一定对成才有利

甲：我认为花钱越多对成才越有利，比如，有钱可以多买参考书，可以买电脑帮助学习。

乙：不对，买电脑有可能玩游戏，会耽误学习。

甲：电脑的游戏也有开发智力的功能。

乙：有的电脑游戏水平不高。

甲：那是因为有些游戏你不会玩儿。

……

我们可以看到，乙方的反驳已经有一点离开了自己的立场。而甲方的反驳就离整个辩论的题目更远，双方后面的话则更离谱了。虽然他们的意思里包含着各自的观点——有利于或不利于学习，但是都没有直接说出来。所以考生进行辩论时要注意随时归结自己的立论或反驳。

比如，乙方的反驳可以是："买电脑来有可能玩游戏，会耽误学习，花这样的钱就不利于学习成才。"

甲方的回答也可以这样："电脑的游戏也有开发智力的功能，所以玩不玩游戏，买电脑都有利于成才，再说玩游戏的时间还可以由人控制。"

这样辩论就没有讲跑题的可能了。

辩论中，老师要看每个学生的反应能力，看看你在6~8人中能不能"抢"到说话的机会，这个问题有两重性，"抢"到说话的机会，会在老师心目中得分，"抢"不到机会，是很难得分的；但"抢"到机会没有说好，也会在老师心目中失分。所以，有把握讲好时就"抢"着说，把握不大就让给别人。有人嘴快，每每总是抢到机会，为了表现自己，不给别人机会，老师也不一定会给你加分，甚至有可能被减分，把它称为"风度分"，似乎不为过。

辩论中要注意，不要将抽签确定的虚拟的正方或者反方的立场与辩论人真实的身份联系。比如，不能质问对方说："你认为儿童剧中不该播广告，而你的衣服就是看了某个儿童电视剧中插播的广告才去买的。"——不以人为据。

还要注意别自觉不自觉地把对方当仇人似的恶狠狠地与其争辩。那样，会使自己的形象显得十分可笑，并且在老师心目中也可能得不到应得的分数。——不人身攻击。

如果已经明确要进行辩论考试，考试之前一定要进行模拟练习，试着找几个伙伴辩论一番，找找感性认识，再请人讲评一下，多练几回就有一定的经验了。

9. 无领导小组讨论

无领导小组讨论指由一组考生组成一个讨论小组，讨论给定的话题。由于这个小组是临时组成的，并不指定谁是负责人，目的就在于考察考生的表现。

面试的时候，老师随机指定一定数目的考生组成一组（8~10 人），进行一段时间的既定话题讨论，讨论过程中不指定谁是领导，也不指定考生应坐的位置，老师观测考生的口头表达能力、相互协调能力、辩论的说服能力等各方面的能力和素质，以及自信程度、进取心、情绪稳定性、反应灵活性等个性特点，由此来综合评价考生。

总之，就是要看看一个考生成长到 18 岁的综合水准，整体面貌，全面能力。

如果说，朗读朗诵是事先准备好排练过的作品，而无领导讨论则是在现场现想现说的。你言我语，话赶话，没有预写的文稿，没有预设的思路，没有预定语汇，都是在别人讨论的基础上，进一步说明自己的。

朗读作品能够经过排练而提升水平。而无领导讨论，无论怎样也无法扮演表演，一切都是真实的。真实的思想，真实的性格，真实的作风，真实的习惯。处理人际关系的做法，语言表达的风格，相互碰撞的过程，考生的能力水平、人生态度、人品人格，都无法掩饰，应该说一览无遗。

但是，人天天在进步，有些习惯还是可以学习并且有所进步、提升，有些事项还是可以注意的，可以提醒自己努力去做。

要积极发言，能提出自己的见解和方案。

要讲好具体的道理和事例支持自己的观点。

要注意倾听他人意见，充分理解他人观点。

要支持或肯定别人的意见。

要在别人的意见的基础上发表自己新的观点。

要敢于发表不同意见。

要有时间观念，自己不能说太长、太短。

要有反应的灵敏性、概括的准确性、发言的主动性。

要对他人友善，在别人发言的时候不强行插话。

要注意反驳他人之前先肯定对方。

要善于使某个一直不大开口讲话的人也想发言。

要始终守住讨论方向，如果讨论走偏了，能适当纠正讨论方向。

要善于调节争议，平和冲突，继续围绕目标讨论。

不强求一定要别人接受自己。

希望在讨论过程中不断提升自己。

……

一切都是自然而然，在不经意间表现。

一时半会儿学不会呀！能做到多少算多少啦！

可以找几个好朋友练习练习，找找感觉。还可以请自己学校的老师给予指导。

这样的学习，不仅去参加播音主持的面试需要，对今后人生中如何处理人际关系，如何与他人协商沟通，都有极大的益处。

《播音主持训练 280 法》原书后记

从 1982 年初起，我在北京广播学院任教，近些年离开教学岗位，来到电视节目制作的实际当中。无论在学院还是在电视台工作，我一直和其他老师为在职的播音员、主持人短期培训班讲课，每年讲若干个班。我们所面对的学员们多数来自实际工作岗位，他们阅读一些有关播音和主持人工作的教材，对播音、主持工作已经有了初步的认识，并且在老同事的指导和自己的摸索中对播音主持工作，尽快地获得了相关的能力。然而，播音和主持节目的能力是看不见摸不着的，理论的理解与话筒前和镜头前的工作还不能一下子联系起来，模仿成功者也不能奏效，似乎无从把握。

在我自己的播音和主持的工作实践和长期的培训教学中，我反复感觉到，播音和主持工作具有很强的操作性，经过理论讲解后，需要将理论化作学员身体力行的具体表达。播音员和主持人的工作有一部分是以自己的身心为工具进行操作的，那就十分需要更多地了解自身，学习控制自身，这在很大程度上是操作性很强的动作训练。这里所指的动作训练也包括相关心理活动的强化训练。现在，经过提炼和总结，列出了 280 个训练项目，这些项目分别针对不同的实际问题，力求能通过训练使学员们获得相应的能力，克服和纠正某些错误动作，更深刻地理解理论的指导。应当说明，这些项目没有也不可能全面包含播音和主持工作的操作训练，还有很多我没有意识到的问题和没有考虑成熟的问题。由于本书是在电视工作实践的匆忙之中断续写成的，更由于自己的理论修养不足，难免有疏漏和错误，我希望得到各位师长和朋友的指正。

这些在课上反复进行训练的总结，离不开我的老师张颂先生与其他老师讲授的播音学说，连我自己也不十分清楚哪句话是哪位教师或者哪本著作给我的启示，甚至可能在记忆中引用或断取了原句。在此我向曾经给我教诲的老师们表示深深的感谢。特别感谢我国主持人研究会会长、中央电视台播音指导赵忠祥老师为本书作序，热情的鼓励使我深受感动。我还要感谢我的同学汪良和杜守仁多年来与我不断进行的业务交流以及对我的帮助。更感谢母校的出版社——北京广播学院出版社的老师和朋友们为这本书出版给予的大力支持和诚恳指教。

闻　闸

1999 年 6 月 9 日

后　　记

终于，我能写后记了。

这本书前后十年，今天终于完稿了。

十年前，谈《播音主持训练280法》再版的时候，我觉得半年之内能够做点简单的修改调整就能完工。没有想到，事情远不是那么简单。

现实的发展要求和我自己的认识都已经前进了，只能按照新的思路进行，而且越写越觉得必须把最新的实践写入，越写越觉得要写成能够总结一段历史，能够较长时间有用的一本教材。

由于这些年来一直在培训课堂上奔波，大量的时间都用在备课、讲课、拓展课题上，能够用于本书写作的时间不多。本书多数内容是在每年的春节期间相对安静的一二十天中写出的。有时小长假有点时间，由于心不静也没有写出多少。平常偶尔有时间，写上一小段，时断时续的思路，不易衔接，磕磕绊绊。而且，声音和心理的活动，往往是难以用文字描述的，又要让学习者看明白，能够转化到实际训练和工作中，的确是不容易，心不静就难以想明白、写准确。写作的过程，就是反复思考研究和推敲文字的过程，自觉比较艰苦，有时思考很久，才想出头绪来，所以进度非常慢。

这十年来，我的心一直没有放下这本书，时时有放弃的念头，又难以割舍，内心始终煎熬着。今年，下决心集中了一段时间写作，集中精力，把后一部分完成了。最后这一小段时间，白天黑夜努力，终于，在中秋节家家团圆之时，圆满完成了书稿。

感谢出版社的支持，也感谢曾经帮助我阅读草稿、给我鼓励的朋友们。

书中引用了许多案例，感谢并致敬案例中的实践者们！

书中引用许多知识，有的引自书籍，有的引自网络，有的电话咨询，在此一并致以深深的感谢！

翻阅已经写成的书稿，仍然有很多想再修改的地方，手上还在不断调整文字的表述。诚如影视表演者说的，一但故事片拍摄成了，那表演就是“遗憾的艺术”，无法再演得更好了。书稿一旦付印了，有些遗憾之处也就不能随手再完善了。况且，实践的发展和探索追求将永远在总结和阐述之前。

本书的缺点、不足，恳请大家指正，并能谅解。

感谢未来的读者们!

闻　闸

2019 年 9 月 13 日

中秋节之夜

由于疫情等原因，这本书又耽误了两年。感谢中国广播影视出版社，感谢责任编辑黄月蛟女士，这本书现在终于进入出版程序了。

2021 年中秋又及